JÜRGEN BRÜGGEMANN

Die richterliche Begründungspflicht

Schriften zur Rechtstheorie

Heft 25

Die richterliche Begründungspflicht

Verfassungsrechtliche Mindestanforderungen an die
Begründung gerichtlicher Entscheidungen

Von

Dr. jur. Jürgen Brüggemann, M. C. L.

DUNCKER & HUMBLOT / BERLIN

Alle Rechte vorbehalten
© 1971 Duncker & Humblot, Berlin 41
Gedruckt 1971 bei Buchdruckerei Richard Schröter, Berlin 61
Printed in Germany
ISBN 3 428 02481 8

Meinen Eltern

„Wir mögen es wissen oder nicht, wir mögen auf das Gewußte besonders achten oder nicht, überall ist unser Aufenthalt in der Welt, ist unser Gang über die Erde unterwegs zu Gründen und zum Grund. Was uns begegnet, wird ergründet, oft nur recht vordergründig, bisweilen wagen wir uns auch an das Hintergründige und selten genug bis an den Rand der Abgründe des Denkens. Von den Aussagen jedoch, die wir über das vorbringen, was uns umgibt und angeht, verlangen wir, daß man sie begründe. Ergründen und Begründen bestimmen unser Tun und Lassen."

Martin Heidegger, Der Satz vom Grund, S. 26

Inhaltsverzeichnis

Vorbemerkung 13

§ 1 Das verfassungsrechtliche Verständnis der Rechtsprechung 14

Erstes Kapitel

Erkenntnistheoretische und methodologische Vorgegebenheiten

§ 2 Allgemeine hermeneutische Vorüberlegungen 19
    I. Sprachverständnis und Rechtsverständnis 19
    II. Das allgemeine Sprachverständnis des Wortes „Grund" 20

§ 3 Der Satz vom Grund 22
    I. Die allgemeine philosophische Fragestellung 22
    II. Der Satz vom Grund bei Leibniz 23
    III. Der Satz vom Grund bei Heidegger 26
    IV. Die rechtswissenschaftliche Fragestellung 29

§ 4 Das Verständnis rechtsprechender Tätigkeit 31
    I. Rechtsgeschichtliche und rechtstheoretische Ausgangslage 31
    II. Wandlungen zum gegenwärtigen Standort 35
        1. Rechtsprechung als Rechtsverwirklichung 35
        2. Gesetzesanwendung und Gesetzesauslegung 38
        3. Gesetzesanwendung und richterliche Rechtsfortbildung.... 41

§ 5 Das Verständnis richterlicher Urteile 45
    I. Das richterliche Urteil als Rechtserkenntnis 45
    II. Das Problem der Rationalität 49
        1. Die Intentionen: Wissenschaftlichkeit und Wahrheitssuche 49
        2. Die Kennzeichen: Systematik und Methodik 51
            a) Zur Problematik des rechtswissenschaftlichen Systembegriffs 51
            b) Zur Problematik rechtswissenschaftlicher Methodik 55
    III. Das intuitive Erkenntnis 56

Inhaltsverzeichnis

§ 6 Die notwendigen Voraussetzungen der Richtigkeit des Urteils 58

    I. Der zureichende Grund als Bedingung der Richtigkeit 58

    II. Der Erkenntnisgrund als Vermittler der Evidenz der Richtigkeit 62

    III. Die notwendigen Elemente des Erkenntnisgrundes 64

        1. Die Konstruktion 64

            a) Die Konstruktion als Mittel der Rechtsfindung — zur Kritik des begriffsjuristischen Positivismus — der formalisierte Konstruktionsbegriff 65

            b) Die Konstruktion als Darstellungsaufgabe 70

        2. Das Argument 71

    IV. Methodenehrlichkeit im Dienste der Rechtsfindung und der Richtigkeitskontrolle 72

§ 7 Methodische Anforderungen an den Vorgang richterlicher Rechtsfindung als Maßstab bei der Bestimmung von Inhalt und Umfang richterlicher Rechtsausführungen in den Entscheidungsgründen 75

    I. Die methodisch geleitete Rechtsfindung in den verschiedenen Stufen richterlicher Rechtsfortbildung 75

        1. Präzisierung des Rechts 76

        2. Konkretisierung des Rechts 76

        3. Echte Rechtsfortbildung 81

    II. Normerkenntnis und Dezision 82

    III. Richterlicher Erkenntnisvorgang und Scheinbegründungen.... 85

Zweites Kapitel

Verfassungsrechtliche Konkretisierungen

§ 8 Auffassungen in der Rechtsprechung und im Schrifttum zur richterlichen Begründungspflicht 91

    I. Plan und Aufbau der Untersuchung 91

    II. Gewandeltes Verständnis gesetzlicher Regelungen durch die Rechtsprechung 91

        1. Begründungspflicht für zivilgerichtliche Entscheidungen 91

            a) Urteile 92

            b) Beschlüsse 94

        2. Auffassungen der oberen Verwaltungsgerichte 100

            a) Bundesverwaltungsgericht 100

            b) Bundessozialgericht 102

            c) Bundesfinanzhof 103

                aa) Umfang der gerichtlichen Begründungspflicht 103

                bb) Umfang der Begründungspflicht des Revisionsklägers 104

Inhaltsverzeichnis

III. Allgemeiner Prüfungsmaßstab des Bundesverfassungsgerichts — 105

IV. Schrifttumsäußerungen — 108

§ 9 Verfassungsrechtliche Ausgangsüberlegungen — 109

  I. Grundsätzliche Begrenzung aller staatlichen Gewalt — 110
    1. Verfassungsgeschichtliche und verfassungstheoretische Lage — 110
    2. Verwirklichung im Grundgesetz — 113

  II. Allgemeiner Rechtfertigungsvorbehalt — 118
    1. Sachliche Rechtfertigung — 118
    2. Formelle Rechtfertigung — 121
      a) Historisch-genetischer Bezug der Begründungspflicht — 121
      b) Gegenwärtiges Verfassungsverständnis — 123

  III. Unabhängigkeit und Gesetzesabhängigkeit der Rechtspflege — 125
    1. Idee der Unabhängigkeit — 125
    2. Verhältnis der Gesetzesabhängigkeit zur Begründungspflicht — 127
    3. Inhalt der Begründungspflicht — 129

§ 10 Funktionale Stellung der rechtsprechenden Gewalt im Gefüge staatlicher Gewalten — 130

  I. Teilhabe an der Rechtsschöpfung — 130
    1. Verfassungsrechtliche Aspekte der Entwicklung — 130
    2. Verfassungsrechtliche Rechtfertigung richterlicher Rechtsfortbildung — 133

  II. Einbeziehung in das System der Gewaltenkontrolle — 136
    1. Allgemeine Entwicklungstendenzen — 136
    2. Systematik der Kontrolle — 140
    3. Rechtfertigungsvorbehalt und Urteilsgründe — 142

  III. Integrationsaufgabe und Rechtfertigungsvorbehalt — 145
    1. Urteilsgründe als Mittel staatlicher Integration — 145
    2. Integration und Veröffentlichung — 148
    3. Integration und normative Öffentlichkeit — 150

§ 11 Begründungspflicht und rechtliches Gehör — 152

  I. Rechtsprechungs- und Schrifttumsäußerungen — 153
    1. Rechtsprechung des Bundesverfassungsgerichts — 153
    2. Rechtsprechung des Bundesfinanzhofs — 155
    3. Schrifttumsäußerungen — 156

  II. Kritische Würdigung — 157

  III. Integration und rechtliches Gehör — 160

§ 12 Der Rechtsstaat als rechtfertigender Staat — 161

I. Gegenständlich vorgegebene Rationalität 161

II. Historisch-genetische Bezüge 162

Drittes Kapitel

Zusammenfassung und Schlußfolgerungen

§ 13 Zusammenfassung der in den ersten beiden Kapiteln gewonnenen Einsichten 165

    I. Erkenntnistheoretische und methodologische Vorgegebenheiten   165

    II. Verfassungsrechtliche Konkretisierungen 168

§ 14 Verfassungsrechtliche Mindestanforderungen an die Entscheidungsgründe und Rechtsfolgen mangelhafter Entscheidungsgründe 171

    I. Revisions- und berufungsfestes Minimum der Urteilsgründe   171

    II. Beschwerdefestes Minimum der Gründe eines Beschlusses .. 172

    III. Verfassungsrechtliches und verfassungsbeschwerdefestes Minimum der Entscheidungsgründe 172

        1. Rechtsprechung des Bundesverfassungsgerichts 172

        2. Schlußfolgerungen auf Grund des Verfassungszusammenhangs 173

            a) Grundrecht auf rechtliches Gehör (Art. 103 Abs. 1 GG)   173

            b) Grundsatz der Gesetzesgebundenheit richterlichen Erkennens (Art. 20 Abs. 3 GG) 175

            c) Grundrecht der freien Entfaltung der Persönlichkeit (Art. 2 Abs. 1 GG) 177

Schlußbemerkung   180

Literaturverzeichnis   181

Register   199

Abkürzungsverzeichnis

AcP	=	Archiv für die civilistische Praxis
ALR	=	Allgemeines Landrecht für die preußischen Staaten
a. M.	=	anderer Meinung
AnwBl	=	Anwaltsblatt
AO	=	Reichsabgabenordnung
AöR	=	Archiv des öffentlichen Rechts
ARSP	=	Archiv für Rechts- und Sozialphilosophie
AWD	=	Außenwirtschaftsdienst des Betriebs-Beraters
BayVBl.	=	Bayerische Verwaltungsblätter
BayVerfGH	=	Bayerischer Verfassungsgerichtshof
BayVGHE	=	Sammlung von Entscheidungen des Bayerischen Verwaltungsgerichtshofs mit Entscheidungen des Bayerischen Verfassungsgerichtshofs
BB	=	Der Betriebs-Berater
BFHE	=	Sammlung der Entscheidungen und Gutachten des Bundesfinanzhofs
BGB	=	Bürgerliches Gesetzbuch
BGBl.	=	Bundesgesetzblatt
BGH	=	Bundesgerichtshof
BGHSt	=	Entscheidungen des Bundesgerichtshofs in Strafsachen
BGHZ	=	Entscheidungen des Bundesgerichtshofs in Zivilsachen
BSG	=	Bundessozialgericht
BSGE	=	Entscheidungen des Bundessozialgerichts
BStBl.	=	Bundessteuerblatt
BVerfG	=	Bundesverfassungsgericht
BVerfGE	=	Entscheidungen des Bundesverfassungsgerichts
BVerwG	=	Bundesverwaltungsgericht
BVerwGE	=	Entscheidungen des Bundesverwaltungsgerichts
DÖV	=	Die öffentliche Verwaltung
DRiZ	=	Deutsche Richterzeitung
DRW	=	Deutsche Rechtswissenschaft
DRZ	=	Deutsche Rechts-Zeitschrift
DStR	=	Deutsches Steuerrecht
DStZ	=	Deutsche Steuerzeitung
DVBl	=	Deutsches Verwaltungsblatt
EdL	=	Montesquieu, De l'esprit des lois
EStG	=	Einkommensteuergesetz
EWG	=	Europäische Wirtschaftsgemeinschaft
F.	=	Festschrift
FG	=	Finanzgericht
FR	=	Finanz-Rundschau
G.	=	Gedächtnisschrift
GewStG	=	Gewerbesteuergesetz
GG	=	Grundgesetz
GRUR	=	Gewerblicher Rechtsschutz und Urheberrecht
GVBl.	=	Gesetz- und Verordnungsblatt
HdbDStR	=	Handbuch des Deutschen Staatsrechts
HDSW	=	Handwörterbuch der Sozialwissenschaften
IhJb	=	Iherings Jahrbücher
IPR	=	Internationales Privatrecht

JöR	=	Jahrbuch des öffentlichen Rechts
JR	=	Juristische Rundschau
JuS	=	Juristische Schulung
JW	=	Juristische Wochenschrift
JZ	=	Juristenzeitung
KStG	=	Körperschaftssteuergesetz
MD	=	Maunz-Dürig
MDR	=	Monatsschrift für Deutsches Recht
vMK	=	von Mangoldt-Klein
NF	=	Neue Folge
NJW	=	Neue Juristische Wochenschrift
ÖJZ	=	Österreichische Juristenzeitung
oeZöR	=	Österreichische Zeitschrift für öffentliches Recht
OVG	=	Oberverwaltungsgericht
RFH	=	Reichsfinanzhof
RFHE	=	Sammlung der Entscheidungen und Gutachten des Reichsfinanzhofs
RG	=	Reichsgericht
RGBl.	=	Reichsgesetzblatt
RGSt	=	Entscheidungen des Reichsgerichts in Strafsachen
RGZ	=	Entscheidungen des Reichsgerichts in Zivilsachen
RStBl.	=	Reichssteuerblatt
StAnpG	=	Steueranpassungsgesetz
StbJb	=	Steuerberater-Jahrbuch
StuW	=	Steuer und Wirtschaft
VGH	=	Verwaltungsgerichtshof
VVDStRL	=	Veröffentlichungen der Vereinigung der deutschen Staatsrechtslehrer
VwGO	=	Verwaltungsgerichtsordnung
ZaöRV	=	Zeitschrift für ausländisches öffentliches Recht und Völkerrecht
ZfRv	=	Zeitschrift für Rechtsvergleichung
ZPO	=	Zivilprozeßordnung
ZRP	=	Zeitschrift für Rechtspolitik

Vorbemerkung

Diese Untersuchung behandelt die richterliche Begründungspflicht unter dem Aspekt, welche Mindestanforderungen an die Begründung gerichtlicher Entscheidungen aus der Sicht der Verfassung zu stellen sind. Die Frage aber nach den verfassungsrechtlichen Mindestanforderungen an die Begründung gerichtlicher Entscheidungen läßt sich aus den Aussagen des Verfassungsrechts nicht vollständig und unmittelbar einsichtig beantworten, da diese Aussagen häufig nur mit dem besonderen Geltungsanspruch rechtlicher Verbindlichkeit und mit der erhöhten Bestandskraft des Verfassungsrechts wiederholen, was erkenntnistheoretisch vorgegeben ist und die Besonderheit richterlichen Erkennens unabhängig vom Verfassungsrecht bereits ausmacht. Daher soll in dieser Untersuchung zunächst aufgezeigt werden, in welchem Ausmaß und mit welcher allgemeinrechtlichen Tragweite das richterliche Urteil erkenntnistheoretisch als eine begründete und begründbare Aussage im Sinne des „Satzes vom zureichenden Grund" begriffen werden kann. Allein begründete und begründbare Aussagen entsprechen dem rechtsstaatlichen Gebot rationaler Herrschaftsausübung; denn erst die Rationalität staatlicher Machtäußerungen gewährleistet ihre Nachprüfbarkeit. Um diese Nachprüfbarkeit auch in formaler Hinsicht zu ermöglichen, ist es notwendig, verfassungsrechtliche Mindestanforderungen an die Urteilsgründe zu ermitteln, deren Unterschreiten die Meßbarkeit einer Rechts- und Funktionsbeeinträchtigung an den Aussagen des Verfassungsrechts ermöglicht.

Für die Anregung zu dem Thema der Untersuchung und die vielfältige Unterstützung, die ich im Laufe der Arbeit erfahren habe, möchte ich Herrn Professor Dr. *Klaus Vogel* sehr herzlich danken. Herrn Ministerialrat a. D. Dr. *Johannes Broermann* danke ich für die Aufnahme der Untersuchung in diese Schriftenreihe.

§ 1 Das verfassungsrechtliche Verständnis der Rechtsprechung

Dem allgemeinen Verständnis offenbart sich die rechtsprechende Tätigkeit in dem richterlichen Endurteil schlechthin. Dieser Ausgangspunkt verdeutlicht in seiner Verengung des Verständnisses rechtsprechender Tätigkeit sowohl Wesentliches als auch Selbstverständliches: Rechtsprechung wird von Richtern ausgeübt. Sie ist ihrem Wesen nach auf eine Entscheidung hin angelegt[1]. Dieser allgemeine Zusammenhang bedarf zunächst keiner weiteren Begründung.

Die Ermittlung verfassungsrechtlicher Anforderungen an die richterliche Entscheidung erfordert aber eine Aufhellung des verfassungsrechtlichen Zusammenhangs zwischen Rechtsprechung und richterlicher Einzelentscheidung. Für die weiteren Überlegungen ist daher erheblich, in welchem Sinne das Grundgesetz den Begriff „Rechtsprechung" versteht, was von ihm erfaßt, was ausgeschieden sein soll, ob das Grundgesetz auf formelle Kriterien (besondere staatliche Organe), materielle bzw. modale Kriterien (Inhalt und die Art und Weise der von diesen Organen ausgeübten Tätigkeit) abstellt oder sie in funktionellem Sinne begreift, d. h. als Summe der den Richtern durch das Grundgesetz (bzw. auch durch andere Gesetze) zugewiesenen Aufgaben, ohne Rücksicht auf ihren Inhalt[2]. In methodologischer Hinsicht sind wir damit auf das Gebiet der Verfassungsinterpretation verwiesen.

Das Grundgesetz verwendet den Begriff der Rechtsprechung subjektivisch und adjektivisch, ohne damit wohl eine erkennbare Unterscheidung treffen zu wollen[3]. So spricht es in Art. 1 Abs. 3 von der „Rechtsprechung", die durch die Grundrechte als unmittelbar geltendes Recht gebunden sei, ebenso in Art. 20 Abs. 2 (besondere Organe der „Rechtsprechung") und Abs. 3 (die „Rechtsprechung" ist an Gesetz und Recht gebunden), desgleichen in der Überschrift des IX. Abschnitts, dagegen in Art. 92 1. Halbsatz von „rechtsprechender" Gewalt, die den „Richtern anvertraut" sei. Diese Vorschrift ist sedes materiae für die folgenden Überlegungen.

---

[1] Siehe zunächst nur: Staatslexikon, Band 6, Stichworte „Rechtspflege und Rechtsprechung" *(Josef Häunsling)*, Sp. 677 ff., und „Richter" *(Erich Fechner)*, Sp. 917 ff.; „das ‚Urteil' ist ... die typische Wirkungsform der rechtsprechenden Gewalt": BVerwGE 12, 322, 326.

[2] Zur Übersicht: *H. J. Wolff*, Verwaltungsrecht I, S. 71 ff., 75; *Menger*, System des verwaltungsgerichtlichen Rechtsschutzes, S. 36 ff.

[3] Das scheint unbestritten zu sein. Vgl. z. B. *Hamann*, Grundgesetz, S. 382.

§ 1 Das verfassungsrechtliche Verständnis der Rechtsprechung

Der Sinnzusammenhang zwischen den beiden Halbsätzen des Art. 92 (in Verbindung mit der Verweisung im 2. Halbsatz „durch die in diesem Grundgesetz vorgesehenen Bundesgerichte und durch die Gerichte der Länder") läßt erkennen, daß das Grundgesetz von einem *einheitlichen* Begriff der Rechtsprechung ausgeht[4]. Unterschiede müßten sich daher aus dem Grundgesetz selbst ergeben. Sie könnten allerdings für den Bereich der Verfassungsgerichtsbarkeit vorliegen, da diese in den Art. 93, 94 gesondert geregelt worden ist[5]. Für die Gebiete der ordentlichen, der Verwaltungs-, der Finanz-, der Arbeits- und Sozialgerichtsbarkeit, die gemeinsam und unterschiedslos in Art. 96 Abs. 1 aufgezählt und anschließend behandelt werden, gilt der Begriff der Rechtsprechung jedoch einheitlich[6].

Zweifelhaft ist aber, ob das Grundgesetz auf formelle, materielle oder funktionelle Kriterien abstellt. Anhänger eines formellen Begriffs würden dann schon von Rechtsprechung im Sinne des Grundgesetzes sprechen, wenn als „Gericht" bezeichnete staatliche Einrichtungen Staatsgewalt ausüben[7].

Gegen eine solche Formalisierung des Begriffes (Justiz ist alles, was ein Richter tut; Richter ist jeder, der unabhängig und unabsetzbar ist) hat bereits *Carl Schmitt* eingewandt, daß gerade der bürgerliche Rechtsstaat auf einer materiellen Unterscheidung der Rechtsprechung von den anderen Zweigen staatlicher Tätigkeit beruhe. Es wäre deshalb ein sehr mißverstandener Begriff der Rechtsstaatlichkeit, wolle man für Gesetzgebung und Regierungsfunktionen den trügerischen Schein einer Justizförmigkeit organisieren[8].

Die Vertreter eines materiellen Begriffs der Rechtsprechung stellen im wesentlichen auf zwei Kriterien ab: die *Entscheidung von Rechtsstreitigkeiten*, einschließlich der „seit je der Rechtsprechung zugehörigen Aburteilung von Strafsachen" (*H. J. Wolff*) und der *Neutralität* des Entscheidenden[9].

---

[4] *Friesenhahn*, R. Thoma-F., S. 36; *Hamann*, Grundgesetz, S. 383.
[5] So könnte eine Unterscheidung im Hinblick auf das Normenkontrollverfahren für angezeigt gehalten werden.
[6] Hiervon zu unterscheiden ist die Problematik der „Einheit der richterlichen Gewalt" (Oberstes Bundesgericht, Einheitsgericht, Rechtspflegeministerium u. ä.), die grundsätzliche verfassungsstrukturelle und organisatorische Überlegungen zum Gegenstand hat und sich insbesondere mit einer Zusammenfassung der verschiedenen Zweige der Rechtsprechung befaßt. Vgl. *Forsthoff*, Lehrbuch, S. 6 f. mit weiteren Nachweisen.
[7] Vgl. *Scheuner*, VVDStRL 14 (1956), 186, wenn auch stark einschränkend: „Die Gerichte zeichnen sich aus durch die bindende Kraft ihrer autoritativen Rechtsfeststellung in einem förmlichen Verfahren, mit der sie eine Rechtsbefriedigung herbeiführen."
[8] Hüter der Verfassung, S. 161, 164.
[9] *Friesenhahn*, R. Thoma-F., S. 27: „Rechtsprechung als streitentscheidende Gesetzesanwendung" mit weiteren Nachweisen S. 29: „In diesem Zusammen-

§ 1 Das verfassungsrechtliche Verständnis der Rechtsprechung

Das Bundesverfassungsgericht hat zunächst insbesondere das zweite Kriterium herausgestellt. Kennzeichnend ist die Formulierung: Es sei „der richterlichen Tätigkeit *wesentlich*, daß sie von einem nichtbeteiligten Dritten ausgeübt wird"[10]. Während das Gericht in den späteren Entscheidungen das Kriterium des „unbeteiligten Dritten" mit dem Wesensargument (für die richterliche Tätigkeit sei „wesentlich"; „zum Wesen" der richterlichen Tätigkeit gehöre...) begründet[11], hat es in seiner ersten Entscheidung zu diesem Fragenkreis[12] diese Aussage mit einem verfassungsrechtlichen Argument begründet: „Der Grundsatz, daß niemand in eigener Sache Richter" sein könne, gehöre „zu den rechtsstaatlichen Prinzipien". An einer Stelle wird das Wesensargument allerdings etwas aufgehellt[13] und mit dem Begriff des Richters und des Gerichts, dem Ort der Rechtsprechung, verknüpft, wie das Grundgesetz ihn in Art. 92 verwendet: „Die rechtsprechende Gewalt ist den Richtern anvertraut." Das Bundesverfassungsgericht verwendet daher das letztlich auf seinen Gehalt unkontrollierbare Wesensargument weniger, als es zunächst den Anschein hat. Es schließt vielmehr von dem Besonderen auf das Allgemeine, von der im Begriff des Richters mitschwingenden Vorstellung der Unparteilichkeit auf den notwendig Unbeteiligten, der einen Rechtsstreit entscheidet. Das Bundesverfassungsgericht kleidet diese Gedanken in die Worte: Die Vorstellung eines unbeteiligten Dritten sei dem Begriff des Richters „immanent". Daraus erhellt: Erstens wird das Kriterium des „nichtbeteiligten Dritten" aus dem Begriff des Richters und nicht aus dem der Rechtsprechung gewonnen. Es findet weiterhin keine Wesensschau statt, sondern echte kontrollierbare Verfassungsinterpretation. Zum anderen aber wird deutlich, daß das Bundesverfassungsgericht in dem Merkmal des „unbeteiligten Dritten"

---

hang ist der die Entscheidung fällende ‚Dritte' nicht äußerlich hinzugefügtes formales Element, sondern es ist unmittelbar und notwendig mit dem materiellen Element der Streitentscheidung gegeben." *Loppuch*, NJW 1953, 1128; *Rumpf*, VVDStRL 14 (1956), 151 ff.; *Ule*, JZ 1958, 628 f. und DVBl. 1959, 537; *Dahm*, Deutsches Recht, S. 335: „Sie (die richterliche Unabhängigkeit) ist schon in der ‚Natur der Sache', dem Wesen der richterlichen Tätigkeit angelegt." *Bettermann*, GR III/2, S. 529 f.; *Eichenberger*, Richterliche Unabhängigkeit, S. 23, *Fichtmüller*, AöR 91 (1966), 319; *Bachof*, Huber-F., S. 40; *Fuss*, Schack-F., S. 13 im Anschluß an *Carl Schmitt*, Hüter der Verfassung, S. 161 ff., 164 ff. Ferner *R. Thoma*, in HdbDStR II, S. 129. Teilweise abweichend *H. J. Wolff*, Verwaltungsrecht I, S. 72 ff., der in der „Neutralität" eine „modale" Charakterisierung der Rechtsprechung sieht, die nicht in deren Begriff liege. — Einschränkend *Bettermann*, Jellinek-G., S. 370 ff., und Lent-F., S. 24, nach dessen Auffassung Streitentscheidung zwar immer Rechtsprechung ist, aber für den Begriff der Rechtsprechung nicht notwendig vorausgesetzt wird.

[10] BVerfGE 18, 241, 255, ebenso 14, 56, 69; 4, 331, 346; 3, 377, 381; ferner BVerwGE 12, 322, 326.
[11] Zur grundsätzlichen Problematik des Wesensarguments vgl. *Scheuerle*, Das Wesen des Wesens, AcP 163, 429.
[12] BVerfGE 3, 377, 381.
[13] BVerfGE 4, 331, 346.

§ 1 Das verfassungsrechtliche Verständnis der Rechtsprechung 17

weniger ein materielles Kriterium als eine Modalität der Rechtsprechung sieht[14].

Zur Bestimmung dessen, was unter dem Begriff des „Richters" im einzelnen zu verstehen ist, wird größtenteils auf die herkömmliche Auffassung verwiesen, der methodologisch die historisch-genetische Interpretation entspricht. Letztlich wird damit das Richtertum als eine soziologische Erscheinung angesprochen, die mit der Idee menschlicher Gemeinschaft untrennbar verknüpft ist.

Das zweite (materielle) Kriterium zur Bestimmung des Begriffs der Rechtsprechung, das der Streitentscheidung, wird vom Bundesverfassungsgericht ebenfalls herangezogen und am Beispiel der Entscheidung von bürgerlichen Rechtsstreitigkeiten vermögensrechtlicher Art herausgestellt[15]. Ebenso zählt das Bundesverfassungsgericht die Ausübung der Strafgerichtsbarkeit zur rechtsprechenden Gewalt im Sinne des Art. 92 GG[16], die in einer Entscheidung auch inhaltlich, und zwar dahin umschrieben wird, daß sie „Gesetzesanwendung auf einen Unrechts- oder Pflichtwidrigkeitstatbestand durch eine unabhängige Instanz" sei[17].

Ergänzt und konkretisiert wird der Begriff der Rechtsprechung vom Bundesverfassungsgericht im Urteil des Zweiten Senats vom 6. Juni 1967[18]. Danach ist nunmehr Rechtsprechung als die Summe der den Gerichten durch das Grundgesetz zugewiesenen Aufgaben zu verstehen. Rechtsprechende Gewalt bedeutet somit richterliche Gewalt. Doch hält es das Bundesverfassungsgericht für zweifelsfrei, daß der Verfassungsgeber die traditionellen Kernbereiche der Rechtsprechung — bürgerliche Rechtspflege und Strafgerichtsbarkeit — der rechtsprechenden Gewalt zugerechnet hat, auch wenn sie im Grundgesetz nicht besonders aufgeführt sind. Nur insoweit wird man der Kennzeichnung der Auffassung des Bundesverfassungsgerichts zustimmen können, es verstände den Begriff der rechtsprechenden Gewalt, wie er in Art. 92 GG gebraucht werde, in einem materiellen Sinn. Insgesamt geht das Bundesverfassungsgericht jedoch von einem funktionellen Begriff aus.

Für den Kernbereich rechtsprechender Gewalt, der allein Gegenstand unserer Untersuchung ist, kann festgestellt werden, daß das Bundesverfassungsgericht an die herkömmlichen Tätigkeiten zivilrechtlicher und strafrechtlicher Rechtspflege anknüpft. Rechtsprechung wird also auch

---

[14] Ebenso H. J. Wolff, Verwaltungsrecht I, S. 74 f.
[15] BVerfGE 14, 56, 66: Den Gemeindegerichten obliege „in erster Linie die Entscheidung von bürgerlichen Rechtsstreitigkeiten vermögensrechtlicher Art, eine typische Aufgabe der rechtsprechenden Gewalt".
[16] BVerfGE 12, 264, 274; 8, 197, 207; 4, 74, 92 f.
[17] BVerfGE 4, 74, 93.
[18] BVerfGE 22, 49, 73 ff.

2 Brüggemann

§ 1 Das verfassungsrechtliche Verständnis der Rechtsprechung

im Sinne richterlicher Tätigkeit verstanden, wie sie insbesondere in den Verfahrensordnungen der siebziger Jahre des letzten Jahrhunderts geregelt worden ist[19].

Damit ist dem Verfassungsrecht einerseits bereits rein zeitlich im wesentlichen vorgegeben, was Rechtsprechung im Sinne dieses Kernbereichs bedeutet. Zum anderen könnte dem Verfassungsrecht vorgegeben sein, was die Eigentümlichkeit rechtlichen Erkennens durch den Richter ausmacht. Insoweit wird im Wege eines „Vorverständnisses"[20] oder einer „vorläufig unbegründeten Antizipation"[21] angenommen, daß das richterliche Erkenntnisverfahren nur ein Teilaspekt eines allgemeinen menschlichen, und zwar geordneten Erkenntnisbemühens ist. In diesem Sinne wird die als „Eigentümlichkeit" bewußt unbestimmt bezeichnete Erscheinung der Rechtsprechungstätigkeit als erkenntnistheoretische und (juristisch) methodologische Vorgegebenheit verstanden. Diese Eigenart rechtsprechender Tätigkeit soll daher in ihrer Vorgegebenheit und Eigengesetzlichkeit ermittelt werden, bevor sie aus einer Gesamtschau der gegenwärtigen Verfassungsordnung kritisch gewürdigt wird; denn die erkenntnistheoretischen und methodologischen Bedingungen der Urteilsbegründung erhalten nur dann eine schärfere, d. h. verfassungsrechtliche Akzentuierung, wenn sie sich auch aus dem Verfassungssystem des Grundgesetzes ergeben.

---

[19] Ähnlich *Bettermann*, Jellinek-G., S. 370: „Die Aufgabe des Richters in unserer Rechtsordnung muß in erster Linie so verstanden werden, wie die Reichsjustizgesetze von 1877/79 den Zivil- und Strafprozeß gestaltet haben, wie der Verwaltungsprozeß gewachsen ist..."; *Bachof*, VVDStRL 14 (1956), 178: Den Gehalt des Begriffes der Rechtsprechung „kann man nicht rein deduktiv und abstrakt ermitteln, sondern man muß die geschichtlichen Gewordenheiten unseres deutschen Rechts in Rechnung stellen". Vgl. auch *Scheuner*, VVDStRL 14 (1956), 186: Das Grundgesetz greife in Art. 92 „auf den traditionellen Begriff der Rechtsprechung im Sinne der abendländischen Staatsentwicklung zurück".
[20] *Gadamer*, Wahrheit und Methode, S. 252 ff.; *Betti*, Allgemeine Auslegungslehre als Methodik der Geisteswissenschaften, S. 172.
[21] *Popper*, Logik der Forschung, S. 7, 223. Im Englischen wird dieser Vorgang in der Regel als Trial- and error-Methode gekennzeichnet: *Topitsch*, Sprachlogische Probleme der sozialwissenschaftlichen Theoriebildung, S. 22; *Popper*, Was ist Dialektik?, S. 262 ff.; ferner *Kriele*, Theorie der Rechtsgewinnung, S. 194.

Erstes Kapitel

Erkenntnistheoretische und methodologische Vorgegebenheiten

§ 2 Allgemeine hermeneutische Vorüberlegungen

I. Sprachverständnis und Rechtsverständnis

Die neueren hermeneutischen Bemühungen der Rechtswissenschaft, die versuchen, den allgemeinen geisteswissenschaftlichen Charakter der Rechtswissenschaft aufzuzeigen[1], haben auch den engen Zusammenhang zwischen Rechtsverständnis und Sprachverständnis ins Bewußtsein gerückt[2]. Die Sprache als Spiegel und Entsprechung des Geistes in der sinnlich wahrnehmbaren Außenwelt wird daher als eine dem Recht vorgegebene Erscheinung verstanden. *Forsthoff*[3] spricht von einer „genealogischen Priorität der Sprache". Jeder in der Rechtssprache verwendete Begriff hat daher einen vorgegebenen sprachlichen Inhalt, dessen Ermittlung zu einem Gebot juristischer Hermeneutik wird[4].

Da das Recht erst in seiner sprachlichen Ausformung existent wird[5], nimmt es auch an der Geschichtlichkeit aller sprachlichen Äußerungen teil[6]. Wandlungen des Sprachverständnisses und Änderungen der Verständnishorizonte bedingen auch die Wandlungen des Rechtsverständnisses. Die „Bindung des Rechtsdenkens an die Vorgegebenheit des sprachlichen Ausdrucks"[7] und die allgemeine „Zeitstruktur" des Rechts[8]

---

[1] *Gadamer*, Wahrheit und Methode, S. 250 ff., 307 ff., 488 ff.; *Forsthoff*, Recht und Sprache, S. 3 ff.; *Viehweg*, Topik und Jurisprudenz, durchgehend und Studium Generale 1958, S. 334 ff., *Coing*, Auslegungsmethoden, S. 1 ff.; *Betti*, Allgemeine Auslegungslehre als Methodik der Geisteswissenschaft, S. 607 ff.
[2] *Forsthoff*, Recht und Sprache, S. 15 ff.; *Henkel*, Rechtsphilosophie, S. 46 ff.; *Betti*, Allgemeine Auslegungslehre als Methodik der Geisteswissenschaft, S. 608.
[3] Recht und Sprache, S. 15.
[4] Vgl. *Henkel*, Rechtsphilosophie, S. 55.
[5] *Henkel*, Rechtsphilosophie, S. 48.
[6] *Forsthoff*, Recht und Sprache, S. 15.
[7] *Forsthoff*, Recht und Sprache, S. 17.
[8] *Gerhart Husserl*, Recht und Zeit, S. 22; *Viehweg*, Topik und Jurisprudenz, S. 59.

lassen es für angezeigt erscheinen, den Wortsinn[9] des im Mittelpunkt der Untersuchung stehenden Begriffs des Grundes hermeneutisch aufzuhellen.

II. Das allgemeine Sprachverständnis des Wortes „Grund"

Die äußere Form des Wortes „Grund" hat sich im Laufe der Geschichte wenig gewandelt[10]. Im Althochdeutschen findet sich die Schreibweise „grunt" oder „crunt", im Mittelhochdeutschen „grunt". Das Wort ist germanisches Gemeingut. Die altsächsische Fassung lautet „grund", die mittelniederdeutsche „grunt", die mittelniederländische „gront", die neuniederländische „grond". Ähnlich wird dieser Begriff altfriesisch „grund, grond" wiedergegeben, ostfriesisch „grond", westfriesisch dagegen „groun, grüwn", angelsächsisch wiederum „grund", englisch „ground", altnordisch „grunnr" und „grund", dänisch und schwedisch „grund".

Die ursprüngliche Zweigeschlechtlichkeit des Wortes ist nicht nur für dessen Vorgeschichte, sondern auch für das gegenwärtige Verständnis dieses Begriffs von Bedeutung. Erst im Laufe einer längeren Entwicklung hat die maskuline Form die feminine weitgehend verdrängt und im Hochdeutschen nur die maskuline übriggelassen. Als feminin erschien das Wort insbesondere im Zusammenhang mit Begriffen, die sich auf den Erdboden beziehen, wie „Erdgrund, Wiesengrund". Der Erdboden als Sitz der Muttergottheiten und Ursprung allen Lebens findet in der femininen Sinndeutung des Grundes seine deutliche Entsprechung. An dem Begriff des Grundes haftet daher sehr stark die Vorstellung des Unteren, der Tiefe, der untersten Fläche, der Erde und des Tiefgehenden. Das zeigt sich auch in der Häufung von Worten mit vergleichbarem Sinngehalt wie „Grund und Boden".

Grund bezeichnet weiterhin die feste untere Begrenzung eines Dinges, z. B. den Grund von Gewässern: Meeresgrund, Grundeis, Grundbeben, Grundwasser. Daneben wird es aber auch im Sinne von Untiefen gebraucht, wie „flache Gründe", „seichte Gründe". Hierin klingt der Grund bereits als „Abgrund" an. Die Begrenzung des Dinges ist nicht feststellbar. Das lassen auch verbale Wendungen erkennen, wie „den Grund verlieren", „zugrunde gehen", „in den Grund bohren", „auf Grund laufen", „auf Grund setzen". Tröstlich mutet daher der pietistische Vers an, der den Sinngehalt des „Grundes" gleichsam als „Metapher" wiedergibt: „Ich habe nun den Grund gefunden, der meinen

---
[9] Hierzu *Larenz*, Methodenlehre, S. 241 ff.; *Engisch*, Einführung, S. 77 f.
[10] Hierzu und zum folgenden *Grimm*, Deutsches Wörterbuch; *Trübners*, Deutsches Wörterbuch; *Paul*, Deutsches Wörterbuch, jeweils unter dem Stichwort „Grund".

§ 2 Allgemeine hermeneutische Vorüberlegungen   21

Anker ewig hält". Die bekannteste poetische Wendung ist die Rede vom „kühlen Grunde" (Eichendorff).

Bei Luther findet sich das Wort häufig auch als „Grund der Hölle". Ebenso ist es als Grund von Hohlräumen gebräuchlich, so in der Anwendung auf Klüfte und Felskessel. Bereits im Mittelhochdeutschen bezeichnet es das Innerste, Tiefste der Seele, wie in „Herzensgrund" und „im Grunde seines Herzens liebt er sie", oder es tritt als Kennzeichnung der Gesinnung auf, z. B. „böser Grund des Herzens", „grundfalsch", „grundgütig".

Daneben wird Grund ganz allgemein zur räumlichen oder flächenhaften Kennzeichnung des Erdbodens verwandt, wie „Grund der Erden", „auf den Grund stampfen" oder zu seiner qualitativen Bestimmung, wie „wertvoller Grund", „wilder Grund", „auf guten Grund fallen". Zu diesen Vorstellungen tritt die des Besitzes, wie „Grundstück", „Grundbesitz". In diesem Zusammenhang erscheint es schon sehr früh als Ausdruck der Rechts- und Urkundensprache. *Leibniz* spricht auch vom „Grund und Boden einer Sprache".

Auf Gebäude bezogen wird es als das Tragende, wie „Grundstein", „Grundmauer" verwendet. „Grundlegung", „Grundlage" im Sinne eines Fundamentes bezeichnet dann im abstrakten Sinn dasjenige, was das Denken trägt, was das Tragende eines Denkgebäudes ist. In den religiösen Schriften des 16. Jahrhunderts erscheint das Wort sehr häufig als „Grundlage", „Begründung", teilweise in der Bedeutung von Lehre schlechthin, z. B. teilweise auch in der Wendung von dem „Grund, der in Jesus Christus gelegt ist". „Grundlehren", „Anfangsgründe" bezeichnen weniger das Fundament als den Ausgangspunkt, den Ursprung einer Erscheinung. Bei *Leibniz* schwächt sich dieser Sprachgebrauch oft zur Kennzeichnung einer Theorie ab. Grund nimmt daneben auch die Bedeutung an, das Wesentliche eines Dinges zu kennzeichnen, d. h. seine wahre, wirkliche Beschaffenheit. Als Grund der Wahrheit tritt es im 16. und 17. Jahrhundert häufig auf. Etwas, was wahr, richtig ist, wird als „begründet" und auch berechtigt angesehen. In Bezug auf die geistige Tätigkeit wird es zum „gründlich" im Sinne von genau. In der Sprache der Philosophie erschien es seit Leibniz in dem sog. „Satz vom zureichenden Grund". „Mit Grund" bedeutet in älterer Sprache manchmal „mit Beweiskraft, Überzeugung", negativ dagegen „ohne Grundlage, Beweisgrund". Auch als „Rechtsgrund" kommt es seit dem 18. Jahrhundert zunehmend vor.

In der verbalen Wendung „auf den Grund kommen oder gehen" wird es zunehmend in übertragenem Sinne gebraucht. Hier bedeutet es „bis zum Untersten, zu den Anfängen einer Sache vordringen und dadurch zu ihrem Verständnis zu gelangen" *(Grimm)*. Im 16. und 17. Jahrhundert bedeutet die Wendung „auf den Grund kommen" häufig schlechthin: die

Wahrheit ermitteln. Später wird diese Wendung oft auf Begriffe wie Problem, Ding oder Sache bezogen, z. B. „einem Problem auf den Grund kommen". Einer „Sache auf den Grund sehen" bedeutet soviel wie sie durchschauen.

In der gegenständlichen wie übertragenen Verwendung erscheint der Grund daher als dasjenige, was einer Erscheinung die Begrenzung gibt und was ihr den Boden, das Fundament verleiht. Der Grund zielt auf Erkenntnis dessen, was das Wesentliche und Eigentliche aller Erscheinungen ist und kann sowohl deren Ursprung wie deren Berechtigung zum Dasein ganz allgemein und in ihrer jeweiligen Form bezeichnen. Vor diesem hermeneutischen Hintergrund ist nunmehr zu ermitteln, was den Grund des richterlichen Urteils ausmacht, was den Richterspruch notwendig gründet und somit begründet.

§ 3 Der Satz vom Grund

I. Die allgemeine philosophische Fragestellung

An die gesamte Wirklichkeit wird mit Beginn der Neuzeit immer nachhaltiger die Frage nach dem „Warum" gestellt. Keine ihrer Erscheinungen ist für uns durch ihr bloßes Vorhandensein bereits einsichtig oder verständlich. Die Frage, warum etwas ist oder warum etwas so ist, wie es ist, ist der Anfang aller Wissenschaft. Sie bemüht sich, die Wirklichkeit zu erfahren, sie in ihren mannigfaltigen Erscheinungsformen zu ergründen und zu begründen. Die Warum-Frage wird aber mit besonderem Nachdruck an das menschliche Verhalten gerichtet.

Der psychologische Aspekt dieser Fragestellung kann ohne Bedenken unberücksichtigt bleiben. Es handelt sich hier nicht um die psychologischen Ursachen, die Motive der Fragestellung, sondern um den zu erkennenden Gegenstand. Diese Frage nennen wir die Frage nach dem Grund. Sie kann aber verschieden gestellt werden. Einmal fragen wir über die Fülle der Einzelerscheinungen der Welt hinaus nach dem erklärenden, sinngebenden, gleichsam letzten Grund. Dann würden Grund und Sein einander sehr nahe kommen, wenn nicht zur Deckung gelangen. Zum anderen fragen wir auch nach dem Grund unserer Erkenntnisse, in denen wir jeweils einen Teilaspekt der wirklichen Welt einzufangen versuchen. Dieser Grund wird als Erkenntnisgrund gekennzeichnet. Die Warum-Frage bemüht sich hier, den Grund des Erkenntnisses zu ermitteln und darzustellen. Der Erkenntnisgrund ist somit ganz allgemein der auf die Gewißheit der Richtigkeit eines Erkenntnisses zielende Grund, der das Sein selbst nicht betrifft, also nicht nach dem Seinsgrund fragt. Die Frage nach dem Erkenntnisgrund, nach dem Grund also, warum etwas als so seiend erkannt worden ist, betrifft daher nicht nur das „Warum" des Erkenntnisses, sondern auch das „Wie" des Erkennens und weist insofern auch eine methodologische Verknüpfung auf.

In der Philosophie wird die Warum-Frage als der Satz vom Grund oder der Satz vom zureichenden Grund gekennzeichnet. Im Hinblick auf das Thema dieser Abhandlung wirft er insbesondere das Problem der Legitimation eines Urteils, eines Erkenntnisses oder eines Verhaltens im weiteren Sinne auf. Das wird deutlicher in der lateinischen Entsprechung des Grundes als „ratio", die nicht nur „Vernunft", sondern auch „Rechtfertigung" bedeutet. In der Verknüpfung dieser beiden Sinnbereiche erschließt sich der Gehalt der „ratio", des „Grundes". Grund bedeutet daher so viel wie vernünftige, verstandesmäßige, auf Berechenbarkeit und vor allem „Nach"rechenbarkeit abzielende Darlegung des Warum. Dementsprechend finden sich dann die Bezeichnungen der „ratio sufficiens", des „zureichenden Grundes" und des „principium rationes sufficientes", des „Satzes vom zureichenden Grund".

Dieser Satz, zuerst von *Leibniz* ausgesprochen, ist von zentraler erkenntnistheoretischer Bedeutung. Er ist in jüngster Zeit insbesondere von *Rudolf Laun*[1] und *Martin Heidegger*[2] wieder in das allgemeine Bewußtsein gehoben worden. Obgleich der Satz von Leibniz' bedeutendem Schüler *Christian Wolff*, aber auch von *Crusius* und *Kant*, insbesondere jedoch von *Schopenhauer* eine weitere Darstellung erfahren hat[3], genügt es für die Zwecke dieser Untersuchung, die Überlegungen im wesentlichen auf Leibniz und Heidegger zu beschränken. Diese Begrenzung erscheint gerechtfertigt, weil wir in Leibniz den Vater dieses Satzes erkennen und in Heidegger denjenigen, der den Satz am nachdrücklichsten neu formuliert und in unsere Zeit hineingesprochen hat. Dabei ist Heideggers Verständnis des Satzes vom Grund allerdings weniger formal-logisch oder ontologisch orientiert als vielmehr anthropologisch.

II. Der Satz vom Grund bei Leibniz

Der Satz vom Grund, der in der Philosophie des *Aristoteles* vorgezeichnet war[4], ist als ein grundlegender Satz zuerst von *Leibniz* ausgespro-

---

[1] Der Satz vom Grund, 2. Aufl. 1956. Der Verfasser verdankt insbesondere diesem Werk viele Fundstellen für das historische Material.
[2] Der Satz vom Grund, 2. Aufl. 1958.
[3] Hierzu *Laun*, Der Satz vom Grund, S. 75 ff.
[4] Vgl. *Laun*, Der Satz vom Grund, S. 57 ff.

chen worden⁵. *Heidegger* spricht von einer ungewöhnlich langen „Incubationszeit" des Satzes vom Grund, zu deren Erklärung er anfügt, daß der Weg zum Nahen für uns Menschen jederzeit der weiteste und darum der schwerste sei⁶. Leibniz behandelt den Satz vom Grund an verschiedenen Stellen. Die Hauptfundstellen sind die Nouveaux essais sur l'entendement humain, die Essais de Théodicée, die sog. „Monadologie", das Specimen inventorum admirandis naturae generalis arcanis und das 5. Schreiben an Clarke.

Unser Gesamtdenken gründet sich nach *Leibniz* auf zwei große Prinzipien, „nos raisonnements sont fondés sur deux grands Principes...", dem des Widerspruches, „celuy de la contradiction" und dem des zureichenden Grundes, „et celuy de la Raison suffisante" (§§ 31, 32 der Monadologie und §§ 44, 169 der Essais de Théodicées). Die lateinische Fassung dieser Ausgangsüberlegung, an die insbesondere *Heidegger* anknüpft, findet sich im zweiten Absatz des Specimen inventorum: „... duo sunt prima principia omnium ratiocinationum, Principium nempe contradictionis ... et principium reddendae rationis ...".

Das Prinzip des Widerspruchs ist ein Satz der formalen Logik und lautet in der Umkehrung des Satzes der Identität (A = A)⁷: ein Satz kann nicht zugleich A und Nicht-A sein, d.h. zwei einander entgegengesetzte Urteile können nicht beide zugleich wahr sein, sondern wenn das eine wahr ist, muß das andere falsch sein⁸. In *Leibniz'* eigenen Worten lautet der Satz: „Kraft des Satzes vom Widerspruch beurteilen wir als falsch, was einen Widerspruch einschließt, und als wahr, was einem solchen entgegengesetzt ist, oder was dem Falschen kontradiktorisch gegenübersteht." (§ 31 der Monadologie). Die Bedeutung dieses Satzes im Denken Leibniz' erschließt sich erst, wenn sein Bezugspunkt sichtbar geworden ist.

Leibniz unterscheidet zwei Arten von Wahrheiten, „il y a aussi deux sortes de verités", die Verstandes- oder Vernunftwahrheiten, „celles des Raisonnement", oder die ewigen Wahrheiten, „verités eternelles", auf der einen Seite, und die tatsächlichen Wahrheiten, „celles de Fait", oder Erfahrungswahrheiten, „verités d'expérience", auf der anderen Seite (§ 33 der Monadologie, § 189 Essais de Théodicée). Nur die Vernunftwahrheiten sind notwendig, „necessaires", ihr Gegenteil ist un-

---

⁵ *Windelband-Heimsoeth*, Lehrbuch der Geschichte der Philosophie, S. 342 f.; *Hans Meyer*, Systematische Philosophie I, S. 270; *Pfänder*, Logik, S. 222; *Hessen*, Das Kausalprinzip, S. 63 f., Lehrbuch der Philosophie I, S. 97 f.
⁶ Der Satz vom Grund, S. 15 f.
⁷ Zum Satz der Identität: *Heidegger*, Identität und Differenz, S. 13 ff.
⁸ *Horn*, Leibniz' Monadologie, S. 69; *Laun*, Der Satz vom Grund, S. 73: „Das Gegenteil ist denkunmöglich" und *Eisler, Hoffmeister* und *Schmidt* jeweils unter dem Stichwort „Widerspruch". — Zum Prinzip des Widerspruchs als eines der höchsten Prinzipien der juristischen Logik: *Garcia Maynez*, ARSP 1959, S. 201 ff.

möglich. Auf sie bezieht sich der Satz vom Widerspruch. Dagegen sind die Tatsachen- oder Erfahrungswahrheiten nicht notwendig. Sie sind zufällig, „contingentes", und ihr Gegenteil ist durchaus möglich (§ 33 der Monadologie).

Sowohl für die notwendigen oder Vernunftwahrheiten als auch für die kontingenten oder Tatsachenwahrheiten gilt der Satz vom zureichenden Grund. In beiden Fällen wird der Grund durch Analyse gefunden. Nur ist er im Bereich der Tatsachenwahrheiten viel schwieriger zu finden, weil hier die Auflösung in besondere Gründe wegen der unermeßlichen Vielfalt der Dinge der Natur, „à cause de la variété immense des choses de la Nature", unbegrenzt ist (§§ 32, 33, 36 der Monadologie). Neben der Bezeichnung „raison suffisante" kennzeichnet *Leibniz* im § 44 der Essais de Théodicée dieses Prinzip auch als das des bestimmenden Grundes, „la raison determinante".

Dieses Prinzip ist von allumfassender Bedeutung. Es bestimmt nicht nur unser gesamtes Denken, sondern wirkt in allem Geschehen, „ce grand principe a lieu dans tous les evenements." Ohne dieses Prinzip geschehe auch nichts, „que rien n'arrive sans raison". Es ist so sehr Grundlage (fondement) allen Denkens, daß es keine Ausnahme verträgt, „il ne souffre aucune exception" (§ 44 der Essais de Théodicée). Auch keine Tatsache kann sich als wahr oder existierend und keine Aussage sich als wahrhaftig erweisen, ohne daß es dafür einen zureichenden Grund gibt, daß es so und nicht anders ist (§ 32 der Monadologie). Die grundlegende und ausnahmslose Geltung dieses Prinzips dient dazu, alle Wahrheiten bis hin zur Existenz Gottes aufzuzeigen. Es wird in den Nouveaux essais sur l'entendement humain II, S. 21, § 13 daher als grundlegendes Axiom, als „axiome fondamental" bezeichnet.

Der Satz des zureichenden oder bestimmenden Grundes ergibt sich für *Leibniz* mit Notwendigkeit. Im § 18 des 5. Schreibens an Clarke spricht er vom „principe du besoin d'une raison suffisante — dem Prinzip der Notwendigkeit eines zureichenden Grundes", ebenso im § 20 „de la solidité et de l'importance de ce grand Principe du Besoin d'une Raison suffisante pour tout evenement — von der Stärke und Bedeutung dieses großen Prinzips der Notwendigkeit eines zureichenden Grundes für jedes Ereignis". Die grundlegende und notwendige Geltung des Satzes vom Grund wird am Ende des Schreibens noch einmal herausgehoben: „Ce principe et celuy du besoin d'une Raison suffisante, pour qu'une chose existe, qu'une evenement arrive, qu'une verité ait lieu. — Dieses Prinzip ist das der Notwendigkeit eines zureichendes Grundes, daß kein Ding existiere, kein Ereignis eintrete, keine Wahrheit platzgreife." Dieses Prinzip bedürfe keines Beweises, vielleicht weil es geradezu als beleidigend erscheinen könnte, es zu leugnen, „peutêtre parce qu'il aurait paru trop choquant de le nier" (§ 125). Leibniz scheint von der Unwiderlegbarkeit des Satzes schlechthin überzeugt gewesen zu sein (vgl. § 44 der Essais de Théodicée: „on ne donnera un exemple contraire"), daß er es allgemeiner Zustimmung für gewiß erachtet (vgl. § 32 der Monadologie: „en vertu duquel nous considerons").

Der soeben wiedergegebene § 125 des 5. Schreibens an Clarke läßt den Schluß zu, daß *Leibniz* drei Arten des Grundes unterscheidet:
1. Grund des Seins („pour qu'une chose existe")
2. Grund des Geschehens („que'une evenement arrive")
3. Grund des Erkennens („qu'une verité ait lieu")[9].

Leibniz bezieht den Satz vom Grund somit gleichermaßen auf alles Sein und alles Erkennen. Sein Verdienst ist es auch, insoweit als erster auf den Unterschied von Seinsgrund und Erkenntnisgrund hingewiesen zu haben[10]. Dagegen bezeichnet der Grund des Geschehens, den Leibniz auch in die Worte faßt: „nihil fit sine causa"[11] die Ursache, die den Seinsgründen im allgemeinen zugerechnet wird[12]. Damit bleibt es bei der Zweiteilung der Gründe in den Seinsgrund und den Erkenntnisgrund.

Ähnlich wie *Leibniz* unterscheidet auch sein Schüler *Christian Wolff* unter ausdrücklicher Erwähnung der drei entsprechenden Prinzipien des Aristoteles drei Gründe (§ 879 der Philosophia prima sive Ontologia):
1. das principium essendi, den Seinsgrund,
2. das principium fiendi, den Geschehensgrund,
3. das principium cognescendi, den Erkenntnisgrund[13].

Da diese Untersuchung sich ausschließlich um die Gründe des Erkennens bemüht, sei auf *Wolffs* Bestimmung des Erkenntnisgrundes noch hingewiesen: „Principium cognescendi dicitur proposito, per quam intellegitur veritas propositionis alteris. — Erkenntnisgrund wird ein Satz genannt, durch den die Wahrheit eines anderen Satzes verstanden wird" (§ 876 der Philosophia).

III. Der Satz vom Grund bei Heidegger

Heidegger knüpft in seinen Überlegungen zum Satz vom Grund an *Leibniz* an. In der Aussageform lautet dieser Satz: Nihil est sine ratione -

---
[9] Vgl. *Laun*, Der Satz vom Grund, S. 73 f., der auf eine ähnliche Dreiteilung bei Aristoteles hinweist. Ferner *Hans Meyer*, Systematische Philosophie I, S. 270; *Hessen*, Das Kausalprinzip, S. 23; *Pfänder*, Logik, S. 222.
[10] Zur Kritik, daß Leibniz beide in unzulässiger Weise vermischt habe: *Laun*, Der Satz vom Grund, S. 100 f. Zu dieser Kritik aber: *Heidegger*, Der Satz vom Grund, S. 43 f.
[11] Hierzu: *Heidegger*, Der Satz vom Grund, S. 52.
[12] *Laun*, Der Satz vom Grund, S. 101 ff.
[13] Siehe auch *Hans Meyer*, Systematische Philosophie I, S. 270.

§ 3 Der Satz vom Grund

Nichts ist ohne Grund. Diese thematische Eröffnung „Nihil est sine ratione" verweist in der Formulierung auf *Christian Wolff*, der im § 70 seiner Philosophia prima sive Ontologia sagt: „Nihil est sine ratione sufficiente — nichts ist ohne zureichenden Grund", und der diese Aussage dahin verdeutlicht: „cur potius sit, quam non sit, hoc est, si aliquid esse ponitur, ponendum etiam est aliquid, unde intelligitur, cur idem potius sit, quam non sit. — Warum etwas eher ist als nicht ist, das heißt, wenn etwas als seiend gesetzt wird, muß auch etwas gesetzt werden, woraus verständlich wird, warum es eher ist als nicht ist."

Ähnlich erschließt sich *Heidegger* die weitere Aussage dieses Satzes aus seiner doppelten Verneinung „nihil ... sine ...", die, positiv gefaßt, lauten müsse: „Allgemein und d. h. in der Regel hat jedes Seiende irgendeinen Grund dafür, daß es ist und so ist, wie es ist." (S. 18.) In dieser doppelten Vereinung aber „Nichts ... ohne ...", setze dieser Satz, was er setzt, als Notwendiges, Unumgängliches. Die bejahende Satzform müsse daher sachgemäß lauten: „Jedes Seiende hat notwendig einen Grund" (S. 18, 26). Unter allen ersten Grundsätzen der Philosophie (Satz der Identität, Satz des Unterschiedes, Satz des Widerspruchs, Satz des ausgeschlossenen Dritten und seit *Leibniz* der Satz vom Grund) sei der Satz vom Grund der Grundsatz aller Grundsätze (S. 21, 25, 39). In dieser Behauptung liege: Der Satz vom Grund, d. h. das, wovon er sagt, ist der Grund dessen, was das Sagen als solches ist (S. 39). Mit Leibniz bezeichnet Heidegger daher diesen Satz als das principium magnum, grande et nobilissimum: das große, das gewaltige, das allbekannt-erhabenste Prinzip (S. 100, 193).

Die weitere Aussage dieses Satzes erschließe sich in seiner vollständigen Bezeichnung: principium reddendae rationis sufficientis (S. 44 ff., 193). Das principium rationis sei zunächst principium reddendae rationis. Rationem reddere heiße: den Grund zurückgeben. Damit werden drei Fragen gestellt:

1. Wofür ist der zurückgebende Grund jeweils der Grund?
2. Weshalb muß der Grund zurückgegeben, d. h. eigens beigebracht werden?
3. Wohin wird der Grund zurückgegeben?

Mit *Leibniz* beantwortet *Heidegger* die erste Frage dahin: Der Grund sei ein zurückzugebender, quod omnis veritatis reddi ratio potest, „weil eine Wahrheit ja nur Wahrheit ist, wenn ihr der Grund zurückgegeben werden kann". „Wahrheit ist für Leibniz", fährt Heidegger fort, „stets — und dies bleibt entscheidend — propositio vera, ein wahrer Satz, d. h. ein richtiges Urteil. Das Urteil ist connexio praedicati cum subiecto, Verknüpfung des Ausgesagten mit dem, worüber ausgesagt wird. Das, was als die einigende Einheit von Subjekt und Prädikat deren Verknüpfung trägt, ist der Boden, ist der Grund des Urteils. Dieser gibt die Berechtigung für das Verknüpfte. Der Grund gibt die Rechenschaft für die Wahrheit des Urteils. Rechenschaft heißt lateinisch ratio. Der Grund der Wahrheit des Urteils wird als die ratio vorgestellt" (S. 193).

Auf die zweite Frage: Weshalb der Grund als Grund eigens beigebracht werden müsse, antwortet *Heidegger*: „Weil der Grund ratio ist, d. h. Rechenschaft". Wenn sie nicht gegeben werde, bleibe das Urteil ohne Rechtfertigung. Es fehle die ausgewiesene Richtigkeit. Das Urteil sei keine Wahrheit. Das Urteil sei nur dann eine Wahrheit, wenn der Grund der Verknüpfung angegeben, wenn die ratio, d. h. die Rechenschaft, abgelegt werde. Solches Ablegen bedürfe einer Stelle, wohin die Rechenschaft gelegt, vor der sie abgelegt werde (S. 194).

Zur dritten Frage, zur ratio reddenda: Wohin der Grund zurückgegeben werden müsse, führt *Heidegger* aus: „Zurück auf den Menschen, der in der Weise des urteilenden Vorstellens die Gegenstände als Gegenstände bestimmt." Richtig, d. h. wahr, seien die Urteile und Aussagen nur dann, wenn der Grund der Verknüpfung von Subjekt und Prädikat dem vorstellenden Ich zugestellt, auf dieses zurückgegeben werde. Der Grund sei nur solcher Grund als die ratio, d. h. als die Rechenschaft, die über etwas vor dem Menschen als dem urteilenden Ich und für dieses abgelegt werde. Die Rechenschaft sei nur Rechenschaft als abgelegte. Darum sei die ratio in sich ratio reddenda; der Grund sei als solcher der zurückzugebende Grund. Erst durch den auf das Ich zurück- und ihm eigens zugestellten Grund der Vorstellungsverknüpfung komme das Vorgestellte so zum Stehen, daß es als Gegenstand, d. h. als Objekt für das vorzustellende Subjekt sichergestellt ist (S. 194 f. und 47 f., 54, 56).

Die zweite Bedingung ist, daß der zuzustellende Grund eine ratio sufficiens sei. Dabei knüpft *Heidegger* an das *Leibniz*-Wort an „id, quod dicere soleo, nihil existere nisi, cuius reddi potest ratio existentiae sufficiens - (das Prinzip), das ich (in der Form) zu sagen pflege, nicht existiert, dafür der Grund seiner Existenz nicht als der zureichende zugestellt werden kann" (S. 64, 195). Damit werde gesagt, daß der Grund als Rechenschaft zureiche (sufficere), d. h. vollständig genüge. Erst die Vollständigkeit der zu-zustellenden Gründe, die perfectio, gewährleiste, daß etwas für das menschliche Vorstellen als Gegenstand im wörtlichen Sinne „fest"-gestellt, in seinem Stand gesichert ist (S. 64, 195). Diese Aussage bestimmt unser gesamtes modernes, wissenschaftliches Denken. Das principium reddendae rationis sufficientis als oberster Grundsatz der Vernunft sagt daher: „Jegliches gilt dann und nur dann als seiend, wenn es für das Vorstellen als ein berechenbarer Gegenstand sichergestellt ist" (S. 196).

Der Satz „Nichts ist ohne Grund" hat aber zwei Fassungen. Die übliche Umschreibung lautet: „Jedes Seiende hat einen Grund." Seiendes und Grund sind unterschieden. Der Satz vom Grund sagt etwas über das Seiende aus (S. 71 ff., 75, 77 ff., 129). Er beantwortet die Frage, warum etwas „ist", nach den Darlegungen zum Reddendum und zur Suffizienz, d. h. der Vollständigkeit. In der anderen Fassung aber sagt er: „Zum Sein gehört dergleichen wie Grund. Das Sein ist grundartig, grundhaft" (S. 90) oder „Sein ist als Sein gründend" (S. 92). Damit werden Sein und Grund dasselbe (S. 91 ff., 129) oder „Sein heißt Grund" (S. 204). *Heidegger* unterscheidet beide Umschreibungen des Satzes vom Grund auch mit diesen Worten: „Indes kann der Satz vom Grund als Wort vom Sein nicht mehr sagen wollen: Sein hat einen Grund. Verstünden wir das Wort vom Sein in diesem Sinn, dann wäre das Sein als ein Seiendes vorgestellt. Nur Seiendes hat und zwar notwendig einen Grund. Es *ist* nur als gegründetes. Das Sein jedoch, weil selber Grund, bleibt ohne Grund. Insofern das Sein, selbst der Grund, gründet, läßt es das Seiende jeweils ein Seiendes sein" (S. 204 f.). Wir fragen jedoch nur nach dem Grund des Seienden, dem Grund des Urteils oder Erkenntnisgrund.

IV. Die rechtswissenschaftliche Fragestellung

Der Satz vom Grund, der nach *Heidegger* als ein oberster Grundsatz der Vernunft unser gesamtes wissenschaftliches Denken regiert[14], verträgt keine Einschränkung. Er ist unserem Denken schlechthin vorgegeben. Er ist so sehr selbst Grund unseres Soseins, d. h. unseres Verhaltens und Wirkens in der Welt, wie wir es unbefragt leben und hinnehmen, daß er selbst keiner Begründung bedarf[15]. Sein Geltungsanspruch macht daher nirgends halt, wo etwas zum Gegenstand eines Erkenntnisverfahrens gewählt wird. Daher unterliegt auch alle Beschäftigung mit dem Recht seiner Herrschaft[16]. Diese Aussage für den Bereich des Rechts mag in ihrer Allgemeinheit noch nicht unmittelbar einleuchten. Sie wird aber da auf Zustimmung rechnen dürfen, wo die Beschäftigung mit dem Recht den Anspruch der Wissenschaftlichkeit erhebt. Denn: „Wenn in der Wissenschaft gefragt wird *Warum?*, so genügt richtigem Denken eine Antwort nicht, die willkürlich so oder auch anders lauten könnte, sondern nur eine solche, die ohne Rücksicht

---

[14] *Hans Meyer*, Systematische Philosophie I, S. 272.
[15] Zu den Begründungsversuchen z. B. *Hans Meyer*, Systematische Philosophie I, S. 272 f.; *Fuetscher*, Prinzipien, S. 94.
[16] Auch *García Maynez*, ARSP 1959, 200 rechnet den Satz vom Grund (neben den Prinzipien der Identität, des Widerspruchs, des ausgeschlossenen Dritten) zu den höchsten Prinzipien der juristischen Logik.

auf unsere Willkür gerade so lauten *muß* und nicht anders lauten kann[17]."

Eine erste Präzisierung der Fragestellung erscheint an dieser Stelle als notwendig; denn der Satz vom Grund kann sich sowohl auf den Seinsgrund wie auf den Erkenntnisgrund beziehen. Wenn die Frage nach der „ratio sufficiens" gestellt wird, so soll aber im folgenden nicht nach dem Seinsgrund des Rechts gefragt, etwa der Frage nach dem Geltungsgrund des Rechts, insbesondere einer Rechtsnorm[18], sondern nach dem „zureichenden Grund" richterlichen Erkennens, dem Erkenntnisgrund, dem „Warum so und nicht anders" des richterlichen Urteils. Dennoch: So leicht die begriffliche Scheidung erscheint, so untrennbar werden Seinsgrund und Erkenntnisgrund, wenn der Richterspruch „Recht setzt", das selbst wieder mit Notwendigkeit zum Grund neuer Rechtserkenntnisse wird.

Wo die Warum-Frage als Frage nach dem Erkenntnisgrund gestellt wird, da ist auch für das Gebiet der Rechtsanwendung die Antwort, das „reddendum rationis", die Zurückgabe des Grundes, in ihrer Ordnung vorgezeichnet: Die Antwort wird zur Rechtfertigung. Mit der Angabe von Gründen wird die mit der Warum-Frage geforderte Rechenschaft abgelegt. Das Anliegen, dem die Rechenschaftslegung entspricht, ist aber, die Richtigkeit des Urteils zu erweisen. Rechtfertigen im Recht heißt daher, die Warum-Frage vollständig und einsichtig, d. h. der verständigen Billigung gewiß, beantworten. Erst damit erweist sich ein Verhalten, eine rechtliche Entscheidung, als „richtig". Der Satz vom Grund fordert somit in besonderem Maße vom Rechtsanwendenden eine Rechtfertigung seines Tuns. Diese Feststellung kann jedoch nur Ausgangspunkt der weiteren Überlegungen sein. Sie verleiht aber dem Denken bereits eine bestimmte Richtung, eine Orientierungshilfe bei der Suche nach dem zureichenden Grund richterlichen Erkennens.

So sehr der Satz vom Grund und sein Geltungsanspruch damit für den Bereich der Rechtsanwendung vorausgesetzt werden, so notwendig erweist es sich, ihn in den Besonderheiten richterlicher Rechtsanwendung detailliert zu entfalten. Diese Besonderheiten ergeben sich aus dem Wesen rechtsprechender Tätigkeit, d. h. den Aufgaben und Eigengesetzlichkeiten der Rechtsprechung. Arten und Funktionen des Erkenntnisgrundes sind daher abhängig von den jeweiligen Anforderun-

---

[17] *Laun*, Der Satz vom Grund, S. 53 f.
[18] *García Máynez*, ARSP 1959, 211, kennzeichnet diesen Geltungsgrund dahin: „Jede Rechtsnorm benötigt, um gültig zu sein, einen zureichenden Gültigkeits-Grund." Ferner *Martin Draht*, Grund und Grenzen der Verbindlichkeit des Rechts, S. 5 f., 41 und durchgehend zum „rechtlichen Sollen" als dem Geltungsgrund des Rechts. *Klaus Vogel*, Der räumliche Anwendungsbereich der Verwaltungsrechtsnorm, S. 140 f. und Note 75, begreift die Frage nach dem Grund des Rechts im Anschluß an *Kant* (Kritik der reinen Vernunft, Einleitung VII) als „transzendentale" Frage.

gen, die an das Verfahren richterlichen Erkennens zu stellen sind. Andererseits werden diese Anforderungen und Notwendigkeiten auch nachdrücklich vom Satz vom Grund mitbestimmt.

Bevor Aufgaben und Ausgestaltungen des Grundes dargestellt werden können, muß versucht werden, das allgemeine Verständnis rechtsprechender Tätigkeit und richterlicher Urteile aufzuhellen. Erst wenn dieses Verständnis gewonnen worden ist, kann die Warum-Frage sinnvoll gestellt und der Grund richterlichen Erkennens richtig zugeordnet und hinreichend bestimmt werden. Die Warum-Frage orientiert sich damit an den besonderen Eigenschaften des Erkenntnisgegenstandes und des von ihm geforderten Erkenntnisverfahrens. Bereits an dieser Stelle ist aber die erste Scheidung richterlichen Erkennens vom allgemeinen wissenschaftlichen Erkennen vorzunehmen. Das richterliche Erkennen wird nämlich nie als reines, d. h. ausschließlich wissenschaftliches, wahrheitssuchendes Erkennen begriffen werden dürfen. Zu seinen Besonderheiten zählt, daß das Gesetz als der an den Richter gerichtete Befehl das „Wie" und das „Was" des Erkennens erheblich mitbestimmt.

§ 4 Das Verständnis rechtsprechender Tätigkeit

I. Rechtsgeschichtliche und rechtstheoretische Ausgangslage

Die Bestimmung von Wesen und Aufgaben rechtsprechender Tätigkeit im 19. Jahrhundert orientierte sich weitgehend an *Montesquieu,* der die richterliche Gewalt als gleichsam unsichtbar und nichtig (invisible et nulle) begriff[1] und als ein geradezu unbeseeltes Wesen (être inanimé)[2] bezeichnete. Bei dieser Charakterisierung hatte Montesquieu vornehmlich die Strafgerichtsbarkeit im Auge[3]. Nur so wird voll verständlich, warum Montesquieu die richterliche Gewalt als so „terrible parmi les hommes" empfunden hat[4].

Die Reduzierung richterlicher Tätigkeit auf das „la bouche qui prononce les paroles de la loi"[5] war vor allem die politische Reaktion auf die zum Teil willkürliche Kabinettsjustiz des fürstlichen Absolutismus, der gerade in der strengen Bindung des Richters an den einheitlichen Staats*willen* ein Mittel staatlicher Machtausübung sah. Bekannt ist *Voltaires* Ausspruch vom „Mörder in der Robe". Mit der strengen Bin-

---
[1] EdL XI/6 Abs. 14 S. 217.
[2] EdL XI/6 Abs. 49 S. 225.
[3] Carl *Schmitt,* Die Diktatur, S. 109; *Krauss,* Carl Schmitt-F., S. 110.
[4] EdL XI/6 Abs. 14 S. 217; *Krauss,* Carl Schmitt-F., S. 111; *Küster,* AöR 75 (1949), 406. Siehe ferner *Carl Schmitt,* Die Diktatur, S. 109, und Verfassungslehre, S. 185 Note 1; *W. Weber,* Carl Schmitt-F., S. 256.
[5] EdL XI/6 Abs. 49 S. 225.

dung des Richters an den Buchstaben des *Gesetzes* im Staat mit gewaltentrennendem Charakter und der Verneinung jeglichen richterlichen Entscheidungsspielraumes sollte dagegen nunmehr ein Höchstmaß an Rechtssicherheit gewährleistet werden[6].

Da das Gesetz bereits berufen war, Ausdruck des Vernünftigen und Gerechten zu sein, waren dessen Segnungen nur bei strenger Bindung des Richters an dieses Gesetz zu erlangen. Ein selbständiger richterlicher Akt der Rechts- und Gerechtigkeitsverwirklichung war nicht nur nicht geboten, sondern geradezu gefährlich, weil er den Gerechtigkeitsgehalt des Gesetzes nicht steigern, sondern allenfalls verfälschen konnte. Dementsprechend waren den Gesetzen häufig Kommentierungs- und Auslegungsverbote beigegeben worden[7]. Im Strafrecht wurde das System absoluter Strafen angestrebt[8].

Geistesgeschichtlich entsprach diese Reduzierung richterlicher Tätigkeit auf eine reine Gesetzesanwendung, in der kein schöpferisches Element mitschwingen sollte, dem Geist eines rationalistischen Zeitalters, das an die Fähigkeit menschlicher Vernunft glaubte, Gesetze so fassen zu können, daß sich die richterliche Tätigkeit in einem einfachen Subsumtionsvorgang erschöpfen müsse. Diese Vorstellung teilte das Schicksal vieler politischer Erkenntnisse des späten 18. Jahrhunderts, daß sie nämlich im Wege ihrer Dogmatisierung oder Kanonisierung ein äußerst zähes Leben geführt haben und noch führen, während sich die Rechts- und „Gerichts"wirklichkeit bereits auf anderen Bahnen bewegte.

Unserer allgemeinen Vorstellung vom Amt des Richters im 19. Jahrhundert, dessen zweite Hälfte den Höhepunkt des wissenschaftlichen Positivismus brachte[9], entspricht daher die Charakterisierung, daß sich der Richter gegenüber dem Gesetz in der Rolle eines „Sklaven" befunden habe[10]. Er sei in die Rolle eines reinen Rechtstechnikers, eines bloßen „Subsumtionsautomaten" gedrängt worden[11].

Eine solche Auffassung setze aber auch den Glauben an die Möglichkeit einer lückenlosen Gesetzesordnung voraus, die für jeden Fall eine

---

[6] *Ehrlich*, Die juristische Logik, S. 89 ff.; *Reichel*, Gesetz und Richterspruch, S. 2 ff.; *Bockelmann*, Smend-F., S. 25 ff.
[7] Bereits im römischen Recht finden sich Formeln, die an dieses Verbot erinnern. Vgl. die Zitate bei *Becker*, Lehmann-F., S. 81 f.
[8] *Eb. Schmidt*, Einführung in die Geschichte der deutschen Strafrechtspflege, S. 238 ff.
[9] Hierzu zunächst nur *Wieacker*, Privatrechtsgeschichte, S. 430 ff.
[10] *Bockelmann*, Smend-F., S. 27.
[11] *Weinkauff*, Richtertum, S. 21. Bei *Radbruch*, Einführung, S. 164 und Archiv für Sozialwissenschaft und Sozialpolitik 22 (1906) 358 finden sich die Bezeichnungen „Subsumtionsapparat, Urteilsmaschine, Rechtsautomat" für dieses „Richterideal einer wertungs- und deshalb individualitätsloses Intellektualität". — Ob *Montesquieu* selbst den Richter in diesem Sinne angesehen hat, dürfte aber zweifelhaft sein. Hierzu *Werner Böckenförde*, Gleichheitssatz, S. 85. Sehr kritisch zu einer solchen Kennzeichnung auch *Flume*, Richterrecht, S. 56 ff., und im Anschluß daran *Hirsch*, JR 1966, 335 f.

eindeutige Rechtsregel bereithält und somit für eine rechtsschöpferische Interpretation und jede Art richterlicher Rechtsfortbildung notwendigerweise keinen Raum läßt[12]. Dieser logisch-notwendigen Komplementärerscheinung und Voraussetzung strenger richterlicher Gesetzesgebundenheit entsprach geistesgeschichtlich das Systematisierungs- und Kodifikationspathos des Naturrechtsdenkens im 18. Jahrhundert[13].

Der Erfolg vollkommener richterlicher Gesetzesgebundenheit war daher von der Fähigkeit menschlicher Vernunft und Sprache abhängig, eine lückenlose, vernünftige und gerechte Gesetzesordnung zu schaffen. Diese rationalistische Voraussetzung stand von Anfang an im Widerspruch mit dem richterlichen Rechtsverweigerungsverbot[14], wie es in Art. 4 des französischen Code Civil positiv-rechtlichen Ausdruck gefunden hat: „Le juge, qui refusera de juger, sous prétexte du silence, de l'obscurité ou de l'insuffisance de la loi, pourra etre poursuivi comme coupable de déni de justice[15]." Dieses Verbot ist im Unterschied zum Gebot strenger richterlicher Gesetzesgebundenheit nicht rationalistischen Ursprungs, sondern eine soziologische Konstante des Richtertums schlechthin[16], das damit in seiner vorgegebenen Funktion der Friedensbewahrung innerhalb der Rechtsgemeinschaft gleichsam durch die Hintertür in das rationalistische Gebäude wieder eingeführt wurde[17]. Im übrigen scheint man sich schon sehr bald der Unerreichbarkeit dieses Ideals bewußt geworden zu sein[18]. Man ist versucht, hierin bereits einen stillschweigenden Rückzug von dem Gebot der strengen Gesetzesgebundenheit zu sehen. Das faktische Unvermögen einerseits, jeden streitigen Sachverhalt an einer zweifelsfreien Norm messen zu können und das Rechtsverweigerungsverbot an den Richter andererseits, mußte die rechtsschöpferische Rolle des Richters notwendigerweise wieder zur Entfaltung bringen[19]. Die unbedingte Gesetzesabhängigkeit des Richters wäre nur allzu häufig um den (zu hohen) Preis einer Rechtsverweigerung zu erlangen gewesen[20]. Auch der mit dem Institut der General-

---

[12] *Germann*, Probleme und Methoden, S. 113 ff., 275, 280 ff.; *Wieacker*, Gesetz und Richterkunst, S. 3.
[13] *Wieacker*, Privatrechtsgeschichte, S. 270 f., 322 ff.; Gesetz und Richterkunst, S. 6: „Der geistesgeschichtliche Hintergrund dieses Dogmas ist die Axiomatik des rationalistisch-systematischen Naturrechts, der justizpolitische das eben aus diesem Naturrecht hervorgegangene Kodifikationsideal des kontinentalen Gesetzesstaates."
[14] *Radbruch*, Archiv für Sozialwissenschaft und Sozialpolitik 22 (1906) 359.
[15] Auch ohne ausdrückliche Erwähnung gilt dieses Verbot ebenso für das deutsche Recht: *Engisch*, Sauer-F., S. 97, Note 45.
[16] *Westermann*, Wesen und Grenzen, S. 31, sieht bereits in der Berufung zum Richter auch die Delegation zur Rechtsschöpfung. — Ferner *Canaris*, Die Feststellung von Lücken im Gesetz, S. 55 f.
[17] Ähnlich auch *Radbruch*, Vorschule, S. 75 f.; *Engisch*, Sauer-F., S. 97.
[18] Vgl. die bei *Hirsch*, JR 1966, 336, zusammengetragenen Zeugnisse.
[19] Vgl. *Kantorowicz*, Der Kampf um die Rechtswissenschaft, S. 14 f.
[20] *Heck*, Gesetzesauslegung, S. 161 f., verweist daher den Richter auf die „wertende Gebotsbildung" (S. 100) in denjenigen Fällen, „in denen der Rich-

klausel unternommene Versuch, das Gesetz vollständig und abschließend hinsichtlich seines Regelungsgegenstandes zu halten, mußte sich als trügerisch erweisen[21].

Bereits bei *Kant*[22] wird sichtbar, daß die rationalistische Idealvorstellung über Aufgaben und Möglichkeiten von Gesetzen und richterlicher Urteilstätigkeit den Keim der Auflösung in sich trug. Einerseits räumt er dem Gericht die Befugnis ein, ja legt ihm sogar die Pflicht auf, „dasjenige rechtliche Prinzip ... zu seinem eigenen Behuf (also in subjektiver Absicht) anzunehmen ..., um über jedes Einem zustehende Recht zu sprechen und zu richten". Andererseits bezeichnet er es als einen „gewöhnlichen Fehler der Erschleichung (vitium subreptionis) der Rechtslehrer", dieses Prinzip „auch objektiv, für das, was an sich selbst recht ist, zu halten: da das erstere von dem letzteren sehr unterschieden ist". In der Praxis mußte sich eine solche Unterscheidung, insbesondere über eine zumindest faktische Präjudizialwirkung gerichtlicher Entscheidungen, verwischen. Der Ansatzpunkt echter richterlicher Rechtsschöpfung war nicht mehr zu übersehen.

Es verdient jedoch hervorgehoben zu werden, daß *Savigny* einer Diskreditierung des Gerichtsgebrauchs und der richterlichen Spruchpraxis nicht gefolgt ist[23].

Mit der (endgültigen) Überwindung des Dogmas von der „logischen Geschlossenheit der positiven Rechtsordnung" einerseits und der Vorstellung einer „Monopolstellung des Gesetzes als Rechtsquelle" andererseits[24], für die als zeitlicher Anhaltspunkt *Oskar Bülows* Rede über „Gesetz und Richterkunst" aus dem Jahre 1885 und *Kohlers* wegweisender Aufsatz „Über die Interpretation der Gesetze" aus dem Jahre 1886[25] genannt werden können[26], beginnt eine veränderte Wertung richter-

---

ter Rechtsschutz gewähren soll, obgleich die Subsumtion des Sachverhalts unter den Tatbestand einer kognitiv gewinnbaren, primären oder auch ergänzten Norm nicht möglich ist, es gleichsam an einer Decknorm fehlt. Die Lücken sind daher die schutzbedürftigen, aber nicht gedeckten Sachverhalte". Ferner *Westermann*, Wesen und Grenzen, S. 31.

[21] *Arthur Kaufmann*, Erik Wolf-F., S. 386.
[22] Rechtslehre § 36.
[23] So *Forsthoff*, Recht und Sprache. S. 20; *Savigny*, System I, S. 90 f. Über das Verhältnis vom „Gerichtsgebrauch" und einer „ständigen Rechtsprechung" zum „echten" Gewohnheitsrecht siehe *Larenz*, Methodenlehre, S. 271 f.; *Esser*, Grundsatz und Norm, S. 283, 288; *Germann*, Probleme und Methoden, S. 231.
[24] *Reichel*, Gesetz und Richterspruch, S. 93 ff.; *Wieacker*, Gesetz und Richterkunst, S. 6; *Germann*, Methoden und Probleme, S. 113, 309; *Arthur Kaufmann*, Erik Wolf-F., S. 387 f.
[25] Zeitschrift für das Privat- und öffentliche Recht der Gegenwart 13 (1886) 1.
[26] *Larenz*, Methodenlehre, S. 59; *Bachof*, Huber-F., S. 28 mit weiteren Schrifttumsnachweisen, die die einzelnen Stufen der nachfolgenden Entwicklung kennzeichnen.

licher Tätigkeit. Andere lassen diese Neubesinnung über Wesen und Aufgaben richterlicher Tätigkeit mit *Rudolf Stammlers* „Die Lehre von dem richtigen Recht" aus dem Jahre 1902 beginnen[27].

Der Richter wird nunmehr als ein „selbstverständliches Organ der Rechtspflege" begriffen[28]. Das richterliche Urteil selbst wird, unter Betonung seines Erkenntnischarakters, als eine grundsätzlich rechtsschöpferische Leistung gewürdigt und nicht nur als ein Ergebnis ausschließlicher Gesetzesanwendung im Sinne einfacher Subsumtion eines Sachverhalts unter das Gesetz[29]. Wenn demgegenüber noch 1906 *Kantorowicz*, einer der führenden Vertreter der Freirechtsschule[30], die „herrschende Idealvorstellung vom Juristen" dahin umschreibt:

„Ein höherer Staatsbeamter mit akademischer Ausbildung, sitzt er, bewaffnet bloß mit einer Denkmaschine, freilich mit einer von der feinsten Art, in seiner Zelle, ihr einziges Mobiliar ein grüner Tisch, auf dem das staatliche Gesetzbuch vor ihm liegt. Man reiche ihm einen beliebigen Fall, einen wirklichen oder nur erdachten, und entsprechend seiner Pflicht, ist er imstande, mit Hülfe rein logischer Operationen und einer nur ihm verständlichen Geheimtechnik, die vom Gesetzgeber vorherbestimmte Entscheidung im Gesetzbuch mit absoluter Exaktheit nachzuweisen."

so ist der Vorwurf, er habe „das Zerrbild erfunden, um gegen die durch dieses Zerrbild diffamierte herrschende Meinung die der Freirechtsschule durchzusetzen"[31], wohl etwas überspitzt[32]. Die Kennzeichnung scheint jedenfalls für die überwiegend begriffsjuristisch-positivistisch geprägte Rechtspraxis nicht unzutreffend zu sein[33].

II. Wandlungen zum gegenwärtigen Standort

1. Rechtsprechung als Rechtsverwirklichung

Rechtsprechende Tätigkeit unterscheidet sich vom Handeln der Verwaltung sicherlich nicht durch das Merkmal der Rechtsanwendung, das

---

[27] *Germann*, Probleme und Methoden, S. 113, 311.
[28] *Germann*, Probleme und Methoden, S. 275.
[29] *Forsthoff*, Recht und Sprache, S. 25 f.; *Coing*, Oberste Grundsätze, S. 141 ff.; *Less*, Richterrecht, S. 5 f.; *Wieacker*, Gesetz und Richterkunst, S. 5 f.; *Larenz*, Methodenlehre, S. 59; *Germann*, Probleme und Methoden, S. 275, der in Anlehnung an einen Ausdruck der Existenzphilosophie von einer „Grenzsituation" des Richters in Bezug auf die ihm übertragenen Aufgaben der Rechtsfindung spricht. — Im Hinblick auf die Aufgaben der Rechtswissenschaft: *Erik Wolf*, Fragwürdigkeit und Notwendigkeit der Rechtswissenschaft, S. 20 ff.
[30] Unter dem Pseudonym *Gnaeus Flavius*, Der Kampf um die Rechtswissenschaft, S. 7.
[31] *Flume*, Richterrecht, S. 57.
[32] Das Subsumtionsdogma war nämlich nie völlig unbestritten gewesen. *Wieacker*, Gesetz und Richterkunst, S. 6.
[33] Vgl. *Weinkauff*, Richtertum, S. 21.

36 1. Kap.: Erkenntnistheoretische und methodologische Vorgegebenheiten

die Tätigkeit des Richters kennzeichne, während der Verwaltung die aktive, schöpferische Gestaltung des sozialen Lebens aufgetragen sei. In beiden Bereichen staatlicher Wirksamkeit wird vielmehr Recht angewandt und werden Lebenssachverhalte gestaltet. Wenn zur Unterscheidung von Verwaltung und Rechtsprechung der Richter auch heute noch als der „Prototyp des zur Entscheidung Berufenen"[34] bezeichnet wird, so kann damit richtigerweise nur sein „Streitentscheidungsmonopol" aufgrund seiner Unabhängigkeit und Neutralität gemeint sein. Da sich die Tätigkeit des Richters in der Streitentscheidung nahezu erschöpft, diese aber notwendig Rechtsanwendung voraussetzt und die richterlichen Rechtserkenntnisse dank ihrer Rechtskraftfähigkeit rechtlich verbindlich sind, steht der Richter insoweit durchaus im Zentrum der Rechtsanwendenden. Demgegenüber wendet der Verwaltungsbeamte nicht nur Recht an. Sofern er Streitigkeiten entscheidet, ergehen diese Entscheidungen mit ihren Rechtsauslegungsergebnissen lediglich im „Vor"-verfahren, dem das gerichtliche Verfahren folgen kann. Sie sind auch nicht rechtskraftfähig. Schon deshalb haben richterliche Rechtserkenntnisse große Autorität.

Die zentrale Stellung des Richters im Bereich der Rechtsanwendung wird weiterhin einsichtig, wenn man berücksichtigt, daß ihm die Bewahrung der Rechtsordnung und des Rechtsfriedens in besonders hohem Maße anvertraut ist. Er entscheidet in letzter Verantwortung über Rechtsstreitigkeiten und muß das hierzu erforderliche Recht auffinden. Der Richter darf eine Sachentscheidung nicht verweigern, wenn er darum in einem Rechtsstreit angegangen wird und die Sachurteilsvoraussetzungen im übrigen vorliegen[35]. Er ist von der Rechtsgemeinschaft zur Rechtsverwirklichung berufen[36]. Das Gericht ist daher der Ort, „an dem das Recht in seiner seinshaften Fülle existent wird" *(Arthur Kaufmann)*[37].

Diese Aufgabe der Rechtsverwirklichung erhellt aus der Intention des Rechts selbst, das auf die Rechtsanwendung hin angelegt ist. In ihr

---

[34] *Scheuerle,* Rechtsanwendung, S. 29; *Becker,* Lehmann-F., S. 81; *Imboden,* Die Staatsformen, S. 47, 106 ff.; *Engisch,* Wahrheit und Richtigkeit, S. 7 f. Ferner *Bülow,* Gesetz und Richteramt, durchgehend.

[35] Siehe Art. 4 Code Civil. Ferner *Radbruch,* Einführung, S. 164 f.; *Brusiin,* Objektivität, S. 19, der von diesem Grundsatz deutlich als von einer soziologischen Konstante spricht und ihn damit in den Zusammenhang mit der soziologischen Aufgabe des Richters innerhalb der Rechtsgemeinschaft schlechthin stellt. Siehe auch *Zweigert,* Studium Generale 1954, 381; *Coing,* Auslegungsmethoden, S. 24; *Larenz,* Methodenlehre, S. 279.

[36] *Forsthoff,* Recht und Sprache, S. 2; vgl. auch PrALR II. Teil, 17. Titel, § 3: „Die Pflicht des Staates, für die Sicherheit seiner Einwohner, ihrer Personen und ihres Vermögens zu sorgen, ist der Grund der demselben zukommenden allgemeinen und obersten Gerichtsbarkeit."

[37] Erik Wolf-F., S. 388 unter Berufung auf *Radbruch,* Neue Probleme in der Rechtswissenschaft, S. 33. Ebenso *Marcic,* Richterstaat, S. 451.

wird es wirklich und konkret[38]. Dementsprechend befassen sich die Rechtsfindungstheorien der letzten Jahrzehnte im wesentlichen mit der richterlichen Rechtsfindung, d. h. mit der Rechtspraxis[39]. Das Mittel der Rechtsverwirklichung ist das richterliche Urteil, der „Prototyp der Entscheidung überhaupt"[40]. In der konkreten Einzelentscheidung tritt das Recht daher in Erscheinung, verdeutlicht es sich und „gewinnt seine seinshafte Dichte, wird es ganz und gar Wirklichkeit" (*Arthur Kaufmann*)[41]. Diese Aufgabe der richterlichen Einzelentscheidung gründet sich auf die Einsicht, daß nach unserem heutigen Verständnis das „allgemeine Gesetz" nicht mehr unmittelbar Gerechtigkeit verwirklichen kann[42]. Daher verwandelt das richterliche Urteil gleichsam das allgemeine Gesetz in konkretes, einzelfallbezogenes Recht[43]. An dieser grundlegenden Aufgabe der Gerichte, nämlich Einzelfälle zu entscheiden[44], orientiert sich auch die Lehre von der Rechtskraft als der zwischen den Prozeßparteien (und nur diesen) bestehenden Maßgeblichkeit der Entscheidung.

Eine geradezu klassische Bedeutung für die Aufgabe des richterlichen Urteils hat der Ausspruch *Otto Bährs* erlangt, nämlich daß Recht und Gesetz nur da wahre Bedeutung und Macht gewinnen können, „wo sie einen Richterspruch zu ihrer Verwirklichung bereit finden"[45]. Somit läßt sich das Wesen rechtsprechender Tätigkeit zunächst ganz allgemein als die im richterlichen Urteil sich vollziehende Rechtsverwirklichung umschreiben. Im folgenden soll nun das Verhältnis des Richters zum Recht und zum Urteil im einzelnen untersucht werden.

---

[38] *G. Husserl*, Recht und Welt, S. 84: „Richterliche Rechtskonkretisierung führt das Gesetz an die Faktizitäten der sozialen Wirklichkeit heran". Ferner *Engisch*, Wahrheit und Richtigkeit, S. 7; *Arthur Kaufmann*, Erik Wolf-F., S. 387. Demgegenüber macht *Westermann*, Wesen und Grenzen, S. 24, geltend, daß Rechtsprechen nicht bedeute, „die generelle Wertung des Gesetzes zu der im Einzelfall richtigen Wertung zu konkretisieren, sondern grundsätzlich, den Einzelfall ohne Rücksicht auf die individualisierenden Tatbestandsteile mittels der bewußt generellen Wertung zu ordnen."
[39] *Forsthoff*, Recht und Sprache, S. 18; *Engisch*, Wahrheit und Richtigkeit, S. 7, der betont, daß die allgemeinen Erkenntnisse des Rechtsdogmatikers sich im konkreten Einzelfall zu bewähren haben. *Heck*, Rechtsgewinnung, S. 3, Begriffsbildung, S. 4.
[40] *Engisch* Wahrheit und Richtigkeit, S. 7.
[41] Erik Wolf-F., S. 387 unter Hinweis auf Thomas von Aquin (zitiert nach *Marcic*, Richterstaat, S. 248): „Rechtsprechen bedeutet die Bestimmung und Umgrenzung des Rechts". Ferner *Isay*, Rechtsnorm und Entscheidung, S. 15, 20; *Westermann*, Wesen und Grenzen, S. 8 ff.; *Georg Jellinek*, System der subjektiven öffentlichen Rechte, S. 97 f.
[42] VVDStRl 24 (1966) 142 ff.
[43] Vgl. *Arthur Kaufmann*, Erik Wolf-F., S. 388; *Bülow*, Gesetz und Richteramt, S. 48: „Denn nicht das Gesetz, sondern Gesetz und Richteramt schafft dem Volk sein Recht." Ähnlich lehrt *Heck*, Rechtsgewinnung, S. 4, daß das Gesetzesrecht nur durch den Richterspruch die autoritative Macht, die dem Recht seinen Wert gibt, erlangt.
[44] Zur Erstattung von Gutachten („advisory opinions") siehe *Germann*, Probleme und Methoden, S. 230 und Note 2 mit weiteren Nachweisen.
[45] Der Rechtsstaat, S. 12.

2. Gesetzesanwendung und Gesetzesauslegung

Für die gegenwärtige Standortbestimmung richterlicher Tätigkeit ist als Ausgangspunkt die Erkenntnis wesentlich, daß richterliche Rechtsanwendung zugleich Rechtsverwirklichung durch das Mittel des Urteils ist. Rechtsverwirklichung aber enthält ein schöpferisches Element, das auf echte Rechtsgestaltung gerichtet ist.

Seitdem die Vorstellung überwunden ist, Anwendung sei ein automatischer, seelenloser und rein technischer Vorgang, kann zwischen Anwendung und Auslegung eines Rechtssatzes kein wesensmäßiger Unterschied mehr bestehen. Der Anwendung einer Norm geht vielmehr in zunehmendem Maße das Bemühen um ihr rechtes Verständnis voraus[46]. Das Bemühen um Verständnis ist aber bereits Auslegung. Nur ein sehr geringer Teil der Rechtsanwendung vollzieht sich gleichsam von selbst im Wege eines einfachen kognitiven Vorgangs der Subsumtion von Sachverhalten unter die in den Rechtsnormen enthaltenen hypothetischen Urteile[47], die in der Entscheidung lediglich aktualisiert werden[48].

Aber auch in den Fällen, in denen der Rechtsanwendende eine Norm für eindeutig hält, ist dieses Ergebnis schon „selbst Resultat der Auslegung" (Wach)[49].

Die Operationen juristischer Logik, die auf den Subsumtionsschluß gerichtet sind, setzen daher erst ein, nachdem der Obersatz, die Prämissen, richtig gefunden sind[50]. Hier aber liegt die schwierige Aufgabe der Rechtsprechung. Das „Schließen" dagegen ist verhältnismäßig unproblematisch. Dementsprechend ist die Tendenz unverkennbar, jeden Begriff bei der Rechtsanwendung als grundsätzlich auslegungsbedürftig zu empfinden und nicht auf den Vollzug eines analytischen Urteils zu beschränken[51]. So wird denn auch bei der „einfachen Anwendung der

---

[46] Zur Problematik des „Verstehens": *Gadamer*, Wahrheit und Methode, S. 162 ff.
[47] *Larenz*, NJW 1965, 1, und Methodenlehre, S. 210 ff.; ferner *Wieacker*, Privatrechtsgeschichte, S. 433, Präzisierung, S. 11, JZ 1957, 704, Gesetz und Richterkunst, S. 7; *Engisch*, Logische Studien, S. 33; *Less*, Richterrecht, S. 5 f.; *Arthur Kaufmann*, Erik Wolf-F., S. 391. — Zur Frage des in den Rechtsnormen enthaltenen hypothetischen juristischen Urteils *Engisch*, Erik Wolf-F., S. 398 ff.
[48] *Wieacker*, Gesetz und Richterkunst, S. 6.
[49] Zitiert nach *Esser*, Studium Generale 1954, 376. Siehe ferner *Esser*, Grundsatz und Norm, S. 253 f.; *Larenz*, Methodenlehre, S. 258; *Engisch*, Einführung, S. 207, Anm. 74a; *Weinsheimer*, NJW 1959, 466; *H. und K. Clauss*, JZ 1961, 660. *Klaus Vogel*, Der räumliche Anwendungsbereich der Verwaltungsrechtsnorm, S. 362 mit weiteren Nachweisen in Note 18 und 19. Anders noch RG in JW 1912, 69: „Auslegung gegenüber dem klaren Wortlaut ist unzulässig. Klarer Wortlaut läßt eine Auslegung überhaupt nicht zu.
[50] *Klug*, Juristische Logik, S. 12; *Engisch*, Logische Studien S. 13; *Arthur Kaufmann*, Erik Wolf-F., S. 388.
[51] *Wieacker*, Präzisierung, S. 14.

Norm auf den Sachverhalt mehr oder weniger ein Abwägen, Vergleichen und Werten" erforderlich[52].

In einem allgemeinen Sinn bemüht sich die Auslegung im wesentlichen um zweierlei: um Textverständnis und Aktualitätsverständnis[53]. Damit entspricht die Auslegung der allgemeinen Sprach- und Sachbezogenheit juristischer Normen.

Das Bemühen um das rechte *Textverständnis* knüpft an die allgemeinen sprachlichen Unvollkommenheiten an; denn aus der Sprachbezogenheit von Rechtsbegriffen und Rechtssätzen folgt bereits, daß sie einer letzten Präzision nicht fähig sind[54]. So kann das Wort den vorgestellten und gewollten Sinn verfehlen[55]. Aber auch im Falle der Identität von Vorstellung und sprachlichem Ausdruck des Vorgestellten bedingt bereits der Gebrauch der Sprache, „daß sie eine fast unübersehbare Fülle von fortgesetzt variierenden Verständnishorizonten in sich vereinigt"[56]. Damit werden Verständnisdiskrepanzen unabwendbar, denn das Verstehen setzt, wie *Forsthoff* zu Recht sagt, eine vorsprachliche gleiche Gestimmtheit voraus[57]. Zweifelhaft könnte ferner sein, ob das Gesetz dem allgemeinen Sprachgebrauch folgt oder einen Begriff im technisch-juristischen Sinn verwendet[58].

Untrennbar damit ist das Bemühen um das *Aktualitätsverständnis* der anzuwendenden Norm verbunden. Nicht nur der Gebrauch der Sprache allein schließt die Möglichkeit von Unklarheiten in sich ein, sondern auch der Zeitablauf zwischen Normsetzung und Normanwendung. G. *Husserl* spricht von der „Zeitstruktur der Geschichtlichkeit"

---

[52] *Larenz*, JZ 1962, 105 f.; Methodenlehre, S. 234, 258.
[53] *Esser*, Studium Generale 1954, 372. Ähnlich *Zweigert*, Studium Generale 1954, 380. Zuletzt *Obermayer*, NJW 1966, 1886.
[54] So liegt für *Keller*, Gesetzeswortlaut, S. 40, die Unvollkommenheit des Wortlauts in der Natur der Sprachen begründet, die an sich unvollkommen sind.
[55] *Peter Schneider*, VVDStRL 20, 4 f., weist für die Problematik der Verfassungsinterpretation und der Interpretation des Rechts darauf hin, daß sie überhaupt erst unter der Voraussetzung sichtbar werde, daß wir mit der Möglichkeit der Divergenz von Ausdruck und Auszudrückendem rechnen müssen. Ebenso *Arthur Kaufmann*, Erik Wolf-F., S. 369. Ähnlich bereits *Aristoteles*, Nikomachische Ethik, Buch V, 1137 a, b.
[56] *Viehweg*, Topik und Jurisprudenz, S. 60.
[57] Recht und Sprache, S. 11, unter Hinweis auf *Novalis'* Ausspruch: „Wahre Mitteilung findet nur unter Gleichgesinnten, Gleichdenkenden statt". Ferner *Heidegger*, Satz vom Grund, S. 88: „Das, was sich uns zuspricht, wird nur durch unser Entsprechen vernehmbar. Unser Vernehmen ist in sich ein Entsprechen."
[58] *Brusiin*, Objektivität, S. 13; *Meier-Hayoz*, Der Richter als Gesetzgeber, S. 40 ff.; *Jesch*, AöR 82 (1957) 178 ff.; *Larenz*, Methodenlehre, S. 182 f., 241 ff.; *Keller*, Gesetzeswortlaut, S. 4 ff.; *Zippelius*, Wertungsprobleme, S. 5; *Engisch*, Einführung, S. 78.

aller von Menschen erzeugten Dinge[59], *Forsthoff* von der „eigenen geistigen Energie" der Sprache[60].

Diese Geschichtlichkeit, an der auch das Recht teilhat, unterwirft die einzelne Norm einem ständigen Bedeutungswandel[61]. Der Rechtsanwendende hat daher im Augenblick der Anwendung einer Norm ihre Bedeutung an Hand des zu entscheidenden Falles jeweils erneut zu ermitteln. „Was eine positive Rechtsordnung im Innersten zusammenhält", sagt *Esser,* „ist die richterliche Auslegungsarbeit[62]."

Diese wenigen Hinweise verdeutlichen bereits, daß Rechtsanwendung immer zugleich auch Auslegung ist, d. h. Bemühen um das richtige Verständnis des anzuwendenden Rechtssatzes. Die Bereiche der Anwendung und Auslegung dürfen daher allenfalls noch begrifflich zu trennen sein. Der Rechtswirklichkeit wird eine solche Unterscheidung nicht mehr gerecht[63], es sei denn, man bezeichnet mit Anwendung lediglich den Subsumtionsschluß.

Mit dieser Feststellung wird gleichzeitig die eigenschöpferische Leistung des Rechtsanwendenden stärker betont. Sie besteht darin, daß er die Norm nicht schlicht vorfindet, sondern sie durch den geistigen Akt ihrer Sinndeutung und Sinngebung in Bezug auf den zu entscheidenden Rechtsstreit auch mit hervorbringt. In dem geistigen Prozeß der Verständnisgewinnung erlangt der Rechtssatz erst seine volle Wirksamkeit, Leben und Existenz. In der Auslegung des Gesetzes wird er aus seiner Allgemeinheit geholt und konkretisiert[64].

Dieser Vorgang berührt noch nicht das grundlegende Verhältnis der Rechtsprechung zum Gesetz, das mit Gesetzesgehorsam, normativer Gebundenheit oder „denkendem Gehorsam"[65] u. ä. beschrieben wird. Wir befinden uns gleichsam noch im Vorfeld dieser und ähnlicher Frage-

---

[59] Recht und Zeit, S. 22. Von der Zeit als Wirkungsfaktor des objektiven Geistes, siehe *Larenz,* Methodenlehre, S. 193 f. und zur Frage der Geschichtlichkeit des Rechts ganz allgemein: Allgemeiner Teil, S. 48 ff. Zum Verhältnis von Zeit und Topik, siehe *Viehweg,* Topik und Jurisprudenz, S. 59. Ferner *Wieacker,* Gesetz und Richterkunst, S. 4.
[60] Recht und Sprache, S. 8.
[61] Zu den einzelnen Gründen des Bedeutungswandels: *Larenz,* Methodenlehre, S. 262 ff.
[62] Studium Generale 1954, 378.
[63] So bereits *Ehrlich,* Grundlegung der Soziologie des Rechts, S. 138 ff. Ebenso vom modernen Problemdenken her: *Ehmke,* VVDStRL 20, 57. Allerdings betont *Kriele,* Theorie der Rechtsgewinnung, S. 224, 226 zu Recht, daß das Ziel der Interpretation in vielen Fällen nicht nur sei, die Unklarheiten zu beseitigen, sondern auch, sie zunächst einmal zu schaffen, wenn aus Gründen der Gerechtigkeit ein vom Wortlaut abweichendes Ergebnis für erforderlich gehalten wird.
[64] *Engisch,* Konkretisierung, durchgehend; *Gadamer,* Wahrheit und Methode, S. 312; *Klaus Vogel,* Der räumliche Anwendungsbereich der Verwaltungsrechtsnorm, S. 362 f.
[65] *Heck,* Begriffsbildung, S. 107.

stellungen. Es geht darum, die Norm, der man Gehorsam leisten will, erst einmal in ihrer vollen Schärfe sichtbar zu machen.

3. Gesetzesanwendung und richterliche Rechtsfortbildung

Mit der Feststellung, daß Anwendung eines Rechtssatzes zugleich dessen Auslegung ist, war der Rubikon überschritten. Ein Zurück zur strengen, automatischen Gesetzesabhängigkeit ist damit auch als rechtstheoretisches Postulat ausgeschlossen. Dementsprechend befaßt sich auch heute die Diskussion im wesentlichen nur noch mit dem Ausmaß, in dem es dem Richter gestattet sein soll, im Wege deutenden, verstehenden Interpretierens der Rechtsordnung deren streitentscheidende Rechtssätze auszusprechen und damit hervorzubringen. Der verfassungsrechtliche Aspekt im Sinne des Dürfens wird später erörtert werden. Hier geht es darum, den Zusammenhang zwischen Auslegung und der sog. richterlichen Rechtsfortbildung aufzuhellen, soweit es für das Anliegen der Untersuchung erforderlich ist.

Dabei kann die allgemeine Meinung zunächst vorsichtig dahin umschrieben werden, daß die Rechtsfortbildung ihren Ansatzpunkt in der Interpretation des Gesetzes hat[66]. Jedes Gesetz arbeitet mit Rechtsbegriffen, die von vornherein die Problematik des Text- und Sprachverständnisses aufwerfen. Die Sachbezogenheit der Rechtsbegriffe[67] überträgt die Vielfalt und begrifflich schwierige Erfaßbarkeit des sozialen Lebens in die Rechtssprache[68]. Die Grenzen, die dem geistigen Vorstellungsvermögen und der Erkennbarkeit gesetzt sind, zeigen sich in der Unvollkommenheit der Sprache im allgemeinen und der Rechtssprache im besonderen[69], obwohl ihre Tendenz zur Abstraktion und zur Rationalisierung unverkennbar ist[70]. Dennoch gilt, wie bereits festgestellt wurde, auch für die Rechtssprache, daß sie mit verschwindenden Ausnahmen mehrdeutig ist[71].

---

[66] Zunächst nur: *Larenz*, Rechtsfortbildung 1 mit den dort angeführten Schrifttumsäußerungen.
[67] Zu den Rechtsbegriffen als Niederschlag sachbezogener Vorstellungen und Unterscheidungen, siehe *Esser*, Grundsatz und Norm, S. 210 und JZ 1953, 521 ff. Aus dieser Erkenntnis ergibt sich dann zwanglos als Interpretationsgrundsatz, was *Graf von Pestalozzi*, Der Staat 2, S. 443 den „Rekurs auf die Sozialordnung" nennt (hier: für den Bereich der Grundrechtskonkretisierung).
[68] *Esser*, Studium Generale 1954, 375.
[69] Hierzu *Larenz* Methodenlehre S. 241 ff.
[70] *Brusiin*, Objektivität, S. 13.
[71] *Reichel*, Gesetz und Richterspruch, S. 11: „Absolut eindeutige Worte gibt es vielleicht überhaupt nicht". Ferner *Heck*, Gesetzesauslegung, S. 173 und Begriffsbildung, S. 52, 60. *Engisch*, Einführung, S. 108: „Absolut bestimmte Begriffe sind innerhalb des Rechts selten"; *Jesch*, AöR 82 (1957) 173; *Ossenbühl*, DÖV 1970, 86 f.

Auch den Rechtsbegriffen ist somit eigentümlich, daß sie einen „Bedeutungskern"[72], „Begriffskern"[73], „Kernbereich"[74] haben, von dem nur relativ wenige Fälle erfaßt werden[75]. Die Mehrzahl fällt immer in den Bereich des den Bedeutungskern umgebenden „allmählich verschwimmenden Bedeutungshofes"[76], „Begriffshofes"[77], seiner „schwimmenden Konturen"[78]. Begriffskern und Begriffshof lassen sich mit *Engisch*[79] formelhaft dahin unterscheiden: „Soweit wir uns über Inhalt und Umfang der Begriffe im klaren sind, haben wir es mit dem Begriffskern zu tun. Wo die Zweifel sich einstellen, beginnt der Begriffshof".

So führt bereits die Unbestimmtheit der Rechtsbegriffe zur Unvollständigkeit des Gesetzes. In einem allgemeinen Sinne handelt es sich hierbei schon um ein Lückenproblem[80].

Die im Wege der Interpretation erfolgende Erstreckung der Begriffe (und der an sie geknüpften Rechtsfolgen) auf Sachverhalte, die nur von den „schwimmenden Konturen" eines Begriffes erreicht werden, ist bereits der Anfang aller Rechtsfortbildung. Prononciert sagt *Esser*: „Interpretation und Rechtsfortbildung sind ... ein und dasselbe"[81]. Das zeigt sich deutlich im Falle quantitativer Zunahme gesetzlicher Unklarheiten und Mehrdeutigkeiten, die im Ergebnis das Ausmaß von Gesetzeslücken im technischen Sinn[82] erreichen können und in die Problematik richterlicher Rechtsfortbildung im engeren Sinne einmünden[83]. Es handelt sich also um einen gleitenden Übergang von der einfachen Gesetzesinterpretation zur eigentlichen Rechtsfortbildung[84].

---

[72] *Heck*, Gesetzesauslegung, S. 173; *Jesch*, AöR 82 (1957) 172 ff.
[73] *Kantorowicz*, Der Kampf um die Rechtswissenschaft, S. 15; *Heck*, Begriffsbildung. S. 52, 60.
[74] *Larenz*, Methodenlehre, S. 242.
[75] *Kantorowicz*, Der Kampf um die Rechtswissenschaft, S. 15: „Nur ein unwahrscheinlicher Zufall kann es daher fügen, daß ein Rechtsfall so gelagert ist, daß sämtliche auf ihn anzuwendenden Rechtsbegriffe ... auf ihn entfallen".
[76] *Heck*, Gesetzesauslegung, S. 173.
[77] *Heck*, Begriffsbildung, S. 52, 60.
[78] *Kantorowicz*, Der Kampf um die Rechtswissenschaft, S. 15.
[79] Einführung, S. 108.
[80] *Zitelmann*, Lücken im Recht, S. 24 ff., 27 ff.; *Kantorowicz*, Der Kampf um die Rechtswissenschaft, S. 15; *Ehrlich*, Die juristische Logik, S. 215 ff.; *Wüstendörfer*, AcP 110, 248; *Heck*, Gesetzesauslegung S. 161 f., 173 f. und Begriffsbildung S. 109 f.; wohl auch *Keller*, Gesetzeswortlaut S. 59 f. — Gegen einen solchen Sprachgebrauch: *Engisch*, Einführung, S. 137.
[81] Grundsatz und Norm, S. 259. Ferner *Wieacker*, Gesetz und Richterkunst, S. 6 f.; *Arthur Kaufmann*, Erik Wolf-F., S. 387; *Larenz*, Jurisprudenz als Wissenschaft, S. 17 f.
[82] Hierzu neuestens: *Canaris*, Die Feststellung von Lücken im Gesetz, durchgehend.
[83] Ähnlich *Esser*, Grundsatz und Norm, S. 255.
[84] *Larenz*, Methodenlehre, S. 274 f.: „Die Auslegung kann sich daher auch gleichsam bruchlos in der offenen Rechtsfortbildung fortsetzen." und Allgemeiner Teil, S. 8. Ferner *Siebert*, Gesetzesauslegung, S. 14; *Wieacker*, Gesetz und Richterkunst, S. 6 f. Siehe auch *Westermann*, Wesen und Grenzen, S. 31 f.

§ 4 Das Verständnis rechtsprechender Tätigkeit

Die Unterschiede zwischen den einzelnen Erscheinungsformen richterlicher Rechtsfortbildung sind daher nicht wesensmäßig begründet, sondern nur am Grad der Rechtsfortbildung zu erkennen. Sie zeigt sich gestuft in der rechtsanwendenden Erstreckung von Rechtsbegriffen, Rechtssätzen oder allgemeinen Rechtsgedanken auf Sachverhalte, die dem Richter zur Entscheidung unterbreitet worden sind. Diese Erstreckung bringt den Rechtssatz erst hervor, begründet ihn. Dieses Hervorrufen in die Existenz, in die Rechtswirklichkeit ist ein rechtsschöpferischer Vorgang. Das auslösende Moment ist der konkrete Fall. *Gadamer*[85] spricht daher zu Recht von der „rechtsschöpferischen Kraft des Falles".

Diese Erkenntnis weist gleichzeitig mit Nachdruck auf die „dem Recht vorgegebene soziale Wirklichkeit"[86] als Wirkungsfaktor bei der Rechtsfortbildung. *Engisch*[87] beschreibt den Vorgang, der die rechtliche Aussage des Richters hervorbringt, sinnfällig als eine „ständige Wechselwirkung, einem Hin- und Herwandern des Blickes zwischen Obersatz und Lebenssachverhalt"[88].

Mit dieser Aussage lassen sich gleichzeitig auch die ersten Grenzen richterlicher Rechtsfortbildung bestimmen: Der konkrete Fall, der den Vorgang richterlicher Rechtsfortbildung notwendigerweise auslöst, bestimmt auch deren Ausmaß. Es darf daher grundsätzlich nicht mehr an Rechtserkenntnis ausgesprochen werden, als von der konkreten Falllösung her geboten ist. Rechtsanwendung bedeutet daher nicht nur Auslegung, sondern schließt auch die vom Einzelfall her gebotene Rechtsfortbildung ein. Das kann heute als allgemeine Überzeugung bezeichnet werden[89]. Der allgemeine Begriff der Rechtsanwendung schließt daher den Vorgang richterlicher Rechtsfortbildung ein[90]. Sie ist eine echte schöpferische Leistung.

---

[85] Wahrheit und Methode, S. 489.
[86] *G. Husserl*, Recht und Zeit, S. 22.
[87] Logische Studien, S. 15.
[88] Ähnlich *Esser*, Studium Generale 1954, 373: „Jede Norm wird erst aus dem Sachverhalt bedeutsam" und Wertung, S. 21 f. Ferner *Max Rumpf*, Gesetz und Richter, S. 81 ff.; *Forsthoff*, Recht und Sprache, S. 30 f.; *Viehweg*, Topik und Jurisprudenz, S. 61. *Arthur Kaufmann*, Erik Wolf-F., S. 390 und Analogie und „Natur der Sache" S. 29 ff., der im Anschluß an *Maihofer*, Vom Sinn menschlicher Ordnung, S. 34 ff. von einem richtigen „In-die-Entsprechung-Bringen" von Norm und konkreter Situation spricht.
[89] *Larenz*, Rechtsfortbildung, S. 1, NJW 1965, 1, Methodenlehre, S. 273 ff., Allgemeiner Teil, S. 8; *Wieacker*, Präzisierung, S. 15, Gesetz und Richterkunst, S. 7; *Esser*, Grundsatz und Norm, S. 255, 259; *Becker*, Lehmann-F., S. 82: „Alle richterliche Gesetzesauslegung ist Rechtskorrektur oder Rechtsbesserung, insbesondere also Gesetzesbesserung." *Less*, Richterrecht, S. 47 ff. und durchgehend; *Peter Schneider*, VVDStRL 20 (1963) 5 f. Aus der älteren Literatur: *Bülow*, Gesetz und Richteramt, S. 28 ff., 34 f.; *Radbruch*, Archiv für Sozialwissenschaft und Sozialpolitik 22 (1906) 364; *Carl Schmitt*, Gesetz und Urteil, S. 65 ff.; *Franzen*, Gesetz und Richter, S. 37 ff.
[90] *Wieacker*, Gesetz und Richterkunst, S. 7.

44 1. Kap.: Erkenntnistheoretische und methodologische Vorgegebenheiten

Im Anschluß an *Larenz*[91] lassen sich im wesentlichen drei Stufen oder Grade richterlicher Rechtsfortbildung unterscheiden, deren Bedeutung für Inhalt und Ausmaß einer sie tragenden Begründung später untersucht werden soll.

(1) Die erste Stufe erfaßt die Fälle einfacher Gesetzesauslegung, in denen „der Sinn oder die Tragweite einer Norm vor ihrer Auslegung durch die Gerichte zweifelhaft war und die einmal gefundene Auslegung von der Rechtsprechung dauernd festgehalten wird". Es handelt sich um eine „Präzisierung" des Rechts. Dabei ist die Rechtsfortbildung eigentlich nicht gewollt, sondern nur „ein unbeabsichtigter Nebeneffekt"[92].

(2) Die zweite Stufe erfaßt die Fälle, in denen es um die „Konkretisierung ausfüllungsbedürftiger Rechtsbegriffe" geht[93].

Andere Autoren sprechen von „Generalklauseln", „Blankettnormen", „Standards" u.ä.[94]. Beispiele sind: gute Sitten, Treu und Glauben, Billigkeit, Verkehrssitte, grober Undank, wichtiger Grund usw. In diesen Fällen vollzieht sich die Rechtsanwendung nicht einmal mehr im Ansatz durch einen kognitiven Akt der Subsumtion von Sachverhalten unter die hypothetischen Urteile der Rechtsnorm[95], sondern der Richter trifft wirkliche „Normgestaltung"[96], für die er auf nicht kodifizierte Wertprinzipien und außerrechtliche Maßstäbe verwiesen wird; diese werden damit in die Norm einbezogen[97].

(3) Erst die dritte Stufe erfaßt die Fälle richterlicher „Rechtsfortbildung im engeren Sinne". Dabei werden zwei Gruppen unterschieden: Fälle einer echten Lückenausfüllung[98] und Fälle, in denen die Recht-

---

[91] Rechtsfortbildung, S. 1 ff., Methodenlehre, S. 215 ff., 273 ff. Ähnlich *Heck*, Begriffsbildung, S. 109 ff.
[92] *Larenz*, Rechtsfortbildung, S. 1, NJW 1965, 2 und Methodenlehre, S. 273 ff.
[93] *Larenz*, Rechtsfortbildung, S. 2, NJW 1965, 1 und Methodenlehre, S. 219 ff.; *Englisch*, Konkretisierung, durchgehend.
[94] So z. B. *Esser*, Grundsatz und Norm, S. 150 mit weiteren Nachweisen aus dem Schrifttum. Siehe auch *Bartholomeyczik*, Die Kunst der Gesetzesauslegung, S. 69 f.; *Hedemann*, Die Flucht in die Generalklauseln, S. 4 ff.
[95] *Wieacker*, Privatrechtsgeschichte, S. 433 f., Präzisierung, S. 11, Gesetz und Richterkunst, S. 6.
[96] *Esser*, Grundsatz und Norm, S. 150; *Larenz*, Nikisch-F., S. 276 ff.
[97] *Fritz von Hippel*, Richtlinie und Kasuistik, S. 121 ff.; *Germann*, Probleme und Methoden, S. 227 ff.; *Weinkauff*, Richtertum, S. 24; *Esser*, Grundsatz und Norm, S. 150 f.; *Wieacker*, Gesetz und Richterkunst, S. 7 ff. und Präzisierung, S. 8, 10; *Larenz*, Methodenlehre, S. 219 ff.; *Engisch*, Einführung, S. 131 ff.; *Arthur Kaufmann*, Erik Wolf-F., S. 378 f.; *Westermann*, Wesen und Grenzen, S. 23.
[98] Nach *Larenz*, NJW 1965, 2 mit weiteren Nachweisen, ist eine Form oder eine Regel im ganzen nach der heute wohl als herrschend zu betrachtenden Auffassung dann „lücken"haft, wenn sie eine Regel vermissen läßt, die nach ihrem eigenen Sinnzusammenhang, nach der Grundabsicht der Regel oder der dem Gesetz innewohnenden Teleologie erwartet werden muß.

sprechung neue Regeln oder Rechtsinstitute geschaffen hat, ohne daß die Gesetze eigentlich lückenhaft gewesen wären[99].

§ 5 Das Verständnis richterlicher Urteile

I. Das richterliche Urteil als Rechtserkenntnis

Die bisherigen Überlegungen haben den Vorgang richterlicher Rechtsanwendung als einen einzelfallbezogenen, rechtsschöpferischen Akt der Rechtsverwirklichung erschlossen. Der Ort dieser Rechtsverwirklichung wird als „Urteil" gekennzeichnet[1]. Das Urteil eröffnet nun seine Ausführungen mit der Behauptung, daß es etwas „für Recht erkannt" habe. Die Verfahrensordnungen sprechen von einem „Erkenntnisverfahren".

Diese sprachlichen Wendungen lassen aufhorchen. Sie lassen im Wege eines Vorverständnisses das Bestehen von Gemeinsamkeiten vermuten zwischen dem allgemeinen philosophischen Begriff des Erkennens und dem des besonderen rechtswissenschaftlichen, insbesondere richterlichen Erkennens. Die Aufhellung dieser Gemeinsamkeiten könnte daher zum Verständnis des Wesens und der notwendigen Bedingungen richterlicher Urteile beitragen. Ein solches Vorgehen erscheint unter der angenommenen Voraussetzung gerechtfertigt, daß erst aus dem Verständnis des Wesens und der Eigengesetzlichkeiten richterlicher Streitentscheidungen die erkenntnistheoretischen und methodologischen Anforderungen an die sichtbare Ausgestaltung des Urteils als des Prototyps der richterlichen Entscheidung gewonnen werden können.

Da es im juristischen Begründen aber letztlich um rechtliche Erkenntnisse im Gegensatz zu bloß faktischen Erkenntnissen geht[2], die sich mit der Ermittlung des wahren bzw. richtigen Sachverhalts befassen[3], werden sich die folgenden Untersuchungen vornehmlich auf die richter-

---

[99] *Larenz*, Rechtsfortbildung, S. 2 f. und Methodenlehre, S. 279 ff., 303 ff.; *Germann*, Probleme und Methoden, S. 238 f.; *Weinkauff*, Richtertum, S. 24; *Engisch*, Einführung, S. 134 ff. — Siehe auch *Canaris*, Die Feststellung von Lücken im Gesetz, S. 140 ff.; *Reichel*, Gesetz und Richterspruch, S. 94 ff.

[1] *O. Bülow*, Gesetz und Richteramt, S. 4: „Das Wesen des Richteramtes liegt im Urtheilen" und durchgehend.

[2] *Scheuerle*, AcP 163, 434. Zum Verhältnis des faktischen zum rechtlichen Erkenntnis allgemein: *Larenz*, Methodenlehre, S. 199 ff. — Es wird nicht übersehen, daß der Richter dadurch Gerechtigkeit verwirklicht, „daß er die Lebenstatsachen richtig, sinnvoll, weise und gerecht ermittelt und feststellt". *Weinkauff*, Richtertum S. 15.

[3] Zur phänomenologischen Methode richterlicher Sachverhaltserfassung und Wiedergabe in der Urteilsbegründung: *Troller*, ZfRV 1966, 11.

liche Rechtsfindung beziehen, die vor allem auch Gegenstand der juristischen Methodenlehre ist[4]. Der Bedeutung des rechtlichen Erkennens entspricht, daß nach den Verfahrensordnungen der meisten Kulturvölker die obersten Gerichte fast überall auf die Nachprüfung des Rechtsstandpunktes beschränkt sind[5]. Trotz Betonung der Rechtsfragen bei der richterlichen Urteilsfindung wird nicht übersehen, daß das Rechtserkenntnis erst in Bezug auf einen ganz bestimmten Sachverhalt ergeht, die rechtliche Aussage erst durch ihn sinnerfüllt wird[6].

Im Bereich der Philosophie wird mit „Erkennen" der Vorgang bezeichnet, auf dem Wissen erworben, d. h. der Sinngehalt von erlebten bzw. erfahrenen Sachverhalten und Zuständen ermittelt wird. Dieser Vorgang oder „Erkenntnisprozeß" ist auf wissenschaftliche Wahrheitsfindung gerichtet. Zwar ist das Erkennen eine Funktion des erkennenden Subjekts, also eine subjektive, geistige Tätigkeit. Es muß jedoch, sofern es Anspruch auf reines, wahres Erkennen erhebt, von dem Willen zur Objektivität geleitet sein. Auch wo dem Erkennen eine Wahrnehmung und Erfahrung zugrunde liegt, ist es ein Vorgang des Denkens. Erkennen ist aber immer „etwas als etwas" erkennen. In diesem „Etwas als etwas erkennen" ist daher zugleich ein Beurteilen enthalten. Das Ergebnis dieser Bemühungen ist das „Erkannte", die „Erkenntnis", die Feststellung von Sachverhalten und Zuständen. Erkenntnis ist daher das „wahre und sichere Wissen von Sachverhalten"[7]. Diese Feststellung äußert sich aber in einer Beurteilung, die in „Urteilen" zum Ausdruck gelangt[8].

In der Philosophie werden daher die Begriffe „Erkenntnis" und „Urteil" eng miteinander verknüpft. So wird die Erkenntnis als ein „objektiv begründetes Urteil" bezeichnet[9]. *Hans Meyer* bezeichnet es als Aufgabe der Erkenntnis, „allgemeingültige Urteile zu gewinnen"[10]. Nach *Geyser* „aktualisiert" sich die Erkenntnis im Urteil[11] oder „vollziehe" sich „alle Erkenntnis in Urteilen"[12]. *Brügger* kennzeichnet das Urteil als den „zentralen Akt der menschlichen Erkenntnis"[13].

---

[4] *Heck*, Rechtsgewinnung, S. 3; *Engisch*, Einführung, S. 63.
[5] *Schwinge*, Grundlagen des Revisionsrechts, S. 1.
[6] *Forsthoff*, Recht und Sprache, S. 30 f.; *Esser*, Studium Generale 1954, 373; *Engisch*, Logische Studien, S. 15; *Viehweg*, Topik und Jurisprudenz, S. 61. Ferner *Max Rumpf*, Gesetz und Richter, S. 81 ff. und das oben unter § 4 II angeführte Schrifttum.
[7] *Geyser*, System, S. 3.
[8] *Eisler, Hoffmeister* und *Schmidt,* jeweils unter dem Stichwort „Erkenntnis".
[9] *Eisler*, Stichwort „Erkenntnis"
[10] Systematische Philosophie, Band I, S. 271.
[11] System, S. 4.
[12] Das Prinzip vom zureichenden Grunde, S. 23.
[13] Philosophisches Wörterbuch, Stichwort „Urteil".

§ 5 Das Verständnis richterlicher Urteile

Der Begriff des *Urteils* war ursprünglich nur auf den Richterspruch (lat. decretum) bezogen[14]. Erst *Leibniz* hat diesen Begriff aus der Rechtssprache in die Philosophie und zwar als Glied eines Syllogismus eingeführt. Das logische Urteil wird in der Form eines sprachlichen Satzes ausgedrückt. Dieser Satz ist Aussage- oder Behauptungssatz und besteht aus den drei Elementen des Subjekts, des Prädikats und der Kopula „ist", die die Beziehung zwischen Subjekt und Prädikat herstellt. Diese Kopula zielt „stets auf die absolute Geltung des behaupteten Sachverhalts" ab. Dieser Anspruch auf absolute und objektive Geltung ist ein Wesensmerkmal des Urteils[15].

Die verschiedenen Arten des Erkennens sind aber von den zu erkennenden Gegenstandsgebieten abhängig. Die allgemeine erkenntnistheoretische Bestimmung des Vorgangs und des Ergebnisses richterlicher Rechtsfindung kann daher nur von ihrem besonderen Gegenstand her erfolgen. Die in der Anwendung des Rechts sich verwirklichende Rechtsschöpfung ist ein Vorgang des geistigen Seins, dem ein spezifisch geisteswissenschaftliches Verfahren eignet. Dasselbe gilt von dem Ort, an dem Vorgang und Ergebnis des Rechtsanwendungsverfahrens in die Erscheinung treten, nämlich dem richterlichen Urteil; dabei werden unter Urteil hier sowohl Urteilsspruch als auch die Entscheidungsgründe verstanden[16]. Diese erkenntnistheoretische Ortsbestimmung des Rechts und damit der Rechtswissenschaft und der Rechtspraxis war mit der Überwindung eines rein deduktiven Denkens und des Ideals eines logisch-geschlossenen Gesamtsystems vorgezeichnet.

Da sich das Recht als Erscheinung des geistigen Seins naturgemäß allen berechnenden Feststellungen entzieht[17], können dessen Ergebnisse nicht mit den Maßstäben einer logischen, mathematischen Beweisführung wie in den sog. „exakten" Naturwissenschaften gemessen werden[18]. Schon deshalb wird die Rechtsanwendung nie völlig zu rationalisieren sein[19]. Entsprechende Bemühungen sind bereits im Ansatz überholt, seitdem das Moment des „Verstehens"[20] als allgemeines geisteswissenschaftliches hermeneutisches Kennzeichen Eingang in die Rechtswissenschaft gefunden hat[21].

---

[14] Vgl. auch O. *Bülow*, Gesetz und Richteramt, S. 8 ff.
[15] *Eisler, Hoffmeister* und *Schmidt*, jeweils unter dem Stichwort „Urteil".
[16] Noch § 42 des 13. Titels der Preußischen Prozeßordnung von 1793 unterschied ausdrücklich das „Erkenntnis" von den „Entscheidungsgründen".
[17] Arthur *Kaufmann*, Erik Wolf-F., S. 366 und Das Schuldprinzip, S. 63 ff.
[18] *Larenz*, NJW 1965, 8 f.
[19] *Larenz*, JZ 1962, 106; *Engisch*, Einführung, S. 132: „Die Rechtsanwendung ist ein Stück des Rechtslebens. Alles Lebendige läßt sich nicht vollständig rationalisieren."
[20] Hierzu *Gadamer*, Wahrheit und Methode, S. 162 ff.
[21] *Forsthoff*, Recht und Sprache, S. 2 ff.; *Viehweg*, Studium Generale 1958, 334.

Den intensiven Zusammenhang rechtswissenschaftlichen Verstehens im Gefüge allgemeinen geisteswissenschaftlichen Vorgehens haben insbesondere die neueren hermeneutischen Bemühungen der Rechtswissenschaft gezeigt. So begreift *Forsthoff*[22] die Rechtswissenschaft im wesentlichen als hermeneutische Wissenschaft. *Coing*[23], der vor allem auf die Übereinstimmung juristischer Auslegungsmethoden mit den Lehren allgemeiner geisteswissenschaftlicher Hermeneutik hingewiesen hat, bezeichnet die Rechtswissenschaft als „interpretierende" oder „angewandte" Geisteswissenschaft. *Brecher*[24] erhebt das verstehend-deutende Vorgehen ausdrücklich zu einer besonderen Methode rechtswissenschaftlichen Erkennens. Insoweit läßt sich mit *Larenz*[25] die Rechtswissenschaft heute als „eine verstehende, deutende, interpretierende Wissenschaft" bestimmen, deren Verfahren ein rein deduktives, axiomatisches Vorgehen von vornherein ausschließt[26], und die damit Ergebnisse von letzter Gewißheit nicht erzielt. Dennoch werden die Ergebnisse grundsätzlich im Wege eines Denk-Verfahrens gewonnen und bleiben daher zumindest in ihren Grundzügen rational einsichtig und nachvollziehbar[27]. Dem hermeneutischen Charakter der Rechtswissenschaft trägt die Sprache also bereits Rechnung. Sie unterscheidet: „die" Erkenntnis im allgemeinen wissenschaftlichen Sinn und „das" Rechtserkenntnis[28].

Trotz dieser (hermeneutischen) Einschränkungen bleibt daher auch der richterliche Rechtsfindungsprozeß grundsätzlich ein Teil allgemeinen wissenschaftlichen Erkenntnisverfahrens. Er erhebt Anspruch auf Wahrheit (besser: Richtigkeit) der Rechtsfindungsergebnisse und ist von dem Willen zur Objektivität geleitet. Dieses Erkennen ist auf die Beurteilung von Sachverhalten gerichtet. Dabei wird unter Sachverhalt hier der gesamte Erkenntnisgegenstand verstanden, nicht nur die Tatsachenfeststellung. Das rechtswissenschaftliche Erkenntnis aktualisiert sich ebenso im „Urteil". Das ist nicht nur ein Gleichklang der Bezeichnungen, sondern legt gemeinsame Zusammenhänge offen. Die Gemeinsamkeiten veranlaßten *Leibniz*, den Begriff des Urteils in die Philosophie einzuführen. Auch das richterliche Urteil ist Aussage- oder Behauptungssatz, auch wenn sein befehlender Wesenszug stark hervordrängt, und es beansprucht unbedingte und objektive Geltung für seine Aussage. Das Problem der Rationalität des richterlichen Urteils bedarf jedoch weiterer Aufhellung.

---

[22] Recht und Sprache, S. 3.
[23] Auslegungsmethoden, S. 18 ff., 23.
[24] Nikisch-F., S. 230.
[25] NJW 1965, 8.
[26] *Coing*, Auslegungsmethoden, S. 22.
[27] *Larenz*, JZ 1962, 105 und Methodenlehre, S. 5.
[28] *O. Bülow*, Gesetz und Richteramt, S. 9 f.

II. Das Problem der Rationalität

1. Die Intentionen: Wissenschaftlichkeit und Wahrheitssuche

Mit der Feststellung, das richterliche Urteil sei eine Erkenntnis, ist dessen Rationalität bis zu einem gewissen Grade bereits impliziert. Diese Implikation erhellt schon aus der Fragestellung, die dem zu erkennenden Gegenstand im Wege eines Vorverständnisses einen bestimmten Erkenntnisinhalt verleiht.

Die Frage nach der Rationalität des Rechtserkenntnisses und damit des Rechts selbst wird zunächst sichtbar in der *wissenschaftlichen* Behandlung des Untersuchungsgegenstandes, die insoweit die vernünftige, auf Denkakten beruhende und damit nachvollziehbare Durchdringung des Rechtsstoffs bedeutet. Dieses Verfahren erweist sich als notwendig, da wahre Erkenntnis eines Gegenstandes mit dessen wissenschaftlicher Behandlung untrennbar verknüpft ist.

Die nachhaltige Rationalisierung des deutschen Rechts beginnt mit der Rezeption des römischen Rechts, dessen formale Qualitäten die schärfere begriffliche Erfassung von Rechtsinstituten begünstigte[29], und seinen epochalen Höhepunkt in der Mathematisierung des Vernunftsrechts im 18. Jahrhundert, der großen Zeit der Naturrechtssysteme, erlebte[30]. Die Euphorie, mit der die Rationalität des Rechts gefordert und in den ersten neuzeitlichen Kodifikationen, „dem Produkt der rationalen Gesetzgebung"[31], durchgeführt wurde, gehört nicht allein dem überwundenen Zeitalter eines rationalistischen Weltverständnisses an. Sie ist Ausdruck eines echten rechtsstaatlichen Begehrens, das in einer positiven und rational erkennbaren Rechtsordnung ein Höchstmaß an Rechtssicherheit garantiert sieht.

Von einer wissenschaftlichen Beschäftigung mit dem geltenden Recht (im Unterschied zu den Naturrechtssystemen des 18. Jahrhunderts) kann allerdings erst seit *Savigny* gesprochen werden. Unter dem Einfluß seiner sog. historischen Schule scheint auch der Begriff „Rechts*wissenschaft*" erst aufgenommen zu sein[32]. Davor war nur das romanische Wort „Jurisprudenz" gebräuchlich[33]. Die wissenschaftliche Behandlung

---

[29] *Max Weber*, Rechtssoziologie, S. 225 ff.
[30] *Wieacker*, Privatrechtsgeschichte, S. 270 f.
[31] *Max Weber*, Rechtssoziologie, S. 263; *Wieacker*, Privatrechtsgeschichte, S. 322 ff.
[32] *Koschaker*, Europa und das Römische Recht, S. 265. Vgl. *Savigny*, System I, S. 83 ff., 90 ff.
[33] *Viehweg*, Studium Generale 1958, 337; *Schönfeld*, Grundlegung der Rechtswissenschaft, S. 491. — Gegen die „Wissenschaftlichkeit" der Rechtswissenschaft siehe die bemerkenswerte Schrift *v. Kirchmanns*, „Die Werthlosigkeit der Jurisprudenz als Wissenschaft" 1847, hierzu auch *Radbruch*, in: Feuerbach-Gedenkrede, S. 19 und neuestens *Larenz*, Über die Unentbehrlichkeit der Jurisprudenz als Wissenschaft.

sieht Savigny insbesondere in der Auslegung von Gesetzen, die er als freie Geistestätigkeit dahin bestimmt, „daß wir das Gesetz in seiner Wahrheit erkennen, das heißt, so wie uns dessen Wahrheit durch Anwendung eines regelmäßigen Verfahrens erkennbar wird"[34]. Damit ist gleichzeitig die wesentliche Intention der Wissenschaft auch bei der Gesetzesauslegung bestimmend: die methodisch geleitete Wahrheitssuche. Von dem richterlichen Urteil konnte Savigny daher zu Recht sagen, es trage eindeutig „wissenschaftlichen Charakter"[35]. Unser heutiges Verständnis der „Wissenschaftlichkeit" der Rechtswissenschaft orientiert sich jedoch weitgehend an der Auseinandersetzung mit dem sog. wissenschaftlichen bzw. begriffsjuristischen Positivismus der zweiten Hälfte des 19. Jahrhunderts. Im 20. Jahrhundert hat es vor allem *Kelsen* in der Reinen Rechtslehre unternommen, die Rechtsordnung im Wege einer reinen Normlogik unter Ausscheidung psychologischer oder soziologischer Seinstatsachen streng wissenschaftlich zu erschließen.

Das gekennzeichnete wissenschaftliche Bemühen ist seiner Intention nach *Wahrheitssuche*[36]. Diese Wahrheitssuche ist durch ihr Streben nach Rationalität des Rechts gekennzeichnet[37]. Das gilt in besonderem Maße von dem richterlichen Urteil, dessen Aufgabe es ist, zu erkennen, was Recht ist.

Da sich auch rechtliche Erkenntnis im Urteil aktualisiert, ist der für die Rechtswissenschaft gültige Wahrheitsbegriff auf das Urteil bezogen. Für den Bereich der im Urteil sich vollziehenden Rechtsanwendung kann daher Wahrheit und Richtigkeit einer Entscheidung im Anschluß an *Leibniz* gleichgesetzt werden, dem sich die Wahrheit in der „proposita vera", einem wahren Satz, oder wie *Heidegger* zutreffend übersetzt, einem „richtigen Urteil" erschließt[38]. Der rechtswissenschaftliche Wahrheitsbegriff bezieht sich also auf die Richtigkeit des Urteils, und zwar inhaltlich auf „die Übereinstimmung des gedachten mit dem tatsächlichen Sachverhalt"[39]. Damit wird die Geltung des auf *Aristoteles* zurückgehenden Wahrheitsbegriffs der Adäquations- oder Korrespondenz-

---

[34] System I, S. 207.
[35] System I, S. 91. Vgl. auch *Brusiin*, Objektivität, S. 24, der den allgemeinen Zusammenhang zwischen der Objektivität der Wissenschaft und der Objektivität der Rechtsprechung betont.
[36] Für *Larenz*, Methodenlehre, S. 67, ist ein wie immer geartetes geistiges Verfahren, für das nicht die Anforderungen der Wahrheit im Sinne der Aussagerichtigkeit gilt, im erkenntnistheoretischen Sinne keine Wissenschaft.
[37] *Obermayer*, NJW 1966, 1892, betont zu Recht, daß mit dem Versuch, die Wahrheit im Recht zu ergründen, zugleich nach einem Höchstmaß an Rationalisierung, Klarheit, Durchsichtigkeit, Vorsehbarkeit und Exaktheit gestrebt werde.
[38] Siehe oben S. 22.
[39] *Geyser*, Das Prinzip vom zureichenden Grunde, S. 24. Ferner *Hans Meyer*, Systematische Philosophie, Band I, S. 272: „Wahr ist ein Urteil, wenn es den gegenständlichen Sachverhalt erfaßt und wiedergibt."

theorie für die Rechtswissenschaft anerkannt, der meistens in der Fassung wiedergegeben wird: „Veritas est adaequatio intellectus et rei"[40]. Für die in richterlichen Erkenntnissen sich vollziehende Wahrheitsfindung gilt aber, worauf *Engisch* aufmerksam gemacht hat, daß der Richter als Rechtsanwendender die Wahrheit „als zeitlich und räumlich bedingte und begrenzte aus der Hand des Gesetzgebers" empfängt, der sich zwischen „Sollen" und Erkenntnis des „Gesollten" einschiebt[41].

2. Die Kennzeichen: Systematik und Methodik

a) Zur Problematik des rechtswissenschaftlichen Systembegriffs

Die als wissenschaftliches Bemühen gekennzeichnete Rechtsanwendung setzte die Rationalität des Erkenntnisverfahrens grundsätzlich voraus. Das Ausmaß der Rationalität wird aber an der Intensität systematischer und methodischer Behandlung des Erkenntnisgegenstandes zu messen sein; denn wahre Systematik und Methodik impliziert ein grundsätzlich rationales, d. h. ein gedanklich nachvollziehbares Verfahren, das ein wesentliches Kennzeichen wissenschaftlicher Leistung im Bereich der abendländischen Geistesgeschichte ist[42]. Da auch die Rechtswissenschaft prima facie Methoden entwickelt hat, die auf rational nachprüfbare Erkenntnis abzielen[43], könnte das auf diesem Wege ermittelte richterliche Urteil sich als eine wissenschaftliche Leistung im systematisch-methodischen Sinne erweisen.

Die Rationalisierung des Rechts zeigt sich besonders deutlich im „Geltungsanspruch des Systembegriffs"[44], dessen Ursprung im Naturrechtsdenken des 18. Jahrhunderts liegt[45] und das mit *Christian Wolff* wohl seinen Höhepunkt erreichte. Die Arbeitsweise Christian Wolffs hat beispielhafte Bedeutung für dieses Denken[46]. Danach scheidet Wolff „durch eine lückenlose Deduktion aller Naturrechtssätze von den Axiomen bis zu den geringsten Details alle induktiven und anschaulichen Elemente" aus. Jeden einzelnen Satz leitet er in strengstem logischen Fortgang aus den letzten Obersätzen ab. Damit beansprucht er „die Strenge des geometrischen Beweises, der nach dem Satz vom ausgeschlossenen Dritten erbracht wird. Der einzige Geltungsgrund der Sätze ist scheinbar die Widerspruchsfreiheit der logischen Aussage." Auf diese Weise erzielt Wolff ein logisches geschlossenes System der Rechtswissen-

---

[40] *Geyser*, System, S. 9.
[41] Wahrheit und Richtigkeit, S. 3 ff. Zur Frage der Sollensurteile: *Engisch*, Studium Generale 1959, 78 f.
[42] *Jaspers*, Vom Ziel und Ursprung der Geschichte, S. 89.
[43] So *Larenz*, Methodenlehre, S. 5, JZ 1962, 105 und Jurisprudenz als Wissenschaft, S. 11; *Horn*, NJW 1967, 602.
[44] *Esser*, Studium Generale 1959, 98.
[45] Hierzu: *Wieacker*, Privatrechtsgeschichte, S. 312 ff., 319 f.
[46] *Wieacker*, Privatrechtsgeschichte, S. 319 f.

schaft und wird zum Vater der nachfolgenden Kodifikation. Damit ist aber für den Bereich des rationalistischen Naturrechts im wesentlichen ausgesprochen, was Aufgabe der Wissenschaft im allgemeinen ist: die Herstellung eines *Systems*, das darauf gerichtet ist, möglichst lückenlos und widerspruchsfrei einen bestimmten Teilbereich der wirklichen Welt, deren Einzelerscheinungen eine sachliche Zusammengehörigkeit aufweisen, in logischen Zusammenhängen und nach Prinzipien geordnet, zu erfassen und darzustellen[47].

Es bedarf keiner weiteren Ausführungen, daß mit dem Entdecken der Gesetzeslücken und der Interpretationsbedürftigkeit des Rechts das Dogma einer „logischen Geschlossenheit" der Rechtsordnung überwunden ist. Lückenhaftigkeit und Interpretationsbedürftigkeit des Rechts ergeben sich für uns bereits aus dem Wesen des Rechts, seiner Natur oder Beschaffenheit. Das ist heute allgemeine Meinung[48], die das Bundesverfassungsgericht dahin zusammenfaßt: „Die manchmal erhobene Forderung, das Gesetz müsse so speziell sein, daß die rechtliche Lösung des Einzelfalles nahezu mit Sicherheit vorausgesehen werden könne, ist, wie geschichtliche Beispiele lehren, unerfüllbar[49]."

Die gegenwärtige Diskussion geht jedoch weiter. Das Bemühen um Systembildung im Recht wird bereits teilweise als verfehlter Denkansatz gehalten. Dem „systematischen" Denken wird das „topische" Denken entgegengesetzt[50], das sich letztlich wohl nur als das gleichsam klassische Verhältnis von Problemdenken und Systemdenken[51] erweist[52], wobei die Topik als die Technik des Problemdenkens erscheint[53].

Die Mannigfaltigkeit der sozialen Wirklichkeit und der daraus resultierenden Probleme scheint das sog. Problemdenken, das sich auf die den Konflikt begründende Wirklichkeit beschränkt und eine Lösung des Konflikts mit möglichst vielen und kurzen Ableitungszusammenhängen anstrebt, zu begünstigen[54]. Dieses Verfahren wird von *Klaus Vogel*[55] als eine durchaus „rationale Methode" gewürdigt. Ein echter Gegensatz zum Systemdenken besteht nur, wenn das System im Sinne der Mathe-

---

[47] Staatslexikon Bd. 8 Sp. 873 f.; *Eisler, Hoffmeister* und *Schmidt* jeweils unter dem Stichwort „System"; *Hardwig*, JuS 1967, 50.
[48] Siehe z. B. *Wieacker*, Gesetz und Richterkunst, S. 6.
[49] BVerfGE 3, 225, 243.
[50] So insbesondere *Viehweg*, Topik und Jurisprudenz, durchgehend.
[51] *N. Hartmann*, Diesseits von Idealismus und Realismus, Kant-Studien 29 (1924), 163 ff., der begrifflich zwischen „systematischer" und „aporetischer" Denkweise unterscheidet.
[52] So *Zippelius*, NJW 1967, 2229; ferner *Diederichsen*, NJW 1966, 697.
[53] *Horn*, NJW 1967, 603; *Kriele*, Theorie der Rechtsgewinnung, S. 114 ff., insbes. S. 119 ff.
[54] *Viehweg*, Topik und Jurisprudenz, S. 53 ff.; *Horn*, NJW 1967, 602.
[55] Der räumliche Anwendungsbereich der Verwaltungsrechtsnorm, S. 364.

§ 5 Das Verständnis richterlicher Urteile

matik rein axiomatisch verstanden wird[56]. Mit der Überwindung des begriffsjuristischen Positivismus und des Geltungsanspruchs eines logisch geschlossenen Systems ist eine solche Frontstellung aber weitgehend unwirklich geworden[57]. Zwischen beiden Bereichen besteht vielmehr ein eigentümliches Spannungsverhältnis. In Zeiten sozialer Unruhe und Veränderungen löst sich jede geschlossene Ordnung auf. Neues drängt nach Berücksichtigung innerhalb des überkommenen Systems. Die Konzentration auf einzelne Aspekte der neuen Wirklichkeit, die den Problemkreis begründen, kennzeichnet das Bemühen um die Bewältigung neuer Erscheinungen, es sei denn, die Veränderungen ihrerseits zielen planmäßig auf die Herstellung eines neuen Systems überhaupt.

Von erheblicher Bedeutung ist jedoch, daß bei der Bewältigung der neuen Probleme, auch unbewußt, auf Rechtsgedanken zurückgegriffen wird, die von allgemeiner Natur und im Denken vorgegeben sind und schon wegen der kategorialen Begrenztheit der Denkmöglichkeiten dahin tendieren, Ausdruck eines allgemeinen Rechtsprinzips zu sein[58]. So kann sich die „inventio" auch psychologisch als ein Wiederfinden einer bereits auf anderem Gebiet gewonnenen Einsicht und ihrer Applikation auf das neue Problem erweisen[59]. Nach der Konsolidierung schließlich der die Rechtstatsachen begründenden neuen Wirklichkeit drängen die in den Einzelproblemen gefundenen Rechtserkenntnisse nach systematischer Verfestigung und der Ausscheidung von Widersprüchen[60]. Im übrigen wird sich, wenn das Recht seiner Aufgabe entsprechend das Gemeinschaftsleben ordnen soll, bei der Vielschichtigkeit und Kompliziertheit der Lebenssachverhalte ein gewisses Maß an Abstraktion und Systematik als unabweisbar herausstellen. *Esser*[61] spricht von einem „Kreislauf zwischen Problemdeckung, Prinzipienbildung und Systemverfestigung", der sich in allen Rechtskulturen wiederhole.

Als Instrument, das Leben in seiner Fülle und ständigen Veränderung zu erfassen, muß die Rechtsordnung notwendig offen sein[62]. *Esser*[63] ist

---

[56] So versteht es wohl *Viehweg,* Topik und Jurisprudenz, S. 53 ff.
[57] *Zippelius,* NJW 1967, 2230.
[58] Vgl. auch *Engisch,* Studium Generale 1957, 189. Nach seinen Worten wächst „auch eine historische Rechtsordnung, die sich von Fall zu Fall und von Einzelregelung zu Einzelregelung weitertastet", „nach immanenten Prinzipien, die insgesamt ein inneres System ergeben, das wissenschaftlich erfaßbar und darstellbar ist".
[59] *Schlick,* Allgemeine Erkenntnislehre, S. 46 f., 76 f.; *Hennis,* Politik und praktische Philosophie, S. 108 Note 4.
[60] Zu den Widersprüchen in einer Rechtsordnung: *Engisch,* Einführung, S. 156 ff.
[61] Grundsatz und Norm, S. 7, und Studium Generale 1959, 97.
[62] *Zippelius,* NJW 1967, 2229.
[63] Grundsatz und Norm, S. 7.

daher zuzustimmen, daß der landläufige Methodenstreit, der sich als ein „vermeintlicher Wettkampf zwischen „offenem" problematischen und „geschlossenem" begrifflich-deduktiven Denken darstellt", „weithin ein notwendiger und schubweiser Stoffwechsel zwischen den Neuerfahrungen der Fallpraxis und den Formkräften der Schule" ist[64]. Sofern man unter „offen" nicht ausschließlich Fallrechts(Problemkreis)denken und unter System nicht eine axiomatische, logisch-geschlossene Ordnung versteht, so kann mit *Larenz*[65] zur Kennzeichnung des gegenwärtigen Standortes von einem „offenen System" gesprochen werden. Das „System" erweist seine Bedeutung dann in einer das gesamte Recht durchwaltenden „Einheit des Sinns", die für Larenz sichtbar wird in der „Rechtsidee in ihren jeweiligen Ausprägungen in den Grundbegriffen, den leitenden Prinzipien und den Institutionen unserer Rechtsordnung"[66]. Bei dem gegenwärtigen Streit handelt es sich also nicht um eine unauflösbare Antinomie zwischen Problemdenken und Systemdenken. An der Möglichkeit echter Systembildung, wenn auch gesondert nach verschiedenen Teilbereichen, kann daher durchaus festgehalten werden[67].

Die „Offenheit" des Systems erweist sich ferner darin, daß die Erkenntnisse zukünftiger Entwicklung fortgesetzt in das System integriert werden. *Kant*[68] sieht hierin das Wirken menschlicher Vernunft, die ihrer Natur nach architektonisch sei, d. h. die „alle Erkenntnisse als gehörig zu einem möglichen System" betrachtet. Dieses mögliche System selbst versteht Kant[69] als „die Einheit der mannigfaltigen Erkenntnisse unter einer Idee".

Diese auf die Einheit der Rechtsordnung ausgerichtete Integration vollzieht sich insbesondere durch das im richterlichen Urteil sich aktualisierende Erkenntnis. Das ständige Bemühen, das Recht in ein System zu bringen und die in den Einzelerkenntnissen ausgesprochenen Rechtsgedanken zu allgemeinen Erkenntnissen und Prinzipien zu transformieren, rechtfertigt daher auch heute den Geltungsanspruch des Systembegriffs innerhalb der Rechtswissenschaft[70].

---

[64] *Esser*, Grundsatz und Norm, S. 7.
[65] Methodenlehre, S. 134.
[66] Methodenlehre, S. 133; ähnlich bereits *Forsthoff*, Recht und Sprache, S. 28 f.; zum „inneren System" einer positiven Rechtsordnung, siehe auch *Engisch*, Die Einheit der Rechtsordnung, S. 83 f.
[67] Ähnlich *Wieacker*, Präzisierung, S. 5, und Gesetz und Richterkunst, S. 6; *Engisch*, Sauer-F., S. 85 ff.
[68] Kritik der reinen Vernunft, S. 502.
[69] Kritik der reinen Vernunft, S. 861.
[70] Vgl. auch *Hardwig*, JuS 1967, 51: „Wenn die Rechtswissenschaft Wissenschaft ist, dann ist sie es nur deshalb, weil sie ,das Recht' in ein wissenschaftliches System bringt."

b) Zur Problematik rechtswissenschaftlicher Methodik

Während mit dem Systembegriff der Erkenntnisgegenstand, d. h. die möglichst lückenlose und widerspruchsfreie Rechtsordnung gemeint ist, bezeichnet die *Methode*[71] das planmäßige, nach überprüfbaren Kriterien vorgehende Verfahren der Erkenntnisgewinnung, d. h. der Realisierung des Denk- und Erkenntniszieles. Dieses Verfahren weist in zwei Richtungen: Einmal befaßt es sich mit der Einordnung von Erkenntnissen in das System, d. h. ihrer Ordnung und Verknüpfung, sowie ihrer Darstellung durch Anwendung logischer Prinzipien. Das gilt auch für die Rechtswissenschaft; denn auch der an dem besonderen Erkenntnisgegenstand der Rechtsordnung orientierte Systembegriff erfüllt die wesentlichen Kriterien des allgemeinen wissenschaftlichen Systembegriffes. Daraus folgt aber, daß die einzelnen Rechtserkenntnisse und Rechtssätze zumindest ihrer Idee nach einander planmäßig zugeordnet sind. Zum anderen ist die Methodik auf die Gewinnung allgemein-gültiger Urteile und Urteilszusammenhänge gerichtet. Die rechtswissenschaftliche Methodik ist ebenso auf die Gewinnung von Urteilen und Erkenntnissen gerichtet, und zwar auf die Rechtsverwirklichung im Einzelfall. Sie versucht dabei aus dem System „Rechtsordnung" Antworten für die Einzelfallösung zu erzielen; denn da das Recht seiner Idee nach ein System, d. h. ein planmäßiger und geordneter Bau von Rechtsregeln ist, so ist derjenige, der eine Rechtsnorm sucht, um einen Streitfall zu entscheiden, bereits bei diesem Bemühen auf ein methodisches Vorgehen verwiesen als den einzig legitimen Weg, der zur Rechtserkenntnis führt. Mit dieser zweiten Seite der Methodik, der Rechtsfindung innerhalb der Rechtsanwendung, befassen sich insbesondere die neueren Methodenlehren.

Richterliche Tätigkeit, die im wesentlichen Streitentscheidung ist, vollzieht sich im Raum des Rechts, der Ausdruck der verfassungsrechtlich gebotenen normativen Bindung des Richters ist. Aus der Rationalität des Rechts, seiner Ordnungs-, Regelungs- und Friedensfunktion[72] folgt, daß die willkürliche richterliche Entscheidung[73] als eine zulässige Möglichkeit richterlicher Streitentscheidung bereits begrifflich ausscheidet. Der Richter ist gleichsam apriorisch in die Zucht des Rechts genommen. Wenn demgegenüber Art. 20 Abs. 3 GG von der Bindung des Rich-

---

[71] Hierzu: *Eisler, Hoffmeister* und *Schmidt,* jeweils unter dem Stichwort „Methode". Ferner *Arnold Brecht,* Politische Theorie, S. 29 ff.
[72] Zu den einzelnen Funktionen des Rechts: *Henkel,* Rechtsphilosophie, insbesondere S. 58 ff., 109 ff.
[73] Dabei kann sich die „Willkür" in zweifacher Weise zeigen: Einmal gibt sich der Richter mehr oder weniger zufälligen Gefühlen hin. Zum anderen folgt er „konstanten, fest eingewurzelten Wertungen, die dem positiven Recht fremd sind", z. B. einem „Freund-Feind-Denken" *(Carl Schmitt),* siehe auch *Brusiin,* Objektivität, S. 22 ff. Vgl. auch *Robert Weimar,* Psychologische Strukturen richterlicher Entscheidungen, passim.

ters an „Gesetz und Recht" spricht, so wiederholt die Verfassung in diesem Zusammenhang nur, was schon im Begriff der Rechtsanwendung in dem hier entwickelten Sinn liegt. Die aus dem „System" auf methodischem Wege gewonnene Entscheidung wird damit zu einem Rechtserkenntnis, dessen Erkenntniswert nicht zuletzt auch vom Grad der methodischen Reinheit des Erkenntnisvorgangs abhängt[74]. Trotz aller Unfertigkeit und Vorläufigkeit juristischer Methodik ist sie in ihrem Kernbereich durchaus in Grundzügen meßbar und geordnet im Sinne echter wissenschaftlicher Methodik.

Aus diesen Überlegungen folgt, daß der grundsätzlich systematisch-methodische Charakter der Rechtswissenschaft dazu berechtigt, die richterliche Entscheidung als ein grundsätzlich rationales Rechtserkenntnis zu begreifen[75] und die in kurzen Ableitungszusammenhängen sich vollziehende Rechtsfindung[76] mit *Klaus Vogel*[77] als eine rationale Methode zu verstehen.

III. Das intuitive Erkenntnis

Die Rationalität des richterlichen Urteils war nie unbestritten. So hat insbesondere *Isay* nachdrücklich erklärt, das Wesen der richterlichen Entscheidung sei rational nicht erfaßbar. Sie entstehe nicht auf dem Wege rein logischen Denkens und enthalte wesentlich irrationale, d. h. alogische Elemente[78].

Es bedarf eigentlich keiner weiteren Erörterung, daß bei zahlreichen und gerade hervorragenden Richtern in vielen Fällen am Anfang nicht der logische Denkakt gestanden hat, sondern die intuitive oder gefühlsmäßige Entscheidung[79]. Damit ist jedoch nicht gemeint, daß das Rechtsgefühl darüber entscheidet, was im Streitfalle „Recht" ist[80]. Es handelt sich vielmehr um eine gewöhnlich als Judiz bezeichnete Erscheinung, die „in der Hauptsache auf der Gabe abgekürzter verstandesmäßiger Überlegung und einer mit Begriffen arbeitenden gesteigerten Subsumtionsfähigkeit" beruht, „die dem Nichtfachmann gewöhnlich fehlt

---

[74] *Larenz*, Jurisprudenz als Wissenschaft, S. 21.
[75] *Isay*, Rechtsnorm und Entscheidung, S. 78, bezeichnet es als ein Bedürfnis des kapitalistischen Wirtschaftssystems, die Entscheidung zu rationalisieren.
[76] *Viehweg*, Topik und Jurisprudenz, S. 53 ff.
[77] Der räumliche Anwendungsbereich der Verwaltungsrechtsnorm, S. 364.
[78] Rechtsnorm und Entscheidung, S. 40 und durchgehend.
[79] Vgl. die bei *Isay*, Rechtsnorm und Entscheidung, S. 62 ff., zusammengestellten Zeugnisse. Siehe ferner *Schwinge*, Irrationalismus, S. 27. Zur Problematik der intuitiven Erfassung von Normen des Internationalen Verwaltungsrechts: *Klaus Vogel*, Der räumliche Anwendungsbereich der Verwaltungsrechtsnorm, S. 359.
[80] Hierzu: *Henkel*, Rechtsphilosophie, S. 429.

§ 5 Das Verständnis richterlicher Urteile

und nur durch Schulung erworben wird"[81]. In diesem Sinne bezeichnet das Judiz oder Rechtsgefühl das auf Schulung, Erfahrung und Einsichtsfähigkeit gegründete Vermögen, ein bestimmtes Ergebnis vorauszuahnen, ohne daß der Urteilende bewußt logische Denkschlüsse vollzieht[82].

Dieses intuitive Erfassen einer richtigen Entscheidung kennzeichnet G. *Husserl*[83] als einen „Denkschwung", der die logischen Stufen des Denkens nicht mehr bewußt werden läßt. Da das auf diesem Wege gewonnene Urteil als solches noch unreflektiert ist, kann es keinen rechtswissenschaftlichen Erkenntniswert beanspruchen. Unerheblich ist insoweit, ob das intuitive Ergebnis richtig oder unrichtig ist. Sein Wahrheitswert kann erst in „kritisch-methodischem Vorgehen" erwiesen werden[84]. Vorher bleibt es unkontrollierbar. *Isay*[85] sieht den Zweck einer Kontrolle in der „nachträglichen Ableitung" für erreicht an. Allerdings werde so nur kontrolliert, ob die Entscheidung „in dieser Weise hätte entstehen können". Dieses „als ob" der Rechtsfindung läßt ihn die Begründung daher auch nur als eine Fiktion erscheinen. Diese Auffassung mag die Wirklichkeit der Gerichtspraxis in einem erheblichen Ausmaß widerspiegeln. Sie verkennt aber die Funktion des Grundes als einer notwendigen Bedingung der Richtigkeit der Entscheidung und resigniert vor der Aufgabe, die Rationalität des Rechts, d. h. seine systematische Erfaßbarkeit zu erhalten. Jeder Akt der Rechtsschöpfung und Rechtsfindung ist entweder rational oder irrational[86]. Und die irrationalen Akte werden häufig überwiegen und somit dem Wesen des Schöpferischen, d. h. seiner Spontaneität mehr entsprechen. Um aber zu einem gesicherten Teil der Rechtswissenschaft zu werden, müssen diese Akte „den Prozeß der wissenschaftlichen Methode durchmachen"[87]. Dementsprechend haben die großen Richterpersönlichkeiten nicht darauf verzichtet, ihre gefühlsmäßige Entscheidung logisch und wissenschaftlich nachzuprüfen[88].

Dem steht allerdings die Erfahrung, die bereits der Referendar macht, gegenüber, daß ein großer Teil der Praktiker methodische Erwägungen scheut[89] und die mitgeteilten Gründe weder den Weg der Erkenntnis-

---

[81] *Riezler*, Das Rechtsgefühl, S. 45.
[82] So auch *Heck*, Begriffsbildung, S. 118: „Das intuitive Urteil selbst ist nicht irrational, sondern ein Niederschlag der Rechtskunde und der Lebenserfahrung."
[83] Recht und Welt, S. 105.
[84] *Schwinge*, Irrationalismus, S. 28.
[85] Rechtsnorm und Entscheidung, S. 177.
[86] *Max Weber*, Wirtschaft und Gesellschaft II, S. 396.
[87] *Arnold Brecht*, Politische Theorie, S. 34.
[88] Vgl. z. B. *Schwinge*, Irrationalismus, S. 29; *Ohlmer*, Richterfreiheit und Begründungspflicht, S. 91.
[89] *Larenz*, NJW 1965, 9 f., JZ 1962, 105.

gewinnung widerspiegeln, noch die nachträgliche logische Kontrolle des intuitiven Erkenntnisses verdeutlichen[90]. Die Auswahl der Gründe bei der schriftlichen Fixierung der Urteilsbegründung wird häufig vornehmlich unter dem Gesichtspunkt getroffen, die gefühlsmäßige Entscheidung als solche möglichst nicht in Erscheinung treten zu lassen. Kennzeichnend ist der geläufige Ausspruch vieler ausbildender Richter: „Begründen können Sie alles."

Die Notwendigkeit rationaler Überprüfung einer gefühlsmäßig getroffenen Entscheidung zeigt sich aber insbesondere auf dem Gebiet der Rechtsfortbildung. Hier ist das unreflektierte Verweilen bei der intuitiv gefundenen Entscheidung schon deshalb unbefriedigend, „weil sie keine überzeugende Begründung zu liefern vermag"[91]. Das intuitive Erkenntnis muß daher zum rationalen Erkenntnis werden, soweit es rechtswissenschaftlichen Erkenntniswert beansprucht.

§ 6 Die notwendigen Voraussetzungen der Richtigkeit des Urteils

I. Der zureichende Grund als Bedingung der Richtigkeit

Mit der Würdigung richterlicher Urteile als rationaler Erkenntnisse werden sie uneingeschränkt dem obersten Grundsatz der Vernunft, dem Satz vom zureichenden Grund oder principium reddendae rationis sufficientis, unterstellt. Die grundsätzliche, notwendige und uneingeschränkte Geltung des Satzes vom Grund für alle Erkenntnisse sei noch einmal in der Formulierung *Leibniz'* vorangestellt: „Keine Aussage kann sich als wahrhaftig (hier: richtig) erweisen, ohne daß es dafür einen zureichenden Grund gibt, daß es so und nicht anders ist[1]."

---

[90] Vgl. *Isay*, Rechtsnorm und Entscheidung, S. 23 f., 60 f.
[91] *Larenz*, NJW 1965, 10. Siehe auch *Esser*, Wertung, S. 4.
[1] § 32 der Monadologie und *Christian Wolff*, Vernünftige Gedanken: Vorbericht von der Welt-Weisheit §§ 4, 11 und I. Capitel § 47 der Vernünftigen Gedanken selbst; ferner: Philosophia prima sive Ontologia § 70. — Aus dem neueren Schrifttum: Hans Meyer, Systematische Philosophie I, S. 270: „Die Wahrheit eines Urteils bedarf eines zureichenden Grundes..." und S. 271: „Der Satz vom zureichenden Grund wird allerdings in der praktischen wissenschaftlichen Arbeit zu der Forderung, ohne sachliche Begründung kein Urteil anzuerkennen." *Fuetscher*, Prinzipien, S. 102: „Jedes wahre Urteil hat notwendig den zureichenden Grund seiner Wahrheit" und S. 105 ff.; *Hessen*, Das Kausalprinzip, S. 22 f., und Lehrbuch der Philosophie I, S. 98: „Da wir im Urteil eine Erkenntnis formulieren, können wir auch sagen: Jede Erkenntnis muß begründet sein"; *Pfänder*, Logik, S. 227 ff.; Geyser, Das Prinzip vom zureichenden Grunde, S. 23: „Die Erkenntnis bedarf, um Erkenntnis zu sein, eines zureichenden Grundes."

§ 6 Die notwendigen Voraussetzungen der Richtigkeit des Urteils

Im Anschluß an *Heidegger* unterscheiden wir nach dem Satz vom Grund zwei notwendige Bedingungen der Richtigkeit eines Urteils: das Reddendum und die Suffiziens des Grundes.

Da das principium rationis zu allererst das principium reddendae rationis ist, das Prinzip des zurückgebenden Grundes, stellen wir auch hier die drei Fragen: *Wofür* ist der zurückgebende Grund jeweils der Grund? *Weshalb* muß der Grund zurückgegeben, d. h. eigens beigebracht werden? *Wohin* wird der Grund zurückgegeben?

Zur ersten Frage: Jedes Urteil enthält nur dann die richtige Aussage, wenn der Grund der Richtigkeit zurückgegeben worden ist. Die Aussage des richterlichen Urteils stellt die Frage nach dem Warum der Verknüpfung von Subjekt und Prädikat. Warum „wird" der Beklagte zu einem bestimmten Verhalten verurteilt? Warum „wird" die Klage abgewiesen usw. Die Verknüpfung „*wird*" ist die Frage nach dem Boden, dem Grund des Urteils; das, was die Verknüpfung trägt, ist der Grund. Erst wenn die erläuternden Ausführungen zum Tragenden des Urteilsspruchs werden, haben sie den Grund zurückgegeben. Dieser Grund — so kann mit *Heidegger*[2] auch für das richterliche Urteil gesagt werden — „gibt die Rechenschaft für die Wahrheit des Urteils". Er ist aber auch notwendige Bedingung dieser Wahrheit[3]. Die Wahrheit stellt sich uns aber als die Richtigkeit der Urteilsaussage dar.

Zur zweiten Frage: Der Grund als ratio, d. h. Rechenschaft, drängt aber in die Erscheinung. Er ist nur Grund, wenn er dargelegt, wenn er ausgewiesen ist. Das Reddendum ist daher für die Existenz des Grundes schlechthin notwendig. Erst wenn der Grund des Urteils ausgewiesen ist, d. h. wenn die Rechenschaft gelegt ist, kann von dem Vorhandensein des Grundes und damit von einem richtigen richterlichen Urteil gesprochen werden[4].

Zur dritten Frage: Die Rechenschaft wird aber weiterhin nur dann zur Rechenschaft, wenn sie dem Menschen gegenüber abgelegt ist. „Richtig d. h. wahr sind die Urteile und Aussagen nur dann", sagt *Heidegger*, „wenn der Grund der Verknüpfung von Subjekt und Prädikat dem vorstellenden Ich zugestellt, auf dieses zurückgegeben wird". Gleiches gilt vom richterlichen Urteil. Die dem Menschen gegenüber abgelegte Rechtfertigung, die Zustellung des Grundes, der den Urteilsausspruch trägt, wird damit zur *ersten* notwendigen Bedingung der Richtigkeit des richterlichen Urteils. Damit ist aber der mögliche Adressat noch nicht abschließend bestimmt. In Betracht kommen: die Ver-

---

[2] Der Satz vom Grund, S. 193.
[3] Vgl. *Pfänder*, Logik, S. 227: „Jedes Urteil bedarf, um wirklich wahr zu sein, notwendig eines zureichenden Grundes." Ferner: *Fuetscher*, Prinzipien, S. 106 f.; *Hans Meyer*, Systematische Philosophie I, S. 272.
[4] Vgl. *Heidegger*, Der Satz vom Grund, S. 194.

fahrensbeteiligten, das rechtswissenschaftlich verständige Publikum oder die Allgemeinheit, d. h. die Öffentlichkeit schlechthin.

Die Zustellung des Grundes wird damit zum konstitutiven Akt des richterlichen Erkenntnisses[5]. Darauf weist bereits der vorgegebene Zusammenhang zwischen Recht und Sprache hin[6]. Der richterliche Gedanke ist erst in dem Augenblick Recht geworden, in dem er sich im sprachlichen Gewande „verleiblicht"[7]. Mit der Wortung, d. h. der Gedankenentäußerung, ist der richterliche Gedanke in die Rechtswirklichkeit gelangt und zeitigt dort seine Wirkung. Dementsprechend ist die *Verkündung* des Urteilsausspruches die Geltungsvoraussetzung des Urteils. Die Rechtssprache folgt bereits in ihrer Wortwahl sprachimmanenten Strukturen, wenn sie die mündliche Gedankenentäußerung des Urteilsausspruches als *Verkündung* bezeichnet[8], die schriftliche dagegen als *Mitteilung*[9]. Das Reddendum umfaßt sowohl Verkündung wie Mitteilung. Die Mitteilung des Erkenntnisgrundes führt ferner zur *Urkundlichkeit* der Entscheidung und wird damit zu einer in ihrem rechtlichen Bestand gesicherten Aussage.

Der Grund wird weiterhin nur zum Grund, wenn er zureichend, d. h. eine ratio *sufficiens* ist. Die Suffizienz des Grundes ist jedoch nur erreicht, wenn die Gründe vollständig ausgewiesen und zugestellt sind. Erst die Vollständigkeit der Gründe gewährleistet, daß das, was das richterliche Urteil sagt, „für das menschliche Vorstellen als Gegenstand im wörtlichen Sinne „fest"-gestellt, in seinem Stand gesichert ist"[10]. Mit der Feststellung und Sicherung der richterlichen Aussage ist dann auch die Frage des „Warum so und nicht anders" beantwortet, die *Leibniz* in § 32 der Monadologie zur Kennzeichnung der Funktion des zureichenden Grundes stellt. Die Vollständigkeit der Gründe wird daher zur zweiten notwendigen Bedingung der Richtigkeit des Urteils[11].

Das principium reddendae rationis sufficientis als ein oberster Grundsatz der Vernunft setzt daher auch für das richterliche Urteil mit Not-

---

[5] *Forsthoff*, Recht und Sprache, S. 2.
[6] *Forsthoff*, Recht und Sprache, S. 8: „Da der Geist sich seiner selbst nur im Wort bewußt werden kann und Gegenstände nur im sprachlichen Ausdruck wahrnimmt und aufnimmt, geht von der Ausdrucksform eine bindende Wirkung auf den Geist aus."
[7] *Forsthoff*, Recht und Sprache, S. 2.
[8] *Forsthoff*, Recht und Sprache, S. 2 ff., der in diesem Zusammenhang auf die ähnlich strukturierte religiöse Verkündung hinweist, „die gewisse methodologische Entsprechung zur Theologie".
[9] *Forsthoff*, Recht und Sprache, S. 2, 5 f.
[10] *Heidegger*, Der Satz vom Grund, S. 196.
[11] *Pfänder*, Logik, S. 227: „‚Zureichend' ist dieser Grund dann, wenn er allein genügt, um den vollen Behauptungsgehalt des Urteils zu stützen, wenn also nichts weiter erforderlich ist, um das Urteil völlig wahr zu machen. ‚Unzureichend' ist der Grund, wenn er für sich allein nicht den ganzen Behauptungsgehalt des Urteils zu stützen vermag, sondern notwendig ergänzt werden muß, um das Urteil wirklich wahr zu machen."

§ 6 Die notwendigen Voraussetzungen der Richtigkeit des Urteils

wendigkeit, daß das Urteil erst zu etwas Seiendem wird durch den ausgewiesenen, zugestellten und vollständigen Grund[12]. Nihil est sine ratione gilt daher auch hier in der bejahenden Fassung: Jedes Seiende und damit auch jedes Urteil hat notwendig einen Grund, und zwar einen Grund dafür, daß es so und nicht anders ist, wie es ist. Im folgenden soll dieser Grund als Erkenntnisgrund gekennzeichnet werden, um ihn deutlich von den Seinsgründen zu scheiden[13].

Im rechtswissenschaftlichen Schrifttum finden sich zum Problem des zureichenden Erkenntnisgrundes nur Andeutungen. So versteht *Larenz*[14] die „Richtigkeit" richterlicher Auslegungstätigkeit „im Sinne eines zureichenden Erkenntnisgrundes". Dem ist zuzustimmen, wenn der zureichende Erkenntnisgrund begriffen wird als ratio reddendae et sufficiens, d. h. als dem Menschen gegenüber ausgewiesener und zugestellter Grund, der der Aufgabe der Rechenschaftslegung vollständig genügt, und wenn dieser so bestimmte zureichende Erkenntnisgrund notwendige Bedingung der Richtigkeit des Urteilsausspruches ist.

Ähnlich wie *Larenz* sagt *Engisch:* „Auffinden der Wahrheit (besser: des Richtigen) heißt ... die rechte, überzeugende Begründung für ein Urteil zu finden." Juristisches Denken vollziehe sich in abstrakten (allgemeinen) oder konkreten (auf den Einzelfall bezüglichen) Sollensurteilen. Für ein derartiges Sollensurteil werde, „sofern es ernst gemeint ist und den Anspruch auf Richtigkeit erheben darf, eine Begründung" gefordert[15]. Damit erkennt auch Engisch die grundlegende Bedeutung des Satzes vom Grund für die richterliche Rechtsfindung an.

Für den Bereich richterlichen Urteilens finden die Erkenntnisgründe herkömmlich in den sog. „Entscheidungsgründen" ihren Ausdruck. Wenn dagegen von Urteilsmotiven gesprochen wird, so ist damit etwas grundlegend Verschiedenes gemeint[16]. Zweifellos wird mit der Darlegung der Motive auch ein Warum der Entscheidung beantwortet. Diese Motive sind aber psychologische oder soziologische Steuerungsfaktoren, die sich als *Ursachen* für das „So und nicht anders" der Entscheidung ausweisen. Sie sind abhängig von bewußten und unbewußten Vorstellungen und Antrieben und weisen auf Erziehung, Lebensgewohnheiten, Interessen, Bedürfnisse, politische und religiöse Beziehungen der Richterpersönlichkeit hin. Wohl werden die Ursachen den Gründen zugerechnet, aber nur als *Geschehensgründe* im Sinne des „nihil fit sine

---
[12] *Maynez*, ARSP 1959, 210 f.
[13] Siehe bereits die Kennzeichnung des richterlichen Urteilsgrundes als „ratio sufficiens cognescendi" bei *Jung*, „Positives" Recht, S. 12.
[14] Methodenlehre, S. 236 und 172: „Die Begründung erhebt, anders als der Rechtssatz, Anspruch auf Richtigkeit im Sinne einer zutreffenden *Erkenntnis;* sie hat insofern Aussagecharakter, will überzeugen."
[15] Studium Generale 1959, 78.
[16] *Brusiin*, Objektivität, S. 54.

causa". Sie sind „blinde" Gründe, die uns die Wahrheit oder Richtigkeit einer Aussage nicht „sehen" lassen[17]. Sie sind keine Erkenntnisgründe, weil sie nicht auf „Erkenntnis" gerichtet sind. Zu zureichenden Erkenntnisgründen werden die Motive erst, wenn die auf ihnen beruhenden Wertungen und antizipierten Ergebnisse in der strengen Zucht rechtswissenschaftlicher Erkenntnisgewinnung objektiviert worden sind.

II. Der Erkenntnisgrund als Vermittler der Evidenz der Richtigkeit

Die Aufgabe des auf den Menschen zurückgegebenen Grundes besteht darin, ihm die *Gewißheit* der Richtigkeit des Behauptungsgehalts des Urteils zu vermitteln; denn ebenso wie die Richtigkeit eines Urteils des zureichenden Erkenntnisgrundes bedarf, so bedarf die Gewißheit der *Einsicht* in diesen Grund[18]. Das Urteil muß einleuchten. Richtigkeit eines Urteils und Gewißheit der Richtigkeit gehören also untrennbar zusammen. Erst wenn die Richtigkeit gewiß ist, ist die Erkenntnis „voll verwirklicht"[19]. Damit ist das Problem der Evidenz des richterlichen Urteils aufgeworfen[20].

In der Philosophie wird zwischen *objektiver* (logischer) und *subjektiver* (psychologischer) Evidenz unterschieden.

Die *objektive* (logische) Evidenz verleiht die Gewißheit des Wahrseins einer Einsicht oder eines Urteils in der Weise, „daß der auf Grund solcher Evidenz ein Urteil Fürwahrhaltende berechtigt ist, demselben objektive und streng allgemeingültige Wahrheit zuzuschreiben"[21]. Sie ist nach *Nicolai Hartmann* ein „absolutes, notwendiges Gewißheitsideal aller Erkenntnis"[22]. Die Gewißheit der Wahrheit bzw. Richtigkeit wird aber allein durch Erkenntnis des Wahrheitsgrundes herbeigeführt[23].

Innerhalb der objektiven oder logischen Evidenz werden die *unmittelbare* und die *mittelbare* Evidenz unterschieden[24]. Die *unmittelbare* Evidenz bedarf keiner weiteren Ableitung. Sie verlangt keinen Begründungszusammenhang[25]. Sie ist daher die vollkommenste Erfüllung des Satzes vom zureichenden Grund[26], wie es im übrigen alle obersten Sätze

---

[17] *Pfänder*, Logik, S. 223; *Hans Meyer*, Systematische Philosophie I, S. 272, kennzeichnet diese Motive oder Ursachen als „Daseinsgrund des Urteilsaktes".
[18] *Hans Meyer*, Systematische Philosophie I, S. 270.
[19] *Geyser*, System, S. 4, und Das Prinzip vom zureichenden Grund, S. 26 f.
[20] Zum Begriff der „Evidenz" jeweils unter diesem Stichwort bei *Eisler*, *Hoffmeister* und *Schmidt*; ferner *Achterberg*, DÖV 1963, 331 ff.
[21] *Geyser*, System, S. 11, und Das Prinzip vom zureichenden Grund, S. 31 ff.
[22] Grundzüge einer Metaphysik der Erkenntnis, S. 503.
[23] *Fuetscher*, Prinzipien, S. 108.
[24] Vgl. die Darstellung bei *Achterberg*, DÖV 1963, 332.
[25] W. *Wundt*, Allgemeine Logik und Erkenntnistheorie, S. 83.
[26] *Geyser*, System, S. 13.

§ 6 Die notwendigen Voraussetzungen der Richtigkeit des Urteils

der formalen Logik sind[27]. Demgegenüber erfordert die *mittelbare* Evidenz einen Ableitungszusammenhang. Da sich die Evidenz eines richterlichen Urteils selten ohne weiteres ergibt, ist sie aus anderen Erkenntnissen oder unmittelbar evidenten Sachverhalten abzuleiten. Erst dann kann das Rechtserkenntnis für wahr gehalten werden. Seine Objektivität beanspruchende und absolute Richtigkeit ist erst jetzt gewährleistet.

Dagegen kennzeichnet die *subjektive* oder *psychologische* Evidenz das „Sicherheits- oder Überzeugungsgefühl" des erkennenden Subjekts von der Gewißheit der Richtigkeit des Erkenntnisses[28]. Zur objektiven Evidenz tritt also subjektiv das Evidenzerlebnis[29]. Erst wenn beide Seiten voll übereinstimmen, kann von einer Gewißheit der Richtigkeit des Urteils gesprochen werden.

Da das richterliche Urteil ein Erkenntnis im wissenschaftlichen Sinne ist, ist es erst dann voll und ganz verwirklicht, wenn es durch seine Entscheidungsgründe überzeugt, d. h. die Gewißheit der Richtigkeit vermittelt. Es überzeugt aber nur dann, wenn es seinen Anspruch auf Vernünftigkeit entsprechend auch eine Richtigkeitskontrolle an Hand grundsätzlich rational überprüfbarer Kriterien ermöglicht[30]. Die Gewißheit der Richtigkeit ist daher mit der Möglichkeit der Kontrolle dieser Richtigkeit unauflöslich verknüpft. Der Wert des Rechtserkenntnisses hängt daher auch vom Grad der mit der Entscheidung als der sichtbaren Verkörperung dieses Erkenntnisses mitgegebenen Möglichkeit ab, es in sachlicher und methodischer Hinsicht zu überprüfen. Damit wird die Mitteilung der Urteilsgründe zu einer wissenschaftlichen Notwendigkeit im Dienste der Richtigkeitskontrolle und Überzeugungsbildung, d. h. die mitgeteilten Gründe müssen das Urteil überzeugend tragen. Sie müssen vollständig sein und dürfen Entscheidendes nicht verschweigen. Dementsprechend mißt *Esser*[31] der „Darstellungsaufgabe" eine „eminente Kontrollbedeutung" bei für die „Rekonstruktion und damit für die Weitergabe ... einer Gerechtigkeitsüberlegung oder eines Entscheidungsmotivs". Damit wird zugleich eine eingehende, gewissenhafte und sorgfältige Darstellung der Gründe gefordert, die auch geeignet ist, über die Einhaltung des notwendigen methodischen Erkenntnisvorgangs Aufschluß zu geben. „Eine richtige Entscheidung", sagt *Engisch*[32], „ist eine methodengerecht begründete Entscheidung."

Für die Kontrolle gilt zwar, daß sie entsprechend dem verstehenddeutenden Charakter der Rechtswissenschaft nicht mit mathematisch-

---

[27] *Achterberg*, DÖV 1963, 332.
[28] *Geyser*, System, S. 9; *Nicolai Hartmann*, Grundzüge einer Metaphysik der Erkenntnis, S. 503; *Hessen*, Lehrbuch der Philosophie I, S. 257.
[29] *Achterberg*, DÖV 1963, 333.
[30] Vgl. *Larenz*, NJW 1965, 10; *Esser*, Wertung, S. 15 ff.; *Germann*, Probleme und Methoden, S. 254.
[31] Wertung, S. 15.
[32] Wahrheit und Richtigkeit, S. 14.

naturwissenschaftlichen Maßstäben gemessen werden kann[33]. Aber auch für die so begriffene Rechtsanwendung gilt der Satz *Heideggers*[34], daß nur begründete Aussagen „verständlich und verständig" sind.

III. Die notwendigen Elemente des Erkenntnisgrundes

Die notwendigen Elemente zureichender richterlicher Urteilsbegründung lassen sich mit den Begriffen der *Konstruktion* und des *Arguments* weitgehend erfassen[35]. Sie erfüllen die wesentlichen Funktionen der Begründungspflicht: die Gewährleistung der Rationalität der Entscheidung und damit ihre verstandesmäßige Nachprüfbarkeit, die Richtigkeit des Ergebnisses durch systematisch-methodische Rechtsfindung und die Einsicht in diese Richtigkeit, die erst die Gewißheit der Richtigkeit vermittelt. Dabei entspricht die Konstruktion im wesentlichen dem Ideal einer objektiven oder logischen Evidenz der Richtigkeit; die subjektive oder psychologische Evidenz, die im Evidenzerlebnis gipfelt, wird dagegen weitgehend durch das Argument vermittelt.

Eine besondere Bedeutung kommt dabei zunächst der *Konstruktion* als Form der Begründung zu, da sie dem grundsätzlich rationalen Charakter des Rechtserkenntnisses entsprechend bereits ein systematisch-planmäßiges Verfahren impliziert[36]. Dagegen vertritt das Argument mehr die rhetorische Seite der Begründung und wirbt für die Richtigkeit des Ergebnisses. Es will weitgehend das Rechtsgefühl ansprechen. Erst die Berücksichtigung beider Elemente führt zur Vollständigkeit (Suffizienz) des Urteils.

1. Die Konstruktion

Es lassen sich nun mit *Max v. Rümelin*[37] drei Auffassungen zur Bedeutung und zum Zweck der Konstruktion unterscheiden. Die erste erblickt in der Konstruktion ein Mittel der Rechtsfindung. Die zweite erkennt in der Konstruktionsfrage nur Darstellungs- oder Formulierungsaufgaben. Die dritte Auffassung, die im wesentlichen von *Stammler*[38] vertreten wird, will der Konstruktion zwar nur eine reproduktive Funktion zuerkennen. Dennoch glaubt er, „durch sie eine weitere und tiefere Erkenntnis gewinnen, zu einer einheitlichen Auffassung des

---

[33] *Viehweg*, Studium Generale 1958, 338; *Peter Schneider*, VVDStRL 20 (1963), 5.
[34] Der Satz vom Grund, S. 13.
[35] Vgl. *Esser*, Wertung, S. 14 ff., 20 ff.
[36] Zum allgemeinen Sprachgebrauch: *Heck*, Begriffsbildung, S. 66 f.
[37] Arch RWi Phil 16, 349.
[38] *Stammler*, Rechtsphilosophie § 118 und Theorie der Rechtswissenschaft, S. 343, 336 ff., 343 ff.

§ 6 Die notwendigen Voraussetzungen der Richtigkeit des Urteils 65

Rechts gelangen oder doch die Erscheinungen des Rechts erklären zu können"[39].

a) Die Konstruktion als Mittel der Rechtsfindung zur Kritik des begriffsjuristischen Positivismus der formalisierte Konstruktionsbegriff

(1) Als erster hat es *Ihering*[40] unternommen, den Begriff der juristischen Konstruktion zu beschreiben. Ihering versteht zunächst ganz allgemein darunter die „Gestaltung des Rechtsstoffs im Sinne der naturhistorischen Methode"[41], die er als „die Erhebung des Rechtsstoffs in einen höheren Aggregatzustand" begreift[42], und die *Baumgarten*[43] im Anschluß an Ihering als „Transponierungsverfahren" bzw. „Transpositionsverfahren" bezeichnet. Die naturhistorische Methode dient der sog. „höheren" Jurisprudenz. Demgegenüber ist die „niedere" Jurisprudenz auf die Interpretation gerichtet, deren Aufgabe darin besteht, „den Stoff aus(einander)zulegen, die scheinbaren Widersprüche, die Dunkelheiten, Unbestimmtheiten zu heben, den ganzen Inhalt des gesetzgeberischen Willens zu Tage zu fördern"[44].

Zur Durchführung der Konstruktion sind drei Gesetze bestimmend: das Gesetz der Deckung des positiven Stoffs, des Nichtwiderspruchs oder der systematischen Einheit und der Schönheit. Das Ziel dieser Gesetze ist die „kunstgerechte Gestaltung der juristischen Körper". Diese „Rechtskörper" sind die im Wege der naturhistorischen Methode plastisch gestalteten Rechtsbegriffe. Die Rechtssätze werden zu Rechtsbegriffen „prätizipiert", lautet ein dunkler Ausspruch *Iherings*. Neue Rechtssätze entstehen, wenn die „Rechtskörper" in ihre Elemente zerlegt und neu zusammengefügt werden[45]. An anderer Stelle heißt es: „Diese Logik des Rechts ist gewissermaßen die Blüte, das Präzipitat der Rechtssätze; in einem einzigen richtig erfaßten Begriff ist vielleicht der praktische Inhalt von zehn früheren Rechtssätzen aufgenommen[46]." Unklar bleibt dennoch weitgehend, wie Ihering im einzelnen mit Hilfe der Konstruktion neue Rechtssätze gewinnt[47]. Ihering selbst

---

[39] Theorie der Rechtswissenschaft, S. 336 ff., 343 ff.
[40] Geist des römischen Rechts I, S. 36 ff.; II, S. 357 ff. Siehe auch *Heck*, Begriffsbildung, S. 67, Rechtsgewinnung, S. 11 ff.
[41] Geist des römischen Rechts II, S. 370. — Zur naturhistorischen Methode *Iherings*, siehe auch: *Larenz*, Methodenlehre, S. 22 ff.
[42] Geist des römischen Rechts I, S. 37; II, S. 361.
[43] Wissenschaft vom Recht I, S. 402.
[44] Geist des römischen Rechts II, S. 358.
[45] Geist des römischen Rechts II, S. 370 ff.; *Max v. Rümelin*, Rede über Rudolf von *Ihering*, S. 41 ff.; *Baumgarten*, Wissenschaft vom Recht I, S. 398 ff.
[46] Geist des römischen Rechts I, S. 37.
[47] Hierzu: *Max v. Rümelin*, Rede über Rudolf von *Ihering*, S. 41 ff., und ArchRWiPhil 16, 350. Kritisch bereits *Brinz*, Kritische Vierteljahresschrift 2

hat später persiflierend von einem „mystischen Vorgang" und einem „civilistischen Homunculus" gesprochen[48]. In Wirklichkeit dürfte Ihering die Rechtssätze kaum aus der Konstruktion gewonnen haben, sondern bereits durch Interessenabwägung, denn er beginnt schon die Ergebnisse auf ihre Angemessenheit zu prüfen[49]. Die Anerkennung, die dem Konstruktionsbegriff Iherings gezollt worden ist[50], dürfte einerseits mehr der Autorität und dem Ansehen, das Ihering genoß, zuzuschreiben sein, als der Prägnanz seiner Darstellung[51]. Andererseits scheinen sich unter den Befürwortern insbesondere Vertreter des begriffsjuristischen Positivismus befunden zu haben, die, begünstigt durch die mangelnde Prägnanz, Iherings *Konstruktions*begriff im Sinne eines logischen *Deduktions*verfahrens für den Bereich der Rechtsfindung verstanden haben[52]. Es soll daher zum näheren Verständnis des Konstruktionsbegriffes kurz die Geisteshaltung des begriffsjuristischen Positivismus nachgezeichnet werden.

(2) Der im rationalistischen Naturrecht des 18. Jahrhunderts vorgezeichnete strenge Wissenschaftscharakter der Jurisprudenz gelangte nämlich ungefähr zur selben Zeit in der Pandektenwissenschaft zur Herrschaft[53].

Die Voraussetzungen dieses „wissenschaftlichen" oder „begriffsjuristischen" Positivismus finden sich einerseits in dem frühliberalen und frühkonstitutionellen (politischen) Rechtsschöpfungs- und Rechtsverweigerungsverbot, andererseits in der „Fiktion der Geschlossenheit, wenn nicht des Gesetzes, so doch der Rechtsordnung"[54]. Für außerrechtliche, z. B. religiöse, sozialethische, wirtschaftliche Wertungen und Zweckmäßigkeitserwägungen war in diesem System kein Raum. Ihnen wurde keine rechtserzeugende oder rechtsordnende Kraft zugestanden. Die Lösung der Rechtsfälle wurde durch logische deduktive Operationen er-

---

(1860), 22 ff. Vgl. auch *Schlossmann*, Der Vertrag, S. 247, 270 ff. Zweifelnd auch *Wundt*, Völkerpsychologie, S. 454 ff.
[48] Scherz und Ernst in der Jurisprudenz, S. 7.
[49] *Heck*, Begriffsbildung, S. 94 ff.
[50] *Merkel*, IhJb 32, 12 ff. Vgl. auch *Eck*, Gedächtnisrede, S. 22; *Landsberg*, Geschichte der Deutschen Rechtswissenschaft III 2, S. 798 ff.; *Hurwicz*, Rudolf von Ihering, S. 48 f.; insbesondere aber *Lask*, Rechtsphilosophie, S. 327: „Iherings Ausführungen über die ‚Präzipitation der Rechtssätze zu Rechtsbegriffen' gehören trotz aller berechtigten Einwendungen, die man gegen ihre bilderreiche naturwissenschaftliche Terminologie erhoben hat, wohl immer noch zu den gelungensten Charakterisierungen des juristischen Denkens."
[51] Das wird besonders deutlich in den Nachrufen und Gedächtnisreden auf Ihering.
[52] *Heck*, Rechtsgewinnung, S. 11 ff., 16 ff.
[53] Vgl. *Wieacker*, Privatrechtsgeschichte, S. 430 f.; *Coing*, JZ 1951, 482, spricht von der „Begriffsjurisprudenz" als dem späten Nachfahren der systematischen Jurisprudenz.
[54] *Radbruch*, Vorschule, S. 75 f. Ferner *Triepel*, Staatsrecht und Politik, S. 25.

§ 6 Die notwendigen Voraussetzungen der Richtigkeit des Urteils

zielt. Das Postulat des Systems war es, auf jede Rechtsfrage eine eindeutige Antwort finden zu können. Die Rechtsfindung des Richters sollte sich in dem logischen Vorgang der Subsumtion erschöpfen[55]. Fehlende Rechtssätze wurden aus der Begriffswelt der vorhandenen Normen gebildet, indem aus ihnen allgemeine Grundsätze und Begriffe entwickelt und aus diesen dann der neue Rechtssatz abgeleitet wurde[56].

(3) Bei dem begriffsjuristischen Verfahren handelt es sich grundsätzlich um einen zweistufigen Vorgang. Einmal geht es um die Einordnung von Rechtsbegriffen und Rechtssätzen in das System des Rechts, um dessen Einheit herzustellen. Zum anderen geht es um das Problem der Rechtsfindung. *Triepel*[57] bezeichnet den ersten Vorgang als „begreifende oder verstehende" Konstruktion. Nur in diesem Sinn versteht *Windscheid*[58] die Konstruktion. Auch *Max von Rümelin*[59], der den Begriff der Konstruktion eingehend untersucht hat, versteht unter Konstruktion zunächst „die Einordnung einer Einzelerscheinung in das System unter Analysierung und Synthese ihrer Begriffselemente'. Dieser Begriffsbestimmung haben sich Triepel[60] und *Heinrich Stoll*[61] im wesentlichen angeschlossen. Konstruktion in diesem Sinn kann aber, wie *Stammler*[62] dargelegt hat, immer nur „reproduktiv" sein. Ähnlich spricht *Heck* von „systematischer", „ordnender" oder „darstellender" Konstruktion, die sich mit systematischer Begriffsbildung befaßt, um auf diesem Wege den Problembegriff in das wissenschaftliche System der Begriffe einzuordnen[63]. Konstruktion dient somit der Systembildung im Recht, dem „unerreichbaren Ideal" einer widerspruchslosen Einheit des Rechts[64], und betrifft die Rechtsanwendung nur mittelbar. Für die Urteilsbegründung hatte diese Art der Konstruktion jedoch keine Bedeutung. Darin stimmen Begriffs- und Interessenjurisprudenz überein. Daher kennzeichnete Triepel[65] diese Erscheinung der Konstruktion zutreffend als „Konstruktion um ihrer selbst willen".

Erst der zweite Schritt befaßte sich mit der Rechtsfindung. Erst jetzt findet die eigentliche rechtsschöpferische Tat statt, wenn sie auch als solche nicht immer begriffen wurde. Der Begriffsjurist leitet aus der postulierten Einheit des Rechtssystems zur Ausfüllung (scheinbarer) Lücken neue Rechtssätze her.

---
[55] *Wieacker*, Privatrechtsgeschichte, S. 433 f.
[56] *Zippelius*, Wertungsproblem, S. 66; *Coing*, JZ 1951, 481 f.
[57] Staatsrecht und Politik, S. 22.
[58] Pandektenrecht I, S. 112: „Die Zurückführung eines Rechtsverhältnisses auf die ihm zugrunde liegenden Begriffe nennt man Konstruktion desselben."
[59] ArchRWiPhil 16, 346.
[60] Staatsrecht und Politik, S. 21.
[61] Heck-F., S. 112 Note 1.
[62] Rechtsphilosophie, S. 252.
[63] Begriffsbildung, S. 68, 70.
[64] Vgl. *Radbruch*, Einführung, S. 253 f.
[65] Staatsrecht und Politik, S. 22.

Triepel nennt diesen Schritt die „lückenfüllende" Konstruktion[66]. *Heck* bezeichnet diese Methode als „Lückenergänzung durch Konstruktion eines Ordnungsbegriffes" und „normative" Konstruktion[67]. Diese Art der Konstruktion ist nach Triepel[68] die Vorstufe für eine noch vorzunehmende Subsumtion, deren Zweck es sei, „die konstruierte rechtliche Erscheinung subsumtionsreif zu machen."

Zunächst ist mit *Triepel*[69] gegen *Max von Rümelin*[70] festzustellen, daß es sich bei der Konstruktion nicht um „die Verknüpfung eines Tatbestandes mit einer Rechtsfolge" handelt, „die gefunden, erklärt oder beschrieben werden soll". Die Beschreibung dieser Erscheinung erfüllt den Begriff der Subsumtion. Wenn der Begriff der Konstruktion eine Funktion haben soll, dann nur zur Ergänzung der Subsumtion, d. h. wenn diese wegen der besonderen Schwierigkeiten des Falles nicht mehr gelingt[71]. Es handelt sich also um die Schaffung und Ergänzung eines Oberbegriffes, der die Subsumtion erst ermöglichen soll. Unklar zumindest ist daher die Wendung Triepels, „die *konstruierte* rechtliche Erscheinung" sei subsumtionsreif zu machen. Verständlich wird diese Äußerung nur, wenn man darunter das Ergebnis der Konstruktion, nämlich den hergestellten „subsumtionsreifen" rechtlichen Obersatz versteht. Wie dieser Rechtssatz methodisch gewonnen wird, sagt Triepel nicht. Nach *Heinrich Stoll*[72] wird dieser Obersatz „in formal-logischer Weise" gefunden, so z. B. durch Einfügung eines neuen Begriffs im Wege der Analogie.

Es ist jedoch eine Verkennung des hermeneutischen Charakters der Rechtswissenschaft, wenn *Stoll*[73] der Konstruktion auf formallogischem Wege ihre Bedeutung für die Rechtsfindung als „Subsumtions- und Analogiehypothese" zu erhalten sucht. Zwar schränkt er diese Aussage mit dem Hinweis ein, daß die Konstruktion der „sorgfältigen Überprüfung durch die Erforschung der konkreten Interessenlage und des Vergleichs mit der Interessenwertung des Gesetzgebers" bedürfe. Doch handelt es sich hier um Wertungen, die, wie *Heck*[74] überzeugend nach-

---

[66] Staatsrecht und Politik, S. 23.
[67] Begriffsbildung, S. 67 f. Ähnlich versteht *Eugen Huber*, Recht und Rechtsverwirklichung, S. 392, unter Konstruktion den „Aufbau eines Tatbestandes unter der Voraussetzung der Anwendbarkeit von Rechtssätzen".
[68] Staatsrecht und Politik, S. 22.
[69] Staatsrecht und Politik, S. 21 f.
[70] ArchRWiPhil 16, 347.
[71] *Heinrich Stoll*, Heck-F., S. 114.
[72] Heck-F., S. 114 f.
[73] Heck-F., S. 115. Ähnlich *Kretschmar*, IhJb 67, 285, und Über die Methode der Privatrechtswissenschaft, S. 42 ff.
[74] Begriffsbildung, S. 94 ff. Ferner *Max von Rümelin*, ArchRWiPhil 16, 350. Zur Kritik der begriffsjuristischen Konstruktion als Mittel der Rechtsfindung siehe auch *Meier-Hayoz*, Der Richter als Gesetzgeber, S. 172 ff.

§ 6 Die notwendigen Voraussetzungen der Richtigkeit des Urteils 69

gewiesen hat, bereits bei der Analogiehypothese selbst stattgefunden haben und nicht nur zur nachträglichen Korrektur. Die Schwächen dieser Methode sind daher die des begriffsjuristischen Positivismus schlechthin, nämlich der Unmöglichkeit, das Recht als eine Erscheinung des geistigen Seins zu axiomatisieren. Sie zeigten sich unüberwindbar in der richterlichen Urteilsbegründung. Nachdem die Freirechtsbewegung und die jüngere, insbesondere von Heck mitbegründete Interessenjurisprudenz nachgewiesen hatten, daß Richten stets Werten, Abwägen und Deuten von Rechtssätzen und Interessen ist, mußte eine Konstruktion, die als Erkenntnisgrund dennoch ausschließlich die begriffliche Deduktion auswies, als erkenntnistheoretisch widerlegt angesehen werden. Die mitgeteilten Gründe waren in Wirklichkeit „Scheingründe"[75].

(4) Die Kritik der Freirechtsbewegung und der Interessenjurisprudenz hat zwar zur Überwindung der (historischen) Erscheinung des sog. begriffsjuristischen Positivismus geführt, indem sie die Grenzen eines rein logisch-deduktiven Rechtsgewinnungsverfahrens aufgezeigt hat. Soweit ihre Kritik daher auf hermeneutischen und methodologischen Einsichten beruhte, war sie berechtigt. Andererseits drohte jedoch die fortwirkende Kritik jeglichen Positivismus im Recht zu diskreditieren und jede Art rechtlicher Konstruktion im Sinne der Urteilsbegründung in Frage zu stellen[76]. „Positivismus", sagt *Eb. Schmidt*[77], „ist zum Unwerturteil geworden". Nichts Schlimmeres könne einem Juristen gesagt werden, als daß er ein „Positivist" sei und, könnte man hinzufügen, daß er seine Entscheidung „konstruiere"[78].

Mit der Ablehnung der Konstruktion als Mittel der Rechtsfindung wird ihr gleichzeitig, und insoweit auch folgerichtig, jeglicher Erkenntniswert abgesprochen. So ist die juristische Konstruktion bei *Kantorowicz*[79] nichts anderes als der *Nachweis*, daß nur „die Anwendung bestimmter Rechtsbegriffe die gewollten Rechtsfolgen gewährt, so daß die Konstruktion die Konsequenz ihrer eigenen Konsequenz ist". Auch *Heck*[80] steht der heuristischen Bedeutung der Konstruktion für die „Normgewinnung" skeptisch gegenüber und reduziert die Konstruktion für die richterliche Fallentscheidung auf eine reine *Nachweis*funktion. „Der Richter konstruiert den zu entscheidenden Fall durch Nachweis der anwendbaren Rechtsbegriffe, wie der Grammatiker den Satz durch Nachweis der Redeteile".

---
[75] Zur Problematik der Scheingründe siehe unter § 7 III, S. 85.
[76] Vgl. *Esser*, Grundsatz und Norm, S. 236: „Die Selbstanprangerung der deutschen ‚Begriffsjurisprudenz' war, wenngleich deren allseits anerkannte Vorzüge mit typischen Schulmängeln erkauft worden war, höchst töricht."
[77] Gesetz und Richter, S. 8.
[78] Vgl. *Flume*, Richterrecht, S. 58. Abschwächend das allgemeine Unwerturteil auch *Schwarz*, AcP 152, 193 ff. Ferner *Radbruch*, Einführung, S. 253 f.
[79] Der Kampf um die Rechtswissenschaft, S. 22.
[80] Begriffsbildung, S. 68, 185.

b) *Die Konstruktion als Darstellungsaufgabe*

Die Kritik an einem heuristisch gefärbten Konstruktionsbegriff, die die richterliche Begründung auf eine formale Mitteilung des „Wie" der Entscheidung reduziert, verkennt den grundsätzlich wissenschaftlichen Charakter des Rechtsanwendungsverfahrens, das sich bei der Rechtssatzgewinnung am System des Rechts orientieren muß und von ihm legitimiert wird. Dieses Verfahren besteht nicht nur aus offenen Wertungen, sondern greift auch auf gesicherte Rechtserkenntnisse zurück, die die Rechtsanwendung der begrifflich-logischen Deduktion teilweise annähern können. Damit ist aber auch die formallogisch einwandfreie Ableitung eine *notwendige,* wenn auch nicht hinreichende Bedingung der Richtigkeit des Ergebnisses[81]. Insoweit werden im Rückgriff auf gesicherte Begriffdeutungen auch Elemente des Rechtssatzes, an dem der konkrete Fall gemessen werden soll, deduziert. Das wird auch von *Viehweg* grundsätzlich zugestanden. Konstruktion in diesem Sinne ist ganz und gar begriffsjuristisch zu verstehen. Die Kritik an diesem Verfahren setzt aber dort zu Recht ein, wo Interessenabwägungen und Wertungen in Wirklichkeit stattfinden, diese aber als solche in der Urteilsbegründung nicht in Erscheinung treten. Aber auch die bloße Kennzeichnung der Wertung als solche genügt nicht den Anforderungen einer wissenschaftlich gebotenen Begründung. Damit weist sie sich nur als *Bekenntnis* aus, nicht aber als *Erkenntnis*. Um zur **Wer**erkenntnis aufzusteigen, muß die Wertung vielmehr mit dem System in erkennbarer Weise in Zusammenhang gebracht werden. Nur so wird die Richtigkeitskontrolle ermöglicht. Dieser Zusammenhang wird evident, wenn das Ergebnis in überprüfbarer Weise in das System gesicherter Erkenntnisse eingeordnet wird[82]. Damit findet die „darstellende" oder „ordnende" Konstruktion im Sinne Hecks Eingang in das richterliche Urteil. In diesem Sinne versteht *Esser*[83] unter Konstruktion „die Einordnung der Werterkenntnis in ein System und damit der Kontrolle jeder Entscheidung durch ihr Zurückführen auf die sie nach dem betreffenden Gesamtsystem rational, d. h. nachprüfbar tragenden Kriterien. Konstruktion heißt: hier muß man sich entscheiden, wie man das Ergebnis begründet".

Der Vorgang der Einordnung ist jedoch ein fortgesetztes Abwägen und Deuten einer vielleicht noch unbestimmten Vorstellung oder eines antizipierten Ergebnisses, das sich bei diesem Vorgang der begrifflichen Verfestigung fortgesetzt wandelt, jedenfalls nach der Überprüfung

---

[81] *Engisch,* Wahrheit und Richtigkeit, S. 12; *Wieacker,* Die juristische Sekunde — Zur Legitimation der Konstruktionsjurisprudenz, in: Erik Wolf-F., S. 421 ff.
[82] Über die Grenzen der Einordnungsmöglichkeit und damit der Erkennbarkeit, siehe unten „Normerkenntnis und Dezision", S. 82 ff.
[83] Wertung, S. 15; *Dölle,* Martin Wolff-F., S. 25.

§ 6 Die notwendigen Voraussetzungen der Richtigkeit des Urteils 71

seine Ausgangsgestalt selten bestätigt findet. Nach *Esser*[84] handelt es sich dabei allerdings weniger um die „inventio"[85], deren rechtsschöpferische Bedeutung in der Tat zweifelhaft sein kann[86], als um die „begrifflich-systematische Erfaßbarkeit und Darstellbarkeit". Dieser Prozeß verwandelt gleichzeitig die Werterkenntnis in ein Rechtserkenntnis. Konstruktion in diesem Sinne ist daher zugleich ein Mittel der Rechtsfindung. Sie hat Erkenntnischarakter.

2. Das Argument

Als methodologischer Ausgangspunkt zureichender richterlicher Entscheidungsgründe wird die am System orientierte Konstruktion des rechtlichen Ergebnisses dienen müssen. Die werbende und überzeugende Kraft der Konstruktion dürfte aber wegen ihres notwendig abstrahierenden Verfahrens da gering sein, wo die konkreten Fallumstände nach stärkerer Darstellung und Erörterung drängen. Diese Aufgabe erfüllt das in der antiken Rhetorik begründete, auf die Überzeugung des Adressaten abzielende Argument[87], das bereits aufgrund des hermeneutischen Charakters der Rechtswissenschaft legitimiert ist, ergänzend oder in Ausnahmefällen die Konstruktion ersetzend[88] in den Stil der Urteilsbegründung Eingang zu finden. Das auf Verständnisgewinnung gerichtete Argumentieren tritt dann notwendig zum Konstruieren hinzu[89].

Argumentieren, so läßt sich im Anschluß an *Perelman*[90] sagen, bedeutet erörtern, kritisieren, Gründe dafür und dagegen vorbringen. In diesem Sinne dient das letztlich im topischen Denken gründende Argumentieren der Verwirklichung der Gerechtigkeit[91].

Konstruktion und Argumentation wenden sich auch teilweise an verschiedene Verständnishorizonte. Die Unterscheidung liegt in dem Doppelcharakter der richterlichen Rechtsanwendung begründet: Die Entscheidung dient einmal allgemein und objektiv der Rechtsordnung, ihrer Fortentwicklung, ihrem System, zum anderen dient sie konkret

---
[84] Wertung, S. 15.
[85] Zur Rechtsschöpfung im Sinne einer „Invention" außerhalb logisch-deduktiver und induktiver Verfahren: *Ehrlich*, Grundlegung der Soziologie des Rechts, S. 233 f. (für die „rules of equity" im englischen Recht), S. 328 f. (zu den juristischen Erfindungen ganz allgemein); *Viehweg*, Topik und Jurisprudenz, S. 56.
[86] Siehe oben S. 63 f.
[87] *Perelman*, Über die Gerechtigkeit, S. 137 ff.
[88] Insoweit aber weitgehend bedingt vom Grad der in der Rechtsanwendung erfolgenden Rechtsfortbildung.
[89] Hierauf hat insbesondere *Esser*, Wertung, S. 20 ff., hingewiesen.
[90] Über die Gerechtigkeit, S. 138 f.
[91] *Klaus Vogel*, Der räumliche Anwendungsbereich der Verwaltungsrechtsnorm, S. 365; zum Argumentieren als rationales Verfahren: *Kriele*, Theorie der Rechtsgewinnung, S. 182 ff.

und subjektiv den am Verfahren beteiligten Parteien. In ihrer Erscheinung als Beitrag zum Bau der Rechtsordnung wendet sie sich in erster Linie an die Rechtswissenschaft und ihre Diener. Ihr Interesse ist vornehmlich auf systematische und methodische Erhellung gerichtet. Dem wissenschaftlichen Interesse dient daher insbesondere die „konstruktive" Seite der Entscheidung als Element der Begründung und Überzeugungsbildung. Dagegen werden die am Verfahren Beteiligten, deren wissenschaftliches Interesse an der Entscheidung häufig geringer sein wird, z. B. bei den am Zivilprozeß beteiligten Privatpersonen, und die durch zu viel Akribie und Konstruktion weniger zu gewinnen sein werden[92], durch das (rhetorische) Argument, die sog. „lebensnahe Begründung" von der Richtigkeit des Erkenntnisses eher zu überzeugen sein[93]. So tritt zum konstruktiven Element das praktisch-suggestive Element, das z. B. mit einem Hinweis auf die Folgen der Entscheidung[93a] diese plastisch, d. h. auch für den Laien anschaulich macht und ihm das Mißtrauen vor konstruktiven Manipulationen nimmt[94]. Erst die Argumentation läßt die Entscheidung voll „anschaulich" werden[95]. Das Urteil bedarf aber dieser Anschauung, um zum Rechtserkenntnis zu werden[96].

IV. Methodenehrlichkeit im Dienste der Rechtsfindung und der Richtigkeitskontrolle

Unter den verschiedenen Aufgaben, die den Urteilsgründen zugeschrieben werden, soll der Zwang zur Begründung den Richter auch zur richtigen Rechtsfindung leiten und eine Richtigkeitskontrolle dieser Rechtsfindungsergebnisse ermöglichen. Daraus folgt für den Richter auch die Notwendigkeit einer „Methodenehrlichkeit"[97]. Dieser Zwang ergibt sich insbesondere im Hinblick auf die Neigung der Praxis der Gerichte, diejenige Auslegungsmethode zu wählen, die das gewünschte Ergebnis am besten trägt[98].

---

[92] *Brecher*, Nikisch-F., S. 236; *Engisch*, Wahrheit und Richtigkeit, S. 12: „Man könnte noch geltend machen, daß das Urteil eine befriedigende Funktion habe und nur eine das Rechtsgefühl befriedigende Entscheidung auch befriedigend wirken könne, daß die Parteien auf die rationale Begründung gar nicht hinhören."
[93] *Esser*, Wertung, S. 20 ff.; vgl. auch *Bartholomeyczik*, Die Kunst der Gesetzesauslegung, S. 10 ff.
[93a] *Kriele*, Kriterien der Gerechtigkeit, S. 65 ff.
[94] *Esser*, Wertung, S. 20 ff.
[95] Zur Anschaulichkeit: *Henkel*, Rechtsphilosophie, S. 56 f. mit weiteren Nachweisen.
[96] *Karl Jaspers*, Die großen Philosophen, S. 428, weist bei der Erörterung der Strukturen der Kantischen Erhellung des Erkennens darauf hin, daß der Verstand der Anschauung bedarf, um nicht bloß Denken zu sein, sondern Erkenntnis zu gewinnen.
[97] Vgl. *Brecher*, Nikisch-F., S. 277 ff.; *Scheuerle*, AcP 103, 436.

§ 6 Die notwendigen Voraussetzungen der Richtigkeit des Urteils

Die dem Richter aufgetragene Aufgabe der Rechtsfindung kann sich mit einfacher Gesetzesauslegung befassen oder aber der Konkretisierung ausfüllungsbedürftiger Rechtsbegriffe und der Rechtsfortbildung im engeren Sinn dienen, d. h. der Ausfüllung von Gesetzeslücken und der Umbildung gesetzlicher Regelungen und der Ausbildung neuer Rechtsinstitute. Ist der Richter einerseits zur Rechtsfindung berufen, so wird von ihm andererseits die Beobachtung eines bestimmten planmäßigen Vorgehens verlangt; denn Freiheit und Unabhängigkeit des Richters bei der Rechtsfindung entsprechen der Bindung an eine kontrollierbare Methodik. Die Methode dient dazu, das „richtige" Recht zu finden bzw. die intuitiv gefundene Entscheidung auf ihre Richtigkeit hin zu überprüfen. Bei der Rede vom „richtigen" Recht handelt es sich allerdings um eine contradictio in adiecto, da es „unrichtiges" Recht begrifflich nicht geben kann. Dieses ist bereits Unrecht[99]. Da dieser Sprachgebrauch jedoch weit verbreitet ist, soll er trotz der geäußerten Bedenken beibehalten werden. Richtigkeit wird hier — wie bereits ausgeführt — im Sinne des zureichenden Erkenntnisgrundes der Entscheidung verstanden und ist damit unmittelbar auf die Begründung bezogen[100].

Seit *Savigny* unterscheiden wir zwar grammatische, logische, historische und systematische Auslegungskriterien[101], ohne aber gleichzeitig auf eine gesicherte Rangfolge unter diesen Auslegungskriterien zurückgreifen zu können[102]. Die Praxis war und ist entsprechend unsicher. Die Kritik der Freirechtsbewegung entzündete sich daher zu Recht an der virtuosen Handhabung verschiedener Auslegungsregeln, die unter dem Anspruch logischer Folgerichtigkeit nur das befriedigende Ergebnis nachträglich methodisch rechtfertigten. Der Vorwurf war der einer mangelnden Methodenehrlichkeit, der unterlassenen Rechtfertigung, aus welchen Gründen das gewählte Auslegungsverfahren geboten war[103].

Das Gebot, das jeweils gewählte Auslegungsmittel zu rechtfertigen, in den Entscheidungsgründen oder zumindest durch sie, ist schon des-

---

[98] *Esser*, Grundsatz und Norm, S. 117; *Th. Heller*, Logik und Axiologie, S. 110 f.; *Fritz Werner*, Leibholz-F. II, S. 153.
[99] *Arthur Kaufmann*, Erik Wolf-F., S. 383. — Zum Problem des „Richtigen Rechts" allgemein, siehe insbesondere *Henkel*, Rechtsphilosophie, S. 379 ff. mit umfangreichen Schrifttumsnachweisen.
[100] Zum wechselnden Sprachgebrauch: *Engisch*, Wahrheit und Richtigkeit, S. 12.
[101] System I, S. 213 f.
[102] *Savigny*, System I, S. 215, lehrt zwar, daß man nicht nach „Geschmack und Belieben" unter diesen Auslegungskriterien wählen könne, „sondern es sind vier verschiedene Tätigkeiten, die vereinigt werden müssen, wenn die Auslegung gelingen soll". Sichere Anhaltspunkte gibt Savigny jedoch nicht. Siehe auch *Engisch*, Einführung, S. 77 ff.; *Larenz*, Methodenlehre, S. 8 ff.
[103] *Wurzel*, Das juristische Denken, S. 16; *Kantorowicz*, Der Kampf um die Rechtswissenschaft, S. 36. Ferner *Ehrlich*, Die juristische Logik, S. 149; *Rad-*

halb von erheblicher Bedeutung, weil es der Rechtswissenschaft bis heute nicht gelungen ist, eine gesicherte Ordnung der Auslegungsregeln zu schaffen[104]. Die Unsicherheit zeigt sich bei der Rechtsanwendung, bei der sogleich zwei Auslegungsmittel zur Verfügung stehen, „die zu diametral entgegengesetzten Ergebnissen führen"[105]: Analogie oder Umkehrschluß, extensive oder restriktive Interpretation. Dem resignierenden „non possumus" *Radbruchs* sollte nicht zu schnell gefolgt werden, wenn er ausführt: „Die Auslegung ist also das Ergebnis — ihres Ergebnisses, das Auslegungsmittel wird erst gewählt, nachdem das Ergebnis schon feststeht, die sogenannten Auslegungsmittel dienen in Wahrheit nur dazu, nachträglich aus dem Text zu begründen, was in schöpferischer Ergänzung des Textes bereits gefunden war[106] ..." Aus der Ungewißheit darüber, welche Auslegungskriterien am Platz sind, wird dann vielfach gefolgert, man könne nur von Fall zu Fall diejenige Auslegungsmethode wählen, die zu befriedigenden Ergebnissen führe[107].

Gegenüber diesem Pointillismus und der Zufälligkeit methodologisch gerechtfertigter Begründungen hebt *Esser*[108] die Notwendigkeit einer Lehre von der Hierarchie der Interpretationsmittel hervor. Versuche in dieser Richtung sind von *Engisch*[109], *Larenz*[110] und *Siebert*[111] unternommen worden, ohne daß eine endgültige Klärung bereits erfolgt wäre. Es ist daher stets zwischen verschiedenen Auslegungsverfahren zu wählen, die der Subjektivität des Richters allerdings weiten Spielraum lassen[112]. Seine Entscheidung, die niemals Willkür sein darf, unterliegt jedoch hinsichtlich der getroffenen Wahl eines bestimmten Interpretationsverfahrens dem Gebot ihrer Rechtfertigung in den Entscheidungsgründen. Die noch ausstehende konstruktive und systematische Bewältigung dieser methodologischen Probleme verweist den Richter weitgehend auf das Argument als Mittel der Urteilsbegründung. Von diesem Argumentieren gilt aber, was insbesondere *Esser*[113] hervor-

---

bruch, Archiv für Sozialwissenschaft und Sozialpolitik 22 (1906), 365 ff.; *Siebert*, Gesetzesauslegung, S. 10 ff., 37 ff.
[104] z. B. *Zweigert*, Studium Generale 1954, 385.
[105] *Arthur Kaufmann*, Erik Wolf-F., S. 389.
[106] Einführung, S. 166, und Archiv für Sozialwissenschaft und Sozialpolitik 22 (1906), 365. Im Anschluß an *Radbruch*: *Arthur Kaufmann*, Erik Wolf-F., S. 389.
[107] Vgl. *Engisch*, Einführung, S. 82. Sehr prononciert für dieses Verfahren tritt *Isay*, Rechtsnorm und Entscheidung, S. 149, ein, der meint, erst wenn die Entscheidung gegeben sei, lasse sich ermessen, ob die zu ihrer Begründung erforderliche Norm im Wege des Analogieschlusses oder des Umkehrschlusses zu bilden sei. *Arthur Kaufmann*, Erik Wolf-F., S. 389; *Th. Heller*, Logik und Axiologie, S. 116 f.; *Zippelius*, Wertungsprobleme, S. 10, 68.
[108] Grundsatz und Norm, S. 117.
[109] Einführung, S. 82 ff.
[110] Methodenlehre, S. 257 ff.
[111] Gesetzesauslegung, S. 38 ff.
[112] *Engisch*, Wahrheit und Richtigkeit, S. 18.

gehoben hat, daß es „nur dann eine überzeugende ‚Begründung' der schon gefundenen Lösung" darstelle, „wenn damit jenes ‚Verständnis' bezeugt wird, das wörtlich den Weg zur Lösung gezeigt hat."

An dieser Stelle zeigt sich in der Tat eine starke Annäherung an die Auffassung, die das verstehende, deutende, interpretatorische Verfahren als seinem Wesen nach topisch begreift, d. h. den gedanklichen Ansatz bei der Bewältigung der Rechtsfindungsaufgabe weniger vom System als von Problemkreisen aus gewinnt[114]. Praktisch bedeutet das, daß der Richter eine Reihe von Auslegungsgesichtspunkten und Argumenten abwägen muß[115]. Die hierdurch bedingten wechselnden methodischen Einlassungen der Praxis müssen aber als solche in der richterlichen Entscheidung ausdrücklich und in erkennbarer Weise gerechtfertigt werden, um sie der Kritik und der Nachprüfung zugänglich zu machen. Die so gewonnene und überprüfte Entscheidung kann allerdings nie mit letzter Gewißheit die Richtigkeit ermitteln, sondern nur deren Grenzen aufzeigen[116].

§ 7 Methodische Anforderungen an den Vorgang richterlicher Rechtsfindung als Maßstab bei der Bestimmung von Inhalt und Umfang richterlicher Rechtsausführungen in den Entscheidungsgründen

I. Die methodisch geleitete Rechtsfindung in den verschiedenen Stufen richterlicher Rechtsfortbildung

Da die von methodischen Überlegungen geleitete richterliche Rechtsfindung ihrem Wesen nach ein Erkenntnisprozeß ist, muß dieser grundsätzlich rational, zumindest aber einsichtig und anschaubar nachzuvollziehen sein. Inhalt und Umfang der Rechtsausführungen in den Urteilsgründen sind daher von Wesen und Ausmaß des richterlichen Erkenntnisprozesses abhängig. Von besonderem Interesse sind hier die Situationen, in denen der Richter über die Fälle einfacher Gesetzes-

---

[113] Studium Generale 1954, 374.
[114] *Coing,* Auslegungsmethoden, S. 22 f.; *Viehweg,* Topik und Jurisprudenz, durchgehend. — Im Unterschied zum axiomatischen Denken, das ein deduktiv-systematisches geistiges Gefüge voraussetzt, kann es im topischen Rechtsdenken von vornherein keine eindeutigen, durch Kalkülisierung zu ermittelnden methodischen Verfahren geben.
[115] *Coing,* Auslegungsmethoden, S. 23.
[116] Vgl. etwa *Engisch,* Wahrheit und Richtigkeit, S. 18, der ausdrücklich darauf hinweist, daß selbst eine methodengerecht gewonnene juristische Entscheidung nur die Grenzen des Richtigen absteckt.

interpretation hinaus stärker rechtsschöpferisch tätig wird. Sie werden ihrer Bedeutung entsprechend eingehender gewürdigt werden.

1. Präzisierung des Rechts

In den Fällen, die wir im Anschluß an *Larenz* als bloße „Präzisierung" des Rechts bezeichnet haben, fehlt dem Richter das Bewußtsein, das Recht fortzubilden. Er will lediglich in seinem Urteil zum Ausdruck bringen, was das Gesetz bereits sagt. Er will es gleichsam „selbst sprechen lassen[1]".

Methodologisch stellt sich auch dieses Verfahren als die Aufschlüsselung der Tatsachenwelt dar, die in der Sprache evident geworden und in der juristischen Begriffssprache als „geregelte Sachverhalte" in die Welt des Normativen geführt worden ist. Gerade bei der Präzisierung des Rechts wird die Anknüpfung an die allgemeine Sprach- und Sachbezogenheit aller Normen besonders deutlich. Daher muß auch die Sprache bereits in sich gegründet sein, d. h. in ihrem Ausdruck, ihrer Wortwahl, ihrer Wort- und Satzfolge. Eine forcierte Bewußtseinserhellung dieser Tätigkeit als rechtsschöpferischer Interpretation würde jedoch Rechtsausführungen von einer Länge hervorrufen, die in keinem notwendigen Verhältnis zum Grad der tatsächlichen Rechtsfortbildung stehen. Rechtsausführungen können andererseits auch nicht völlig fehlen, da das Ergebnis der Auslegung selten „vorher mit einer solchen Sicherheit" feststeht „wie das einer Rechenoperation"[2]. Dem wäre hinzuzufügen, daß auch in den meisten Fällen von Rechenoperationen eine Reihe von Überlegungen erforderlich sind, die das Ergebnis erst tragen, anschaulich und einsichtig machen, wenn die einzelnen Glieder der Gedankenoperation dem Ergebnis vorausgestellt sind.

Da in der Präzisierung immer zugleich auch ein Stück Interpretation und verstehender Deutung beschlossen liegt, die als solche seit jeher den Argwohn der Nichtjuristen hervorgerufen hat[3], erweisen sich Rechtsausführungen auch aus diesem Grunde als notwendig. Die Risiken, die dieses interpretierende Vorgehen für das Vertrauen in den wissenschaftlichen Wahrheitsgehalt richterlicher Erkenntnisse in sich birgt, sind durch sorgfältig abgefaßte und überzeugende Gründe vorbeugend auszugleichen.

2. Konkretisierung des Rechts

Im Bereich der Konkretisierung „ausfüllungsbedürftiger Begriffe", „Generalklauseln", „Blankettnormen" usw. läßt sich eingehend auf-

---
[1] *Larenz*, NJW 1965, 2; Rechtfortbildung, S. 1, Methodenlehre, S. 273. Ebenso *Esser*, Studium Generale 1954, 373.
[2] *Larenz*, Methodenlehre, S. 274.
[3] *Viehweg*, Studium Genrale 1958, 338; *Wengler*, NJW 1959, 1705.

§ 7 Methodische Anforderungen

zeigen, wie der vom Richter geforderte Rechtsfindungsvorgang auch darüber befindet, in welchem Ausmaß die Erwägungen mitgeteilt werden müssen, die zu dem Rechtsfindungsergebnis geführt haben. Da es dem Richter untersagt ist, nur nach seinem Rechtsgefühl oder nach Gutdünken zu urteilen[4], werden die Kriterien, an denen er sein Rechtsbewußtsein schulen muß, auch zu Aussagen in der Begründung. Die Darstellung dieser Kriterien wird zur Mitteilung des Erkenntnisgrundes. Damit ist die notwendige Nachprüfbarkeit der Urteilsgrundlagen gewährleistet.

Die Kriterien oder Prinzipien für die richterliche Normgestaltung sind zunächst der mit dem Grundgesetz verwirklichten Wertordnung zu entnehmen[5]. Daneben kommen die in den Gesetzen enthaltenen Maßstäbe in Betracht[6], die von der Rechtsprechung aufgenommen und zu Grundsätzen und Prinzipien weiterentwickelt worden sind[7]. Neben diesen in Verfassung und Gesetzen zum Ausdruck gekommenen Maßstäben verweisen die Generalklauseln den Richter aber allgemein auf nicht kodifizierte Wertprinzipien und außerrechtliche Maßstäbe[8].

Mit der Einbeziehung außerrechtlicher Maßstäbe in den Kreis der Rechtsfindungsprinzipien wird insbesondere die „soziale Wirklichkeit" in die Rechtsordnung integriert[9]. Diese Erkenntnis ist den Bemühungen zu verdanken, die die Norm in ihrer allgemeinen Sprach- und Sachbezogenheit wieder entdeckt haben[10]. Soweit die Rechtsprechung aber Normen des Naturrechts zur Einzelfallentscheidung heranzieht, begnügt sie sich „in der Regel mit der Feststellung der Evidenz einer naturrechtlichen Norm. Die Frage nach Geltungsgrund, Rang und Begrün-

---

[4] *Larenz*, Methodenlehre, S. 192, und JZ 1962, 106; *Wieacker*, Gesetz und Richterkunst, S. 9. Vgl. auch *Coing*, Auslegungsmethoden, S. 24; *Forsthoff*, Recht und Sprache, S. 27, der zutreffend gegen Isay gerichtet betont, daß es nicht angehe, die Rechtsfindung in der Irrationalität der einzelnen Richterpersönlichkeit untergehen zu lassen. — Zu den Auffassungen, die in den Generalklauseln „ein Einfallstor der Willkür, besonders des politischen Interesses und der politischen Pression" sehen: *Wieacker*, Präzisierung, S. 9.
[5] *Wieacker*, Gesetz und Richterkunst, S. 12; *Larenz*, Allgemeiner Teil, S. 36 ff. Vgl. auch *G. Husserl*, Recht und Welt, S. 93 f. Eingehend zur Frage der Positivierbarkeit von Verfassungsprinzipien: *Esser*, Grundsatz und Norm, S. 69 ff.
[6] *Westermann*, Wesen und Grenzen, S. 40, weist betont darauf hin, daß es dem Richter obliege, die im allgemein wirkenden und bindenden Gesetz konkretisierte Gerechtigkeitsidee streitentscheidend auf den Einzelfall anzuwenden. — Zur allgemeinen Rechtfertigung des Interpretationsergebnisses: *Kriele*, Theorie der Rechtsgewinnung, S. 167 ff.
[7] *Larenz*, Methodenlehre, S. 192; *Wieacker*, Gesetz und Richterkunst, S. 10, 12 f.
[8] Siehe oben § 4 II 2.
[9] Zur Kritik: *Forsthoff*, DÖV 1959, 41 ff., NJW 1960, 1273 ff., Carl Schmitt-F., S. 35 ff., und Zur Problematik der Verfassungsauslegung, durchgehend. Hiergegen u. a. *Arthur Kaufmann*, Erik Wolf-F., S. 394 f. mit weiteren Nachweisen (Note 121); vgl. auch *Wieacker*, Erik Wolf-F., S. 451.
[10] Hierzu: *Esser*, Grundsatz und Norm, S. 210, und JZ 1953, 521 ff.

dungszusammenhang wird zuerst ausgeklammert[11]." Der Rückgriff auf die „soziale Wirklichkeit" wird daher zu einem methodologisch relevanten Auslegungsgesichtspunkt, der die Gerichte grundsätzlich auch befugt, eine feststehende Rechtsprechung aufzugeben[12]. In dem Maße, in dem jedoch die „soziale Wirklichkeit", die „Rezeption des Soziallebens"[13] zu Mitteln der Gesetzes- und Verfassungsinterpretation werden, wird der Richter auf die Fülle der Tatsachen und Wertvorstellungen verwiesen, die diese Wirklichkeit konstituieren[14].

Ein nicht zu unterschätzendes praktisches Problem ist, wie sich der Richter die zur Rechtsfindung notwendigen Tatsachen verschaffen soll. Die Lösung dieses Problems könnte auf die grundsätzliche Aufgabe der kontinental-europäischen Rechtsauffassung „iura novit curia" hinauslaufen. Ob allerdings die deutsche Anwaltschaft unter ihrer gegenwärtigen Struktur der Aufgabe gewachsen sein würde, den Parteienvortrag durch Material zur Rechtsfindung zu ergänzen, dürfte zweifelhaft sein. Das Ergebnis wird daher in der Praxis ein sehr verkürzter richterlicher Erkenntnisvorgang sein, soweit die fruchtbare Verwendung außerrechtlicher Maßstäbe von der Kenntnis sozialer Lebensvorgänge und -verhältnisse, von Wirtschaftsabläufen u. a. abhängt.

Dagegen ist die Verwendung nicht kodifizierter Wertprinzipien für die Rechtsfindung in hohem Maße von der eigenen Erfahrung des Richters bedingt. Diese Erfahrung prägt das Rechtsbewußtsein des Richters. Der Vorgang, auf dem diese Erfahrung gewonnen wird, kann mit *Larenz*[15] als ein fortgesetztes Austauschverhältnis bezeichnet werden, in dem sich das Rechtsbewußtsein des Richters mit dem allgemeinen Rechtsbewußtsein seiner Zeit befindet. *Wieacker*[16] spricht von einem „Konsens der Rechtsdenkenden der Zeit", der hergestellt werde. *Esser*[17] hat für diesen Vorgang die Bezeichnung „Integrationsvorgang" gewählt. Für *Brusiin*[18] ist diese Ausrichtung richterlicher Rechtsüberzeugung an der allgemeinen Rechtsüberzeugung die „soziale Kontrolle" der Rechtsprechung. Insoweit wird die vox populi zwar nicht zur vox dei, wohl aber zur vox iuris[19]. Daß der Richter andererseits nicht zu einer „Art Seismograph" werden darf, „der nur noch auf die Bewegungen der jeweils wirkenden Kräfte der Gesellschaft reagiert"[20], ist ebenso einleuchtend.

---
[11] *Gebhard Müller*, Naturrecht und Grundgesetz, S. 16.
[12] BVerfGE 18, 224, 240 f.; *Kriele*, Theorie der Rechtsgewinnung, S. 187 ff.
[13] *Pestalozzi*, Der Staat 2 (1963), 440.
[14] *Esser*, Studium Generale 1954, 379; *Wieacker*, Erik Wolf-F., S. 451; *Larenz*, Jurisprudenz als Wissenschaft, S. 13.
[15] Methodenlehre, S. 192.
[16] Gesetz und Richterkunst, S. 13.
[17] Grundsatz und Norm, S. 60.
[18] Objektivität, S. 49.
[19] Vgl. *Wieacker*, Gesetz und Richterkunst, S. 13.
[20] *Wengler*, NJW 1959, 1707.

§ 7 Methodische Anforderungen

Es ist allerdings schwierig, genaue und verbindliche Maßstäbe in der Welt der sozialen Wirklichkeit und des allgemeinen Wert- und Rechtsbewußtseins aufzufinden, die den Richter in rationaler und damit nachprüfbarer Weise bei der Rechtsfindung leiten könnten. Erleichtert wird dem Richter aber die Arbeit, sobald sich die Mächtigkeit dieser Verhältnisse, Interessen, Wertvorstellungen und Bewußtseinslagen zu Grundsätzen und Prinzipien verdichtet und bereits ihren Niederschlag in Gerichtsentscheidungen und im Schrifttum gefunden haben. Den Urteilen und Schrifttumsäußerungen kommt daher auch unter diesem Gesichtspunkt eine erhebliche Bedeutung zu[21].

Die Maßstäbe, die der Richter in anderen Gerichtsurteilen sucht, findet er auf dem Wege der Fallvergleichung[22]. Eine besondere Bedeutung kommt hier den höchstrichterlichen Urteilen, insbesondere denen des Bundesverfassungsgerichts zu. Sofern daher die tragenden tatsächlichen und rechtlichen Gesichtspunkte nicht einleuchtend und überzeugend in den Urteilen, insbesondere der höheren Gerichte dargelegt sind, fehlt es an tauglichen Maßstäben für eine Fallvergleichung und damit für die Rechtsfortbildung.

Bedeutung und Notwendigkeit sorgfältig und vollständig dargestellter Erkenntnisgründe beruhen auf der Einsicht, daß die richterliche Kasuistik ausgleichend der mit den Generalklauseln in das Rechtsleben hineingetragenen (relativen) Rechtsunsicherheit entgegenwirkt[23]. Diese Kasuistik[24] ist ein entscheidender „Stabilitätsfaktor", „weil sie wie jede Rechtsprechung selbst regelbildend wirkt"[25]. Bei einer mangelhaften Begründung kann die richterliche Kasuistik aber keine stabilisierende Wirkung entfalten und die mit den Generalklauseln hervorgerufene Rechtsunsicherheit nicht überwinden[26]. Die stabilisierende Wirkung

---

[21] *Larenz*, Jurisprudenz als Wissenschaft, S. 16: „Die Rechtswissenschaft gibt dem Richter nicht nur die empirischen Unterlagen für eine sachgerechte Wertung an die Hand, sondern auch die im Gesetz enthaltenen, mehr oder minder deutlich ausgesprochenen Wertungsmaßstäbe", und S. 22 ff.
[22] *Larenz*, Methodenlehre, S. 192, JZ 1962, 106, NJW 1965.
[23] Vgl. *Germann*, Probleme und Methoden, S. 246 ff.
[24] *Esser*, Grundsatz und Norm, S. 151: „Erst die Kasuistik teilt uns mit, was Rechtens ist."
[25] *Esser*, Grundsatz und Norm, S. 277. Ebenso *Larenz*, Rechtsfortbildung, S. 2. Ähnlich *Zweigert*, Studium Generale 1954, 380, 384, der darauf hinweist, daß der „vorsichtige Richter... Bedacht auf das Stabilitätsinteresse aller Rechtsprechung legen und Entscheidungen anderer Gerichte in den Auslegungsvorgang einbeziehen und sich mit ihnen auseinandersetzen" wird. — Zur „Stetigkeit" richterlichen Urteilens siehe auch *Ehrlich*, Grundlegung der Soziologie des Rechts, S. 143; *Spanner*, oeZöR NF 16 (1966), 436. Zum Festhalten an Präjudizien aus Gründen der Stetigkeit (Rechtssicherheit): *Germann*, Probleme und Methoden, S. 298 f.
[26] *Larenz*, Jurisprudenz als Wissenschaft, S. 13, weist insbesondere auf das Fehlen einer formellen Bindung der Gerichte an Präjudizien hin und folgert daraus: „Sollen daher die obersten Gerichte ihrer Aufgabe der Sicherung einer einheitlichen Rechtsprechung genügen, so müssen sie *durch Gründe überzeugen.*" Vgl. auch *Arthur Kaufmann*, Erik Wolf-F., S. 386.

zeigt sich insbesondere in der Herausbildung einer „ständigen Rechtsprechung"[27]. Die schrittweise sich von Fall zu Fall vortastende tatbestandsmäßige Ausbildung eines Rechtssatzes bedeutet gegenüber dem Gesetz ohnehin eine längere Zeit der Rechtsunsicherheit, die sich vergrößert, wenn die Untergerichte den Erkenntnissen der Obergerichte nicht folgen[28]. Es soll auch nicht verkannt werden, daß, wie *Max Weber*[29] ausführt, „die juristische Präzision der Arbeit, wie sie sich in den Urteilsgründen ausspricht", ohnehin durch den Rückgriff auf die „soziale Wirklichkeit" statt auf juristische Begriffe nachläßt. Eine mangelhafte Begründung leistet ferner keinen Beitrag zu der sich in den Einzelfallentscheidungen vollziehenden Entwicklung allgemeiner Prinzipien im Sinne einer Systemverfestigung, weil der Grund der Erkenntnis nicht erfaßbar und tradierbar wird. Die Bedeutung der Fallvergleichung und die Notwendigkeit ihres Nachweises wird für diejenigen von größerem Gewicht sein, die den Möglichkeiten des „Systems" für die Rechtsfindung nur begrenztes Vertrauen entgegenbringen und stattdessen topisch, d. h. von Problemkreisen aus vorgehen[30].

An dem Austausch der Gedanken, der in dem „dialektischen Prozeß" verdeutlicht wird, nimmt auch das *Schrifttum* teil, durch das dem Richter neue Rechtsgedanken, die Entwicklung der Rechtsprechung und der Lehre nahegebracht werden[31]; denn Aufgabe der theoretischen Rechtswissenschaft ist es letztlich, der gerechten Entscheidung im Einzelfall zu dienen[32]. In diesem ihrem wissenschaftlichen Bemühen ist die „Rechtsdogmatik von der Praxis zu respektieren"[33].

Das richterliche Urteil soll diesen dialektischen Prozeß der Rechtsfindung verdeutlichen. Der Richter ist daher gehalten, auch das einschlägige Schrifttum zu entscheidungserheblichen Fragen zu konsul-

---

[27] *Germann*, Probleme und Methoden, S. 229, ist durchaus zuzustimmen, daß zwischen einer ständigen Rechtsprechung und „einem einzelnen eingehend begründeten Präjudiz" kein prinzipieller Unterschied besteht. Ferner *Larenz*, Allgemeiner Teil, S. 8.

[28] Als Beispiel sei hier die Weigerung zahlreicher Untergerichte genannt, der Rechtsprechung des Bundesgerichtshofs zur Frage des Geldersatzes bei Persönlichkeitsverletzungen zu folgen. So haben die Oberlandesgerichte Schleswig (SchlHOLG 30. 11. 1959, JZ 1961, 573), Frankfurt (OLG Frankfurt 9. 5. 1962, NJW 1962, 206), Karlsruhe (OLG Karlsruhe, ZS Freiburg 5. 7. 1962, NJW 1962, 2061, aufgehoben durch BGH 5. 11. 1963, DB 1964, 31 = BB 1964, 150) und München (OLG München 6. 2. 1963, VersR 1963, 1086) das Enumerationsprinzip des § 253 BGB weiterhin für verbindend erachtet. Hierzu auch *Bötticher*, AcP 158, 401 und MDR 1963, 353; *Larenz*, Schuldrecht II, S. 420, und NJW 1958, 827; *Stoll*, Geldersatz für immateriellen Schaden, S. 9.

[29] Wirtschaft und Gesellschaft II, S. 512.

[30] Siehe oben § 5 II 2 a.

[31] So *Larenz*, Methodenlehre, S. 192, und JZ 1962, 106; *Germann*, Probleme und Methoden, S. 253 f.; *Esser*, Studium Generale 1954, 375, zum „wissenschaftlich kontrollierten Rechtsbewußtsein" des Richters.

[32] *Coing*, Auslegungsmethoden, S. 23.

[33] *Wieacker*, Präzisierung, S. 5.

tieren. Das gilt insbesondere dann, wenn Schrifttumsmeinungen bereits zur „bewährten Lehre" geworden sind[34]. Die Aufgabe der „bewährten Lehre" ist der einer „ständigen Rechtsprechung" durchaus vergleichbar. Ob eine Meinung dagegen „herrschend" ist oder nicht, ist grundsätzlich unerheblich; denn die Richtigkeit einer Rechtsauffassung bemißt sich nicht nach der Zahl ihrer Anhänger, sondern sie erweist sich allein in der Begründung.

Damit ist jedoch nicht gesagt, daß der Richter jede versteckte literarische Äußerung aufsuchen muß. Sofern aber Rechtsfragen in Kommentaren, Lehrbüchern, Monographien und Zeitschriften seines Rechtsgebietes erörtert werden, darf er einer Diskussion nicht ausweichen. Das gilt insbesondere dann, wenn ihm diese Äußerungen durch die Parteien des konkreten Rechtsstreits nahegebracht werden. Dabei kann im einzelnen die grundsätzliche Bedeutung der Rechtsfrage für die Parteien und die Rechtsgemeinschaft den Grad der Auseinandersetzung bestimmen. So müssen z. B. Fragen der Verfassungsmäßigkeit einer anzuwendenden Vorschrift, wenn diese mit erheblichen Gründen angezweifelt wird, in den Urteilsgründen erkennbar geprüft werden. Auch der Rang oder die allgemeine Wertschätzung eines Autors kann (braucht allerdings nicht) ein Indiz für die Erheblichkeit der Schrifttumsmeinung sein, weil hieran sein Einfluß auf das allgemeine Rechtsbewußtsein u. U. abgelesen werden kann. Unterbleibt nun ein erheblicher Teil dieser Diskussion in den Urteilsgründen, so kann zwar das Urteil aus den mitgeteilten Äußerungen und Erwägungen verständlich bleiben. Es ist aber unvollständig, weil es Entscheidendes verschweigt. Es vermag nicht zu überzeugen und bleibt als wissenschaftliches Rechtserkenntnis wertlos.

3. Echte Rechtsfortbildung

Diese Grundsätze, ihre Einhaltung und Berücksichtigung in den Urteilsgründen gewinnen eine gesteigerte Bedeutung für die Kontrolle der Richtigkeit des gefundenen Ergebnisses[35] in den Fällen der sog. echten richterlichen Rechtsfortbildung, d. h. der Lückenausfüllung und der Rechtsfortbildung praeter (oder contra) legem. Denn gerade hier werden die Grenzen eines „exakten" oder „logischen" Argumentierens sehr bald sichtbar[36]. Da die Ansatzpunkte zum geltenden Recht häufig sehr schwierig zu finden sind, hat der Richter in diesen Fällen in ver-

---

[34] *Meier-Hayoz*, Der Richter als Gesetzgeber, S. 92 f., 101 ff.; *Esser*, Grundsatz und Norm, S. 83, 255, 302 f., 314.
[35] *Larenz*, Methodenlehre, S. 273 ff., soweit es die Schaffung und Ausgestaltung eines neuen Rechtsinstituts durch die Wissenschaft betrifft, und Jurisprudenz als Wissenschaft, S. 17 f. Ähnlich *Betti*, in Raape-F., S. 386.
[36] *Esser*, Grundsatz und Norm, S. 236.

stärktem Maße das Rechtsbewußtsein seiner Zeit, das sich in gesetzten Normen (außerhalb des konkreten Streitfalles), den Entscheidungen anderer Gerichte und dem Schrifttum äußert, zu befragen, um seine Rechtsfindung in das Gesamtgefüge der Rechtssätze und rechtlichen Wertungen einzufügen. Die Urteilsgründe sollen und müssen diesen dialektischen Prozeß verdeutlichen, wenn die rechtsfortbildende Entscheidung ihren Rang als Rechtserkenntnis wahren soll[37]. Da aber zwischen den einzelnen Formen der Rechtsfortbildung kein wesensmäßiger, sondern nur ein gradueller Unterschied besteht, erübrigt es sich, auch wesensmäßig unterschiedliche Anforderungen an die Begründungspflicht zu stellen.

II. Normerkenntnis und Dezision

Die Überlegungen zu einer methodisch geleiteten Rechtsfindung als Maßstab für die Ermittlung des Inhalts und des Umfangs richterlicher Rechtsausführungen zur Erfüllung der Begründungspflicht knüpften an die Einsicht an, daß das richterliche Urteil in seinen Grundzügen ein rationales Erkenntnis ist. Allerdings auch nur in seinen Grundzügen. Der hermeneutische Charakter des Erkenntnisgegenstandes schließt ein auf systematisch-methodischem Wege nur schwer überprüfbares Abwägen und Deuten ein. Dieses Verfahren tritt uns insbesondere im richterlichen Werten entgegen.

Das im Werten enthaltene willensmäßige Element wirft aber die Frage des dezisionistischen Charakters richterlicher Erkenntnisse auf, das die Begründungsmöglichkeiten solcher Wertungsergebnisse als problematisch erscheinen läßt.

Versteht man nämlich diese Dezision als ein wesensmäßig unkontrollierbares richterliches Wollen, das z. B. in Fällen richterlicher Rechtsfortbildung an die Stelle eines erhellenden methodischen Verfahrens tritt, weil dessen Möglichkeiten unzulänglich seien, so könnte es sich allerdings um einen echten und für die Begründung schwer zu lösenden Widerspruch der bisher vertretenen Normerkenntnis im Verhältnis zur Dezision handeln. Von einer rein dezisionistischen Entscheidung kann nämlich durchaus gesagt werden, daß sie keinen rechtswissenschaftlichen Erkenntnischarakter mehr hat. Sie ist wesensmäßig ein politischer Akt und bestimmt die gesetzgeberische Tätigkeit[38]. Die Frage

---

[37] *Larenz*, NJW 1965, 10: „Darum bedarf die Rechtsfortbildung einer besonders sorgfältigen Begründung, die erkennen läßt, daß und warum sie aus rechtlichen Gründen geboten ist", ebenso in Jurisprudenz als Wissenschaft, S. 19 f. Ferner *Wieczorek*, ÖJZ 1966, 423: „Der Gesetzgeber gibt die Regel unmittelbar, der Richter durch die seinen Spruch tragende Begründung."

[38] *Westermann*, Wesen und Grenzen, S. 5 f., 31.

§ 7 Methodische Anforderungen

der *Zulässigkeit* dezisionistischer Entscheidungen ist daher ein bedeutsames verfassungsrechtliches Problem. *Forsthoff*[39] zählt zum Bereich *dezisionistischer* Rechtssetzungen Entscheidungen, die „wesentlich nach praktischen Gesichtspunkten" getroffen werden und „vom Zweck her bestimmt" seien. Diesem „Kunstgebilde der Zweckverwirklichung", das immer mehrere „denkbare Regelungen und Gestaltungen" zuließe, unter denen „die vorteilhafteste Lösung" zu finden sei, setzt er die *schöpferische* Rechtssetzung entgegen. Diese sei „unmittelbar Ausdruck eines ethischen Rechtsgedankens". Eine Freiheit der Wahl zwischen verschiedenen Lösungsmöglichkeiten fehlt daher. Der richterlichen Rechtsfindung entspricht aber wenigstens der Idee nach nur eine mögliche Entscheidung[40]. Dementsprechend ist dem Richter die reine Dezision als Grundlage seines Urteils verwehrt.

Dieser Gesichtspunkt rechtfertigt daher auch das grundsätzliche Verbot richterlicher *Alternativbegründungen*[41]. Damit soll jedoch nicht gesagt werden, daß bereits die Verwertung verschiedener und alternativer Auslegungsgesichtspunkte unzulässig ist[42]. Dieses Verbot soll nur verhindern, daß ein und derselbe erkennende Richter zwei Urteilsbegründungen dem Erkenntnis, d. h. dem Urteilsspruch anfügt. Er muß sich entscheiden, wie er das Erkenntnis begründet. Ebensowenig wird damit die sog. „concurring opinion" des mitentscheidenden Richters unmöglich gemacht. Die Möglichkeit divergierender Entscheidungen ist im übrigen bereits in der Schaffung einer Mehrheit von Instanzen vorgezeichnet[43]. Diese wenigen Hinweise verdeutlichen bereits die Grenzen, die einer „der Idee nach nur einen möglichen Entscheidung" gesetzt sind und damit auch die Grenzen, die für eine rein systematisch-methodische Nachprüfbarkeit des Erkenntnisses bestehen[44].

Es kann daher als allgemeine, durch Erfahrung bestätigte Meinung bezeichnet werden, daß Rechtsfindung nicht ein bloßer Erkenntnisvorgang ist, sondern daß Urteilen immer zugleich Werten heißt[45]. Damit ist aber das willensmäßige Element, das jede Entscheidung enthält, anerkannt[46]. Dieses dezisionistische Element jeder Entscheidung, das in der Tat nicht mehr normativ abzuleiten ist[47], ist durchaus als ein Element der Gerechtigkeit zu begreifen und führt nicht zur Unrichtig-

---

[39] Recht und Sprache, S. 10.
[40] *Westermann*, Wesen und Grenzen, S. 22.
[41] *Brusiin*, Objektivität, S. 55.
[42] *Heck*, Gesetzesauslegung, S. 101, 238.
[43] *Isay*, Rechtsnorm und Entscheidung, S. 20 f.
[44] Vgl. auch *Bülow*, Gesetz und Richteramt, S. 6, 29 f.
[45] *Esser*, Wertung, S. 5 ff.
[46] *Larenz*, Methodenlehre, S. 222 ff., NJW 1965, 3, 9. *Engisch*, Einführung, S. 131. — Zu dem in der Gegenwart vollzogenen Übergang von der „Interessenjurisprudenz" zur „Wertungsjurisprudenz", siehe *Larenz*, Methodenlehre, S. 122 ff.; *Henkel*, Rechtsphilosophie, S. 229 f.
[47] *Carl Schmitt*, Hüter der Verfassung, S. 164.

keit der Entscheidung; denn, so läßt sich mit *Perelman*[48] sagen, nur ein naiver Rationalismus hält die Vernunft für fähig, evidente Wahrheiten und unbestreitbare Werte zu finden.

Praktische Schwierigkeiten bereitet es aber, die Grenze zwischen Normerkenntnis und Dezision mit hinreichender Sicherheit zu bestimmen; denn der Bogen von der einfachen und kontrollierbaren Gesetzesanwendung bis hin zum höchstpersönlichen Urteil des entscheidenden Richters ist weit gespannt. Dazwischen liegt eine Vielzahl von Fällen, in denen die Möglichkeit rationaler Erkennbarkeit und damit auch rationaler Begründbarkeit in steigendem Maße abnimmt. In diesem Sinne kann man durchaus von einem „unauflösbaren Rest" sprechen[49]. Dieser Rest kann aber sehr wohl in den Urteilsgründen dargestellt, zumindest als solcher gekennzeichnet werden[50].

Die Grenze zwischen Normerkenntnis und Dezision ist jedoch soweit wie möglich zugunsten rational überprüfbarer Urteilskriterien hinauszuschieben[51]. Der rationale Erkenntnisvorgang darf nicht vorzeitig abgebrochen werden[52]; denn die Dezision ist letztlich immer eine politische Entscheidung, die dem Richter eigentlich verschlossen ist. Auch dort, wo sich, wie beim Urteilsermessen, die Grenzen der Rationalität des Rechts abzuzeichnen beginnen, darf der Richter nicht in das völlig unkontrollierbare Dunkel rein subjektiven Wollens und willkürlichen Urteilens geraten[53]. Das *Erkenntnis* darf nicht zum ausschließlichen *Bekenntnis* werden. Sofern es um Wertungsfragen geht, muß der Richter vielmehr sein Wertbewußtsein am allgemeinen Wertbewußtsein ausrichten. Hierin findet der dialektische Rechtsfindungsvorgang, der das richterliche Rechtsbewußtsein mit dem allgemeinen Rechtsbewußtsein in ständigen Wechselbeziehungen sieht, seine Fortsetzung. Auch dieser Vorgang kann und muß hinreichenden Ausdruck in der Urteilsbegründung finden[54].

Die Flucht in die Dezision wird mit steigendem Schwierigkeitsgrad, rational überprüfbare Urteilskriterien zu finden, an Reiz gewinnen, sei

---

[48] Über die Gerechtigkeit, S. 80.
[49] So *Larenz*, Methodenlehre, S. 221. Ähnlich spricht *Zweigert*, Studium Generale 1954, 383, von einem „ungreifbaren Rest". Ferner *Rösgen*, DÖV 1966, 528: Die Entscheidungen der Revisionsinstanz seien „nicht in jedem Fall rational nachvollziehbar". *Kriele*, Kriterien der Gerechtigkeit, S. 102.
[50] *Larenz*, Jurisprudenz als Wissenschaft, S. 17; *Scheuerle*, AcP 183, 459.
[51] z. B. *Zweigert*, Studium Generale 1954, 385.
[52] *Larenz*, Jurisprudenz als Wissenschaft, S. 16 Note 21.
[53] *Esser*, Studium Generale 1954, 376, ist daher zuzustimmen, daß die juristische Interpretation also zwar normativ und insoweit nicht ohne einen „volitiven" Akt denkbar ist. Aber letzterer ist keine autonome Wertsetzung des Interpreten, sondern ein „nachvollziehendes" Wertverständnis.
[54] Sehr skeptisch hinsichtlich der Verwirklichung aber: *Brusiin*, Objektivität, S. 49: „Nur äußerst selten wird auf eine objektive, sachliche Begründung eingegangen, weil sich dann die Relativität der grundlegenden Wertungen schmerzlich fühlbar machen würde."

es, daß ein systematisch-konstruktiver Zugang zum Erkenntnis überhaupt verschlossen zu sein scheint und vergleichbare Problemerörterungen fehlen, sei es, daß ein intuitives Erkenntnis nicht rational einsichtig begründet werden kann. Auch „emotionale Kurzschlußentscheidungen durch Wertevidenzen"[55], die nicht am allgemeinen Wertbewußtsein überprüft worden sind, können den konstruktiven Weg verkürzen. In allen diesen Fällen ist die Entscheidung ohne Erkenntnisgrund geblieben. Die Warum-Frage ist unbeantwortet gelassen worden. An dieser Stelle nun ist die Versuchung groß, Scheingründe zu geben. Wie in allen Grenzfragen, so ließe sich nämlich auch hier mit dem nötigen Geschick jedes Rechtsfindungsergebnis und jeder Standpunkt begründen[56]. Kann der Richter aber keine juristisch-rationalen oder allgemein objektiv-überprüfbaren Kriterien mehr geben, so verlangt es die intellektuelle Redlichkeit, das „non possumus" offen zu erkennen zu geben und das höchstpersönliche Urteil auch als solches zu bezeichnen[57]. In diesem Sinne heißt es bereits in einem Beschluß des zweiten deutschen Richtertages aus dem Jahre 1911: „Ist ein Gesetz verschiedener Auslegung fähig, so ist der Richter ermächtigt, derjenigen Auslegung, welche dem Rechtsbewußtsein und dem Verkehrsbedürfnis am besten entspricht, den Vorzug zu geben. Eine Entscheidung dieser Art soll der Richter offen mit der Bevorzugung begründen. Er soll vermeiden, die wahren Gründe durch künstliche Argumentation zu verdecken[58]." Auch in den Fällen, in denen die Entscheidung ein willensmäßiges Moment unausweichlich einschließt, ist der Richter seiner Pflicht, Rechenschaft über seine Entscheidung abzugeben, nicht enthoben. Da sich der Richter von irgendeiner Überlegung hat leiten lassen, muß er die Erwägungen, die ihn zu seinem persönlichen Urteil geführt haben, auch darlegen. Begründungstechnisch wird in diesen Fällen das werbende Argument an Stelle der Konstruktion treten.

III. Richterlicher Erkenntnisvorgang und Scheinbegründungen

In einem allgemeinen Sinn kann man an die Wortbedeutung „Schein" anknüpfend die Scheingründe dahin umschreiben, daß sie etwas als Erkenntnisgrund vorgeben, was nie Grund eines Erkenntnisses gewesen ist. Sie sind unwirklich oder besser: „nicht wirklich" und erschließen daher auch nicht die Wirklichkeit der für die Entscheidung bestimmend gewesenen Faktoren. Sie sind somit nicht einmal Gründe im Sinne von Ursachen.

---

[55] *Esser*, Wertung, S. 18.
[56] So zutreffend *Zippelius*, Wertungsprobleme, S. 1.
[57] *Zippelius*, Wertungsprobleme, S. 1 f.
[58] Zitiert nach *Heck*, Begriffsbildung, S. 98 Note 1.

Scheingründe können aber auch nicht als unrichtige, falsche oder irrige Gründe gekennzeichnet werden, da die positive Wendung „richtige Gründe" nur eine sprachliche Verdoppelung darstellt. Das Wort „richtig" sagt nicht mehr aus, als im Wort „Grund" bereits beschlossen liegt[59]. Scheingründe sind vielmehr „Nicht"gründe schlechthin, da sie der bestimmungsgemäßen Funktion von Gründen nicht entsprechen und die Frage nach dem „Warum-so-und-nicht-anders" der Entscheidung nicht beantworten. Die „Kunst des schönen Scheins" im Sinne Schillers, die der Wirklichkeit bewußt entgegengesetzt ist, mag im Bereich der Ästhetik ihre bildende Aufgabe haben[60], für das richterliche Urteil darf sie keine Bedeutung erlangen. *Larenz*[61] spricht zutreffend von einer Fiktion als Mittel der Begründung, die die Wahrheit verschleiere und so die Begründung des Urteils zu einer Scheinbegründung herabsetze. Hinter den vorgebrachten Gründen verbergen sich andere, nicht genannte, die in Wirklichkeit für die richterliche Überzeugungsbildung maßgebend gewesen sind.

Versteht man unter Scheingründen den Widerspruch zwischen mitgeteilten und wahren Erwägungen schlechthin, so wird man eine Scheinbegründung schon dann annehmen, wenn die veröffentlichten Gründe mit den wahren Überlegungen auch unbewußt nicht übereinstimmen[62]. Da aber die Qualifikation einer Begründung als „Scheinbegründung" zugleich einen sittlichen Vorwurf gegen den Richter enthält, wird man als Maßstab für die Unterscheidung zwischen Scheingründen und Erkenntnisgründen die subjektive Ehrlichkeit des Richters entscheiden lassen müssen[63].

Als ein Prototyp einer juristischen Scheinbegründung hat sich sehr häufig die Konstruktion als Mittel der Rechtsfindung erwiesen, soweit sie vorgibt, ein Ergebnis im Wege einer begrifflichen Ableitung gefunden zu haben, wo in Wirklichkeit ein Abwägen, Werten und Deuten stattgefunden hat[64]. Die Konstruktion in diesem Sinne als Erkenntnisgrund der gefundenen Entscheidung verschleiert daher den richterlichen Erkenntnisvorgang und ist von der Kritik der Freirechtsschule und der Interessenjurisprudenz zu Recht als „Kryptosoziologie"[65], „Scheinkonstruktion" oder „Begriffsmaskerade" bezeichnet worden[66]. Die begriffsjuristische Scheinbegründung ist auch heute noch nicht ausgestor-

---

[59] *Laun*, Der Satz vom Grund, S. 54.
[60] Vgl. *Gadamer*, Wahrheit und Methode, S. 80.
[61] Methodenlehre, S. 172.
[62] So *Brecher*, Nikisch-F., S. 227 ff.
[63] *Engisch*, Wahrheit und Richtigkeit, S. 12.
[64] Vgl. *Isay*, Rechtsnorm und Entscheidung, S. 177 f.
[65] Diesen Begriff hat *Ernst Fuchs*, Juristischer Kulturkampf, S. 37 ff., in die Diskussion eingeführt. Ferner *Scheuerle*, AcP 163, 430.
[66] Vgl. *Heck*, Begriffsbildung, S. 95.

ben, wenn sie auch in der Rechtsprechung immer mehr suspekt wird[67]. Sie hat im übrigen allenfalls den „Schein einer größeren Objektivität"[68] auf ihrer Seite als die offene Wertung und Interessenabwägung. Aber der Schein ist schnell zu zerstören, weil die Überzeugungskraft unwirklicher Dinge von Natur aus schwach und allen Angriffen gegenüber anfällig ist.

Die Problematik der Scheingründe zeigt sich nicht nur in dem unauflöslichen Widerspruch, in dem sie zur Wahrheit stehen, sondern sie vereiteln auch eine wesentliche Funktion der Urteilsgründe, nämlich die Richtigkeitskontrolle des Rechtserkenntnisses zu ermöglichen. Scheinbegründungen machen es daher unmöglich, den maßgebend richterlichen Gedankengang nachzuvollziehen. Unerheblich[69] ist in diesem Zusammenhang, ob das Ergebnis letztlich richtig oder unrichtig ist. Da wir für die richterliche Rechtsfindung ein planmäßiges, methodisches Vorgehen verlangen, wird die Richtigkeitskontrolle insbesondere bei mangelnder „Methodenehrlichkeit"[70] vereitelt. Diese Gefahr scheint mit dem Ausmaß der richterlichen Rechtsfortbildung zuzunehmen. Sie ist insbesondere bei der Anwendung von Generalklauseln[71] und der richterlichen Rechtsfortbildung gegeben[72].

Meier-Hayoz[73] spricht von „interpretatorischer Scheinbegründung", da sie häufig als einfache Interpretation ausgebe, was in Wirklichkeit echte Lückenausfüllung und Gesetzesergänzung ist. In diesen Fällen wird dem Gesetz durch Interpretation entnommen, was zuvor hineingelegt worden ist[74]. Zwar bemüht sich die Rechtsprechung weitgehend um positiv-rechtliche Anknüpfungspunkte. Häufig sind sie jedoch nicht mehr als äußere Bezugspunkte, die auch teilweise wiederum nur der Verschleierung des Prozesses der freien Rechtsfindung dienen.

Die bewußte Verwendung von Scheingründen verstößt auch gegen das ethische Gebot richterlicher Redlichkeit oder Wahrhaftigkeit. Diese sittliche Pflicht des Richters ist dann verletzt, wenn die Äußerung der Gedanken nicht mit der Überzeugung des Richters übereinstimmt[75]. Scheingründe enttäuschen daher das Vertrauen der Rechtsgemeinschaft,

---

[67] *Esser*, Wertung, S. 15; *Zippelius*, S. 67 f. Für die Gerichtspraxis der Schweiz: *Meier-Hayoz*, Der Richter als Gesetzgeber, S. 172 ff., 206.
[68] *Heck*, Begriffsbildung, S. 99. Siehe auch *Meier-Hayoz*, Der Richter als Gesetzgeber, S. 272 f.
[69] *Brecher*, Nikisch-F., S. 232.
[70] *Brecher*, Nikisch-F., S. 227 ff.; *Scheuerle*, AcP 163, 436.
[71] *Brecher*, Nikisch-F., S. 232.
[72] *Larenz*, NJW 1965, 10. Ähnlich sagt *Scheuerle*, AcP 163, 445, vom Wesensargument der Analogie in den Urteilsgründen, daß seine Chancen wachsen, je schwieriger das zu bewältigende Problem sei.
[73] Der Richter als Gesetzgeber, S. 244 f., 271 ff.
[74] *Radbruch*, Archiv für Sozialwissenschaft und Sozialpolitik 22 (1906), 364 f.
[75] Vgl. z. B. *N. Hartmann*, Ethik, S. 461.

88   1. Kap.: Erkenntnistheoretische und methodologische Vorgegebenheiten

das diese berechtigterweise in die Worte des Richters setzen darf und deren Sinn es ist, „Zeugnis der wirklichen Meinung, Überzeugung, Gesinnung des Menschen zu sein"[76]. Die für die Parteien z. B. in § 137 ZPO postulierte Wahrheitspflicht könnte ihre innere Berechtigung verlieren, wenn der Richter seiner eigenen Pflicht selbst nur unvollständig genügt. Es ist daher *Heck*[77] zuzustimmen, wenn er sagt: „Für die Begründung des Richterurteils gilt das Gebot der Wahrhaftigkeit aus Gründen der Ethik wie aus praktischen Gründen."

Dieser Pflicht zur Wahrhaftigkeit gegenüber sah es *Wurzel*[78] für gerechtfertigt an, dann bewußt Scheingründe zu verwenden, wenn es die Autorität des Gesetzes oder des Gerichtes erfordere. So bezeichnet er es geradezu als ein soziales Bedürfnis, den Parteien den Glauben an die Vollständigkeit gesetzlicher Regelungen zu erhalten. Der Richter dürfe daher nicht in das Urteil schreiben, die gesetzliche Regelung sei nicht eindeutig, daher würde er, der Richter, unter Benutzung gesetzlicher Anhaltspunkte und der Anlehnung an die Überlieferungen, Bedürfnisse des Volkswohlstandes, ethische Gefühle usw. dem Gesetz diese oder jene Auslegung geben. Das soziale Bedürfnis bedinge vielmehr, „daß jedes Urteil sich als eine bloß streng logisch durch Deduktion und Subsumtion gewonnene Konsequenz eines Rechtssatzes darstellen muß, mögen noch so viele Momente, die nicht staatliches Gebot sind, mitgewirkt haben, und daß selbst Analogie sich in das Gewand einer neuen logischen Konsequenz eines latenten Rechtssatzes kleidet[79]."

Gegen diese Auffassung hat bereits *Heck*[80] zutreffend eingewandt, „daß nur die höchste und strengste Wahrhaftigkeit der Würde und der hohen Aufgabe des Richterstandes entspricht." Es muß auch bezweifelt werden, ob die Fiktion der Vollständigkeit des Gesetzes überhaupt einem sozialen Bedürfnis entspricht. Dem Bedürfnis der Parteien entspricht vielmehr eine sachgerechte, überzeugende Entscheidung. Dabei ist das Ausmaß der wertenden Mitwirkung des Richters an der Rechtsfindung ohne Bedeutung. Abweichende Entscheidungen verschiedener Gerichte, die das Vertrauen der Rechtsgemeinschaft beeinträchtigen können, werden durch Fiktionen nicht verhindert, da sie naturgemäß genauso unterschiedlich sein können wie die offenen Wertungen. Im Gegenteil, unrichtige Gründe behindern die Rechtsfindung anderer Gerichte. Sie sind nur irreführend[81]. Wahrheitsgemäß begründete Urteile werden dem Ansehen der Gesetze und Gerichte weniger Schaden zufügen als (bewußte oder gewollte) Fiktionen, die, wenn sie als solche

---

[76] *N. Hartmann*, Ethik, S. 461.
[77] Begriffsbildung, S. 119.
[78] Das juristische Denken, S. 94.
[79] Teilweise ähnlich sogar *Wüstendörfer*, AcP 110, 353.
[80] Gesetzesauslegung, S. 235 f.
[81] *Heck*, Gesetzesauslegung, S. 236.

§ 7 Methodische Anforderungen

erkannt sind, die wesentlich nachteiligeren Folgen eines enttäuschten Vertrauens in sich bergen. Begriffsjuristische Scheinbegründungen, könnte man mit Heck[82] sagen, gleichen einem „Zauber, der nur demjenigen hilft, der an ihn glaubt."

Die Problematik der Scheinbegründung sei an einem bekannten Beispiel zur Rechtsfortbildung aus dem Zivilrecht verdeutlicht. Im sog. „Herrenreiter-Urteil"[83] erkannte der Bundesgerichtshof einen Anspruch auf Geldersatz für den immateriellen Schaden der Persönlichkeitsverletzung an. In der Begründung führte das Gericht aus, daß die unbefugte Veröffentlichung des Bildnisses eines anderen eine Freiheitsberaubung „im Geistigen" sei und daher einer Freiheitsverletzung im Sinne des § 847 BGB gleichzuachten sei. Damit ergebe sich die Rechtsfolge aus § 847, nämlich eine Geldentschädigung für einen erlittenen immateriellen Schaden.

Soweit der Bundesgerichtshof versucht, seine Entscheidung auf § 847 BGB zu gründen, handelt es sich in Wirklichkeit um eine Scheinbegründung. Der Anologieschluß aus § 847 ist künstlich und rein sophistisch[84]. Daher gab der Bundesgerichtshof im sog. „Ginsengwurzel-Urteil"[85] diesen „fragwürdigen Analogieschluß"[86] auch auf[87].

In dem „Herrenreiter-Urteil" wird die Norm des § 253 BGB, nach der wegen eines Schadens, der nicht Vermögensschaden ist, eine Geldentschädigung nur in den durch das Gesetz bestimmten Fällen gefordert werden kann, in den Gründen überhaupt nicht erörtert. Diese Norm dürfte der Entscheidung des Bundesgerichtshofs im Wege gestanden haben. Das Gericht hätte nämlich auf das Problem der Sanktionsbeschränkung des § 253 BGB eingehen müssen. Diese Unvollständigkeit der Begründung läßt zwar mittelbar den Willen zur Rechtsfortbildung erkennen. Die rechtsschöpferische Tat selbst wird aber nicht als solche offen eingestanden. Die Gründe, die die Entscheidung tragen und einsichtig machen sollen, dienen in Wirklichkeit der Verschleierung des Prozesses der (rechtsschöpferischen) Rechtsfindung, indem teils eine

---
[82] Rechtsgewinnung, S. 14.
[83] BGH Urteil v. 14. 2. 1958 — I ZR 151/56, BGHZ 26, 349.
[84] z. B. *Larenz*, Schuldrecht II, S. 419, und NJW 1958, 827, der diese Analogie als „methodisch unstatthaft" bezeichnet. *Böttcher*, AcP 158, 401, spricht von einer „Hilfsbegründung". Ferner *Reinhardt*, in: *Schulze*, Rechtsprechung zum Urheberrecht, BGHZ Nr. 43 S. 19 f. Zweifelnd auch *Bussmann*, GRUR 1958, 411.
[85] BGH Urteil v. 19. 9. 1961 — VI ZR 259/60, BGHZ 35, 363.
[86] *Stoll*, Geldersatz für immateriellen Schaden, S. 4.
[87] Allerdings sieht *Esser*, Wertung, S. 18, in der Tatsache, daß trotz der Fragwürdigkeit der Analogiehypothese zu § 847 BGB überhaupt der Versuch einer konstruktiven Begründung unternommen worden ist, „fürs erste" einen Schutz gegen eine „emotionale Kurzschlußentscheidung". Soweit die Frage gegen einen solchen möglichen Entscheidungshintergrund projeziert wird, ist *Esser* zuzustimmen.

künstliche Begründung (§ 847 BGB) gegeben wird, teils einer (notwendigen und erforderlichen) Erörterung mit dem geltenden Recht (§ 253 BGB) durch Verschweigen ausgewichen wird. Die Erörterung des Enumerationsprinzips des § 253 BGB wird im „Ginseng-Urteil" zwar nachgeholt, jedoch nur mit dem Hinweis, daß dieses Enumerationsprinzip im Hinblick auf das Wertsystem des Grundgesetzes unbefriedigend sei: Die unter der Wertentscheidung des Grundgesetzes (Art. 1 und 2) erfolgte Ausbildung des zivilrechtlichen Persönlichkeitsschutzes wäre nämlich lückenhaft und unzureichend, wenn eine Verletzung des Persönlichkeitsrechts keine der ideellen Beeinträchtigung adäquate Sanktion auslösen würde[88]. Daß damit die Unvereinbarkeit des § 253 BGB mit dem Grundgesetz nicht bewiesen worden ist, ist im Schrifttum wiederholt betont worden[89]. Die Argumente des Bundesgerichtshofs sind vielmehr rechtspolitischer Natur[90] im Gewande einer normativen Begründung[91]. Einer echten normbezogenen Begründung, die in einer Erörterung der sog. „Drittwirkung" der Grundrechte bestanden haben könnte, wird mit dem allgemeinen Hinweis auf die „Wertentscheidung des Grundgesetzes" ausgewichen[92]. Das verfassungsrechtliche Gebot normativer Gebundenheit richterlicher Tätigkeit scheint das psychologische Hemmnis gewesen zu sein, den Akt der Rechtsschöpfung auch als solchen in der Urteilsbegründung offen zu erkennen zu geben. Die Gründe erscheinen daher als Ausweichbewegungen. In Wirklichkeit ist der Bundesgerichtshof einer geplanten, aber durch parlamentarische Interessengegensätze verhinderten, gesetzlichen Neuregelung des allgemein als regelungsbedürftig empfundenen Fragenkreises des Persönlichkeitsschutzes zuvorgekommen[93].

---

[88] Da es sich um ein vorkonstitutionelles Gesetz handelt, entfällt die verfassungsgerichtliche Überprüfungsmöglichkeit auf dem Wege der konkreten Normenkontrolle nach Art. 100 I GG, § 13 Nr. 11, 80 ff. BVerfG, siehe auch BVerfGE 2, 124.
[89] z. B. *Larenz*, Schuldrecht II, S. 419.
[90] *Larenz*, Schuldrecht II, S. 419, und NJW 1958, 827. Ausdrücklich gebilligt wird das richterliche Vorgehen aus Gründen eines „Sanktionsbedürfnisses" von *Coing*, JZ 1958, 558.
[91] Dabei handelt es sich aber um eine „rechtsschöpferische Entscheidung im wahrsten Sinne des Wortes", *Hubmann*, JZ 1962, 122.
[92] Vgl. *Stoll*, Geldersatz für immateriellen Schaden, S. 47; *Esser*, Wertung, S. 25 Note 5, weist zutreffend darauf hin, daß mit dem unmittelbaren Aussprechen „vorgegebener Wertsysteme" nur der Verlust der „Rationalität" des Rechts drohe.
[93] Vgl. z. B. *Stoll*, Geldersatz für immateriellen Schaden, S. 1 ff.; *Bötticher*, MDR 1963, 353; *Engisch*, Einführung, S. 230 Note 180, S. 242 f. Note 243 d.

Zweites Kapitel

Verfassungsrechtliche Konkretisierungen

§ 8 Auffassungen in der Rechtsprechung und im Schrifttum zur richterlichen Begründungspflicht

I. Plan und Aufbau der Untersuchung

Im ersten Kapitel ist versucht worden, erkenntnistheoretische und methodologische Eigengesetzlichkeiten richterlichen Erkennens aufzuzeigen. Nunmehr soll erörtert werden, in welchem Umfang diese Eigengesetzlichkeiten zugleich zum Inhalt verfassungsrechtlicher Aussagen über das vom Verfassungsrecht her gebotene Maß an die Urteilsgründe gehören. Es soll also untersucht werden, in welchem Ausmaß diese Eigengesetzlichkeiten dem Verfassungsrecht in dem Sinne vorgegeben sind, daß sie von diesem in den verfassungsrechtlichen Aussagegehalt der „Rechtsprechung" im Sinne des Grundgesetzes aufgenommen worden sind und den allgemeinen Gehalt der verfassungsrechtlichen Aussage insoweit konkretisieren. Bevor diese Frage jedoch erörtert wird, sollen die in der Rechtsprechung und im Schrifttum geäußerten Erkenntnisse und Auffassungen kurz dargestellt werden, um zunächst den allgemeinen Meinungsstand zum Problem von Art und Umfang richterlicher Begründungspflicht mitzuteilen.

II. Gewandeltes Verständnis gesetzlicher Regelungen durch die Rechtsprechung

1. Begründungspflicht für zivilgerichtliche Entscheidungen

Das Bild, das die gesetzliche Regelung der Begründungspflicht für zivilgerichtliche Verfahren bietet, ist sehr unterschiedlich. Während für Urteile eine solche Pflicht ausdrücklich begründet ist, sind Beschlüsse von ihr zum Teil ausgenommen. Das Verständnis der Rechtsprechung in Bezug auf diese unterschiedlichen gesetzlichen Regelungen ist allerdings in zunehmendem Maße weniger unterschieden[1].

---

[1] Auch der Europäische Gerichtshof in Luxemburg hat in seinen Erkenntnissen wiederholt zur Frage der Begründungspflicht Stellung genommen. Die

a) Urteile

§ 313 ZPO bestimmt für zivilgerichtliche Urteile, daß sie außer der Bezeichnung der Parteien und des Gerichts (§ 313 Nr. 1 und 2) den Sachverhalt und die rechtliche Würdigung getrennt mitteilen müssen (§ 313 Nr. 3 und 4). Für den Sachverhalt, d. h. den sog. Urteilstatbestand, wird sogar ins einzelne gehend bestimmt, daß er „eine gedrängte Darstellung des Sach- und Streitstandes auf Grundlage der mündlichen Vorträge der Parteien unter Hervorhebung der gestellten Anträge" enthalten muß (§ 313 Nr. 3). Dagegen werden außer der Bezeichnung der rechtlichen Würdigung als Entscheidungsgründe keine besonderen Anforderungen genannt (§ 313 Nr. 4). Diese Vorschrift zählt aber, wie das Oberlandesgericht Schleswig im Urteil vom 25. 6. 1949[2] ausgeführt hat, zu den wesentlichsten Bestimmungen des Prozeßrechts. „Auf den Entscheidungsgründen der Urteile baut sich das Ansehen der Rechtsprechung und zu einem wesentlichen Teil auch die Entwicklung des Rechts auf[3]."

Die Rechtsprechung des Reichsgerichts und des Bundesgerichtshofs zur Frage von Art und Umfang der Entscheidungsgründe ist auf den unbedingten Revisionsgrund des § 551 Nr. 7 ZPO ausgerichtet, nämlich, daß eine Entscheidung stets als auf einer Verletzung des Gesetzes beruhend anzusehen ist, wenn sie nicht mit Gründen versehen ist[4]. Die Rechtsprechung hatte daher stets erneut darüber zu erkennen, was „nicht mit Gründen versehen" bedeutet. Die Erkenntnisse zeigen somit nur das revisionsfeste Minimum der Entscheidungsgründe auf. Inwieweit damit gleichzeitig das verfassungsrechtliche Minimum gekennzeichnet wird, soll anschließend erörtert werden.

Die Überlegungen zum revisionsfesten Minimum werden zunächst in der allgemeinen Wendung zusammengefaßt, daß eine gerichtliche Entscheidung nur dann begründet sei, wenn die maßgeblichen tatsächlichen Feststellungen und rechtlichen Erwägungen mitgeteilt worden seien[5].

Rechtsprechung hierzu ist eingehend dargestellt worden von *Le Tallec* und *Ehlermann*, Die Begründungspflicht für Rechtsakte der Europäischen Gemeinschaften, AWD 1966, 149.
[2] SchlHA 1949, 286, 287.
[3] OLG Schleswig, a.a.O. Bereits *Otto Bähr*, Urteile des Reichsgerichts mit Besprechungen, S. IV, wies darauf hin, daß die Entscheidungsgründe durch die Art ihrer Abfassung zum wissenschaftlich bedeutungsvollsten Teil der Entscheidung würden. Ferner *Hamann*, BB 1957, 343.
[4] Ebenso kann nach § 1041 Abs. 1 Nr. 5 ZPO die Aufhebung eines Schiedsspruchs begehrt werden, wenn er nicht mit Gründen versehen ist. Gegen ein unbegründetes Schiedsurteil findet die Nichtigkeitsklage statt (§ 579 Abs. 3 Satz 2 ZPO).
[5] RG JW 1938, 1189; BGHZ 39, 333, 337 mit eingehender Rechtsprechungsübersicht. Ferner OLG Schleswig in SchlHA 1949, 286, 287; OLG Celle NJW 1966, 2324 im Hinblick auf § 267 StPO, hierzu insbesondere *Wenzel*, NJW 1966, 577. Eingehend BAG NJW 1970, 1813. Ähnlich auch das BayObLG MDR 1970,

§ 8 Auffassungen zur richterlichen Begründungspflicht

Bei unverständlichen und in sich widerspruchsvollen Ausführungen fehle eine Begründung[6]. Unverständlich seien auch Ausführungen, die die rechtliche Würdigung eines Sachverhalts in formelhafte Wendungen kleiden, wie z. B.: „Es liege kein rechtlicher Grund zu der Annahme vor, den Beklagten ... für befreit zu achten", oder: „Soweit das Vorbringen der Parteien nicht ausdrücklich behandelt worden sei, könne es (d. h. das Berufungsgericht) an den getroffenen Feststellungen und an der Auffassung des Senats von der Sach- und Rechtslage nichts ändern", oder wenn zur rechtserheblichen Frage der Sittenwidrigkeit eines Geschäfts lediglich festgestellt werde: „Ebensowenig kann es als sittenwidriges und daher nichtiges Geschäft angesehen werden[7]." Ebensowenig liege eine Begründung vor, wenn lediglich der Gesetzestext wiederholt werde[8]. Einer fehlenden Begründung stehe es auch gleich, wenn im Urteil auf die Ausführungen eines anderen Urteils verwiesen werde, da jedes Urteil aus sich heraus verständlich sein müsse[9]. Insbesondere aber sei eine Entscheidung immer dann nicht mit Gründen versehen, wenn sie über alle oder einzelne Ansprüche im Sinne der §§ 145, 322 ZPO oder über Angriffs- und Verteidigungsmittel im Sinne der §§ 146, 303 ZPO keine Ausführungen enthalte[10], nicht dagegen bei bloßer Unvollständigkeit dieser Ausführungen[11]. Auch wenn es nicht erforderlich sei, einen selbständigen Rechtsbehelf ausdrücklich zu bescheiden, so müsse sich dennoch aus dem Zusammenhang der Urteilsgründe ermitteln lassen, ob ihm stattgegeben oder ob er verneint worden sei[12].

Während das Reichsgericht zwar auf die vollständige Erfassung und Würdigung des Sachverhalts erheblichen Wert gelegt und das erkennende Gericht auch für verpflichtet gehalten hat, Privatgutachten selbständig und eigenverantwortlich zu prüfen[13], so ist es hinsichtlich einer Pflicht zu Rechtsausführungen etwas zurückhaltender. Das Reichsgericht hat daher ein Gericht nicht für verpflichtet gehalten, Rechtsausführungen in den Schriftsätzen der Verfahrensbeteiligten „Satz für Satz zu widerlegen"[14]. Daraus ergibt sich aber umgekehrt, daß eine Beantwor-

---

258 zur richterlichen Begründung des Bußgeldes und das OLG Braunschweig MDR 1970, 434 zur Begründung einer unter 6 Monaten liegenden Freiheitsstrafe.
[6] RGZ 10, 67, 73; JW 1906, 721.
[7] Beispiele nach RGZ 8, 260, 262; 169, 65, 75; 170, 332.
[8] OLG Schleswig in SchlHA 1949, 209, 210; 1949, 286, 287.
[9] RG JW 1926, 815. Eingehend hierzu: BAG NJW 1970, 1813; zur Beweiswürdigung im Urteil BAG NJW 1970, 880.
[10] RGZ 109, 201, 204; 163, 292, 295; 170, 328, 332; JW 1906, 721, 722; 1934, 2140; Warn 1910 Nr. 431; HRR 1925 Nr. 1688 und 1911.
[11] RGZ 65, 93; 86, 113, 114; 109, 201, 204; 120, 398, 400.
[12] RG JW 1934, 2140.
[13] RGZ 162, 223, 227 (psychiatrisches Gutachten).
[14] RG JW 1938, 1189.

tung der Rechtsausführungen auch nicht fehlen darf. Nur braucht sie eben nicht „Satz für Satz" vorgenommen zu werden.

Die Frage, ob das erkennende Gericht das Ergebnis seiner Gesetzesauslegung begründen muß, hat das Reichsgericht zunächst verneint[15], nach einigem Zögern[16] aber für revisibles Recht und in gewissem Umfang auch für irrevisibles Recht vorsichtig bejaht[17], wenn es auch „eine ins einzelne gehende Begründung" für die Auslegung von Gesetzen „namentlich irrevisiblen, prozessualisch ohnehin nicht erforderlich", nicht für notwendig gehalten hat.

Dieses Verständnis der Vorschrift des § 551 Nr. 7 ZPO „nicht mit Gründen versehen" legt der Bundesgerichtshof[18] auch den entsprechenden Bestimmungen des Gesetzes gegen Wettbewerbsbeschränkungen, des Patent-, Gebrauchsmuster- und Warenzeichengesetzes zugrunde. Bei fehlender Begründung ist daher in diesem Fall das Rechtsmittel der Revision bzw. der Rechtsbeschwerde auch ohne besondere Zulassung statthaft. Sie begründet gleichzeitig einen sog. absoluten Revisions- bzw. Rechtsbeschwerdegrund[19].

b) *Beschlüsse*

§ 313 ZPO begründet jedoch unbestritten nur für Urteile eine Begründungspflicht. Eine entsprechende allgemeine Pflicht für Beschlüsse kennt die ZPO, wie § 329 ergibt, nicht. Nur dem Beschluß, der das Armenrecht verweigert, soll nach § 126 Abs. 2 ZPO, sofern dies nicht nach der Lage des Falles entbehrlich oder unzweckmäßig erscheint, eine kurze Begründung beigefügt werden, aus der die für die Entscheidung maßgebenden rechtlichen oder tatsächlichen Gründe ersichtlich sind. Gerade die Entwicklung der Auffassungen zur Begründungspflicht für Beschlüsse läßt das gewandelte Staatsverständnis deutlich sichtbar werden.

Aus der Tatsache, daß die Zivilprozeßordnung keine allgemeine Begründung für Beschlüsse fordert, hat das Reichsgericht noch mit Beschluß vom 24. 10. 1892[20] gefolgert, daß es dem Ermessen des Gerichts überlassen sei, in welchem Umfang es seine Beschlüsse mit Entscheidungsgründen versehen und inwieweit es das der Beschlußfassung vorausgegangene Parteivorbringen zum Gegenstand der Besprechung machen will. Das Reichsgericht hat jedoch bereits mit Beschluß vom 4. 1. 1887[21] erkannt, daß dann ein neuer selbständiger Beschwerdegrund wegen

---

[15] RGZ 39, 385.
[16] JW 1906, 721.
[17] HRR 1925 Nr. 1911.
[18] BGHZ 39, 333, 334 und GRUR 1970, 258 f.
[19] §§ 73 Abs. 4 Nr. 6; 75 Abs. 2 Satz 2, 2. Halbsatz GWB; §§ 41 p Abs. 3 Nr. 5; 41 q Abs. 2 PatG; § 10 Abs. 5 Satz 2 GebrMG; § 13 Abs. 5 Satz 2 WZG.
[20] RGZ 30, 338, 339.
[21] RGZ 17, 371, 373.

fehlender Begründung vorliege, wenn es das Beschwerdegericht ausdrücklich abgelehnt habe, die zur Begründung der Beschwerde vorgebrachten neuen Tatsachen in Betracht zu ziehen, da der Partei „nicht solchergestalt das rechtliche Gehör beschränkt sein darf". Nach Auffassung des Reichsgerichts verwandelt sich daher unter dem Gesichtspunkt des rechtlichen Gehörs das Begründungsermessen dann in eine Begründungspflicht, wenn sich das Gericht ausdrücklich weigert, den Parteivortrag zur Kenntnis zu nehmen, weil die Partei dann nicht angehört und ihr damit eine Instanz genommen worden sei. Die Annahme, die fehlende Begründung sei dann ein selbständiger Beschwerdegrund, dient aber nicht der Anerkennung einer Rechtfertigungspflicht der Gerichte, sondern der Gewährleistung des Instanzenzuges. Die daraus abgeleitete Begründungspflicht ist jedoch rein fiktiv. Sie ist ein technisches Mittel, um eine Verkürzung des Rechtsschutzes im Sinne der Versagung rechtlichen Gehörs zu verhindern. Ähnlich verfährt das Reichsgericht im Beschluß vom 20. 8. 1887[22] für den Fall, daß die Umstände ergeben, daß das Beschwerdegericht einzelne Angriffe des Beschwerdeführers übersehen hat. In dieser Entscheidung geht das Reichsgericht weniger von einer (fiktiven) fehlenden Begründung als Beschwerdegrund aus. Es weist ausdrücklich darauf hin, daß die ZPO für Beschlüsse keine obligatorische Begründung vorgeschrieben habe. Vielmehr läßt das Reichsgericht auch hier deutlicher den Gesichtspunkt der Verletzung rechtlichen Gehörs als Beschwerdegrund entscheidend sein. Dabei weist es der Begründung, sofern sie gegeben worden ist, allerdings eine Beweisfunktion insoweit zu, als sich aus ihr der Verletzungstatbestand ergeben kann.

Doch hat das Reichsgericht nie ausgesprochen, daß aus Gründen des Rechtschutzes die *mögliche* Beweisfunktion der Begründung auch eine *notwendige* sein kann, um zu prüfen, ob rechtliches Gehör gewährt worden ist. Ebensowenig ergebe sich daraus die Notwendigkeit zu einer inhaltlich erweiterten Beschlußformel, um eine fehlende Begründung zu ersetzen[23]. Folgerichtig erkennt das Reichsgericht im Beschluß vom 7. 11. 1907[24], daß es nicht Aufgabe des Gerichts sei, durch eine Begründung die Möglichkeit zu eröffnen, den Beschluß auf seine Rechtmäßigkeit hin zu überprüfen. Vielmehr müsse der Beschwerdeführer dartun, „daß die von ihm angefochtene Anordnung unter allen Umständen als ungesetzlich und unzulässig zu erachten sei, daß für sie die gesetzlichen Voraussetzungen in keinem Fall gegeben seien". Interessant bleibt aber, daß das Reichsgericht die Pflicht, den Parteivortrag zur Kenntnis zu nehmen und zu erwägen, aus dem Grundsatz des recht-

---

[22] RGZ 18, 425, 427 f.
[23] RG Urteil v. 8. 11. 1910, JW 1911, 52.
[24] JW 1907, 840.

lichen Gehörs herleitet, auch wenn es eine Bescheidungspflicht verneint, weil sie kein Gesetz vorschreibt.

Dagegen haben die Oberlandesgerichte auch vor 1919 einen begründungsfreundlicheren Standpunkt vertreten. So hat z. B. das Oberlandesgericht Köln im Beschluß vom 10. 4. 1901[25] den Grundsatz der Begründungsfreiheit für den Fall, daß ein Antrag auf Einstellung der Zwangsvollstreckung nach § 707 ZPO abgelehnt werde, dahin differenziert, daß der ablehnende Beschluß erkennen lassen müsse, ob die Ablehnung aus dem angegebenen rechtlichen Grund erfolgt sei oder weil das Gericht die beantragte Hemmung der Zwangsvollstreckung nicht für sachgemäß befunden habe. Ähnlich wertet es das Kammergericht im Beschluß vom 8. 7. 1916[26] — wenn auch nur als obiter dictum — als einen wesentlichen Verfahrensmangel, wenn ein erhebliches Parteivorbringen in den Gründen des Beschlusses nicht erörtert worden sei. Die Auffasung des Reichsgerichts, wie sie insbesondere im Beschluß vom 7. 11. 1907[27] zum Ausdruck gekommen ist, ist nur vor dem Hintergrund eines Staatsverständnisses zu verstehen, nach dem die öffentliche Gewalt im Zweifel, d. h. sofern gesetzlich nicht etwas anderes bestimmt ist, nicht verpflichtet ist, das „Warum" ihrer Maßnahmen vor dem Bürger zu rechtfertigen. Erkenntnisse dieser Art sind daher grundsätzlich gegenstandslos geworden, auch wenn sie in der Kommentarliteratur noch weiterleben.

Für die Zeit nach 1919 läßt insbesondere die Entscheidung des Oberlandesgerichts Hamburg vom 20. 9. 1929[28] eine grundsätzlich fortschrittliche Auffassung erkennen. Danach muß nun ein Beschluß auch äußerlich erkennen lassen, daß das Gericht über eine Erinnerung des Beschwerdeführers überhaupt entschieden habe. Das sei aber nicht möglich, wenn ein Rechtsbehelf unbegründet zurückgewiesen werde. Solange das „Warum" der Zurückweisung nicht beantwortet sei, liegt nach Auffassung des Oberlandesgerichts überhaupt noch keine Entscheidung vor. Der mitgeteilte Erkenntnisgrund ist hier nicht nur notwendige Bedingung der Richtigkeit der Entscheidung, sondern notwendige Bedingung einer Entscheidung schlechthin.

Nach 1945 wird in der Rechtsprechung in zunehmendem Maße, wenn auch differenziert, eine Begründung für Beschlüsse gefordert. Dabei wird durchgehend eine Begründung immer dann gefordert, wenn der Beschluß einem *Rechtsmittel* unterliegt, weil sonst die Grundlagen der Nachprüfung sowohl für den Beschwerten wie für das Beschwerdegericht fehlen[29], und wenn durch den Beschluß in die Rechte einer Partei

---
[25] OLG Rechtsprechung 1901, 349.
[26] OLG Rechtsprechung 1919, 65.
[27] JW 1907, 840.
[28] HRR 1930 Nr. 258.
[29] OLG Hamburg MDR 1954, 621; LG Frankfurt JR 1966, 182; OLG Celle NJW 1966, 936; OLG München MDR 1966, 937; und begrenzt auf diesen Fall

§ 8 Auffassungen zur richterlichen Begründungspflicht

unmittelbar eingegriffen wird, und zwar auch dann, was wohl als selbstverständlich erscheinen mag, wenn gegen die Entscheidung kein Rechtsmittel mehr gegeben ist[30]. Der Gedanke der Rechtsbeeinträchtigung ist jedoch sinnvoll auf die Möglichkeit der Überprüfbarkeit bezogen; denn die Mitteilung der Gründe soll demjenigen, in dessen Rechte eingegriffen worden ist, eine sachgemäße Verteidigung ermöglichen[31]. Eine fehlende Begründung kann in diesen Fällen ein wesentlicher Verfahrensmangel sein, der zur Aufhebung des Beschlusses führt (§ 575 ZPO)[32]. In allen anderen Fällen wird die Begründung teilweise als eine „Anstandspflicht"[33], als häufig „zweckmäßig"[34] oder als ein „allgemeingültiger Rechtsgrundsatz, der auch für die ordentliche Gerichtsbarkeit gilt", begriffen, der nur in neueren Verfahrensordnungen wie § 112 Abs. 2 VwGO und § 113 Abs. 2 FGO besonderen Ausdruck gefunden habe[35].

Zwei neuere Entscheidungen verdienen jedoch besondere Beachtung, da sie unmittelbar Ausdruck eines gewandelten Rechtsverständnisses sind. Im ersten Fall hatte das Untergericht einem Antrag nach § 769 ZPO auf einstweilige Einstellung der Zwangsvollstreckung ohne Sicherheitsleistung nur teilweise entsprochen und zur Begründung lediglich ausgeführt: „Im Interesse der Beklagten konnte die Zwangsvollstreckung nur gegen Sicherheitsleistung eingestellt werden." Der zweite Fall betraf die Frage, ob amtsgerichtliche Entscheidungen nach § 16 FGG begründet werden müssen.

Im Beschluß des Oberlandesgerichts Celle vom 26. 1. 1966 (1. Fall)[36] wird insbesondere das gewandelte Verständnis des *Ermessensbegriffes*

---

aus dem Schrifttum: *Sydow-Busch*, ZPO, § 329 Anm. 1; *Baumbach-Lauterbach*, ZPO, § 329 Anm. 1; *Zöller*, ZPO, § 329 Anm. 3 e.
[30] OLG Celle NJW 1966, 936; BayObLG NJW 1967, 1807; HansOLG Bremen OLGZ 1967, 258. Das LG Frankfurt JR 1966, 182 scheint auch für *Beweisbeschlüsse* von einer Begründungspflicht auszugehen. Im konkreten Fall wurde allerdings nicht in Rechte eingegriffen, so daß hier im Ergebnis eine Begründungspflicht verneint wurde, da weder ein Rechtsmittel gegeben sei noch der Beweisbeschluß zu einer Rechtsbeeinträchtigung geführt habe. Für einen Begründungszwang bei der *Ablehnung von Beweisanträgen* haben sich im Zusammenhang des § 78 Abs. 1 OWiG ausgesprochen: OLG Köln NJW 1970, 1202 und BayObLG NJW 1970, 1202. Nach OLG Düsseldorf NJW 1970, 625 muß die Begründung des Ablehnungsbeschlusses des ordnungsgemäß gestellten Beweisantrages für die Verfahrensbeteiligten ferner hinreichend erkennen lassen, welche rechtlichen und tatsächlichen Erwägungen für die Ablehnung maßgebend waren.
[31] KG FamRZ 1966, 239, 240; OLG München MDR 1966, 937 für das Kostenfestsetzungsverfahren nach §§ 103 ff. ZPO.
[32] OLG Celle NJW 1966, 936.
[33] So OLG Hamburg MDR 1954, 621 im Anschluß an *Baumbach-Lauterbach*, ZPO, § 329 Anm. 1 A.
[34] So BayObLG NJW 1967, 1867. Ebenso *Stein-Jonas*, ZPO, Anm. I 4 zu § 329; *Rosenberg*, ZPO, § 56 I 2 b.
[35] So OLG Celle NJW 1966, 936; OLG München MDR 1966, 937.
[36] NJW 1966, 936 mit kritischer Anmerkung von *Schneider*, NJW 1966, 1367. Dagegen zutreffend *Arndt*, NJW 1966, 2174.

sichtbar. Das Gericht ist der Auffassung, daß nunmehr erkennbar sein müsse, ob und in welcher Weise ein eingeräumtes Ermessen ausgeübt worden sei. Damit wird die Erkennbarkeit der richterlichen Erwägungen zur notwendigen Bedingung der Nachprüfbarkeit des Beschlusses auf seine Richtigkeit hin. Daher dürfen die Erwägungen des Gerichtes nicht durch eine nichtssagende Formel wie „Im Interesse der Beklagten" ersetzt werden, die das Gericht als Scheinbegründung wertet. Vielmehr müsse die Begründung im Interesse des Beschwerten und des Beschwerdegerichts die tatsächlichen *und* rechtlichen Erwägungen des Gerichts erkennen lassen. Damit gewinne das von der Zivilprozeßordnung gewährte Rechtsmittel erst seine volle Wirksamkeit. Die Aufgabe der Nachprüfung einer Entscheidung im Rechtsmittelverfahren wird nunmehr gleichsam ernster genommen. Wörtlich führt das Oberlandesgericht aus: „Nur bei Darlegung von Inhalt und Umfang des ausgeübten Ermessens kann festgestellt werden, daß das Landgericht die Grundlagen seiner Ermessensentscheidung nicht verkannt und die Grenzen des Ermessensspielraums nicht überschritten hat. Fehlt es hieran ... so ist der Überprüfung der Boden entzogen[37]."

Der Beschluß des Bayerischen Obersten Landesgerichts vom 5. 5. 1967 (2. Fall)[38] knüpft unter Berufung auf das Bundesverfassungsgericht[39] letztlich an den rechtsstaatlichen Grundsatz an, daß alle staatlichen Eingriffe in die Rechtssphäre des Bürgers durch Gründe erkennbar gerechtfertigt sein müssen, d. h., „daß der Staatsbürger, in dessen Rechte eingegriffen wird, einen Anspruch darauf hat, die Gründe dafür zu erfahren". Daher sei es notwendig, ablehnende Entscheidungen oder Entscheidungen über streitig gewordene Punkte zu begründen[40]. Dagegen wird man — entgegen der Auffassung des Bayerischen Obersten Lan-

---

[37] Ferner OLG Frankfurt NJW 1968, 409 für die Streitwertfestsetzung; NJW 1969, 58 (Straffestsetzung nach § 890 ZPO). OLG München MDR 1970, 246 für die Streitwertfestsetzung: „Das Fehlen einer Begründung in einem solchen Fall wird grundsätzlich als wesentlicher Verfahrensmangel angesehen, der zur Aufhebung und Zurückverweisung der Sache führen kann." Ebenso OLG Nürnberg MDR 1970, 517. Hierzu im wesentlichen ablehnend unter weitgehender Verkennung des grundlegenden rechtsstaatlichen Anliegens dieser Rechtsprechung: *Egon Schneider*, MDR 1970, 647 ff.

[38] NJW 1967, 1867. Ferner KG FamRZ 1960, 500, 501 und 1966, 239, 240.

[39] BVerfGE 6, 32, 44.

[40] Ebenso das Kommentarschrifttum zum FGG: *Jansen*, FGG Anm. 8 zu § 16; *Lent-Habscheid*, FGG S. 143; *Pikart-Henn*, FGG S. 92 f.; *Keidel*, FGG, Vorbem. 18 und Anm. 19 zu § 8 mit weiteren Nachweisen aus der Rechtsprechung. — Das HansOLG Bremen, Beschluß v. 22. 2. 1967, OLGZ 1967, 258 sieht in der fehlenden bzw. mangelhaften Begründung eine Verletzung des Rechtsstaatsprinzips, wenn die Entscheidung in den Rechtskreis des Betroffenen eingreift. In diesem Fall war die Verfügung des Vormundschaftsgerichts, die eine Unterbringung des Mündels genehmigte, lediglich in eine formelhafte Redewendung gekleidet worden, daß die angeordnete Maßnahme zum Schutze des Mündels erforderlich sei.

§ 8 Auffassungen zur richterlichen Begründungspflicht

desgerichts — von der Begründungspflicht nicht für den Fall eine Ausnahme machen können, daß allen Beteiligten die Gründe für die Entscheidung bekannt sind; denn erst die Urkundlichkeit der Gründe gewährleistet die volle Überprüfbarkeit eines Eingriffs. Die schriftliche Fixierung der Gründe führt zu ihrer eigentlichen Bestimmtheit. Andererseits könnte eine schriftliche Begründung dann entbehrlich sein, wenn die Entscheidung dem übereinstimmenden Antrag aller in Betracht kommenden Beteiligten entspricht oder wenn jedenfalls alle übrigen Beteiligten zu erkennen gegeben haben, daß sie mit dem Antrag eines Beteiligten einverstanden sind. Insoweit ist dem Bayerischen Obersten Landesgericht durchaus zuzustimmen, da es dann an einer Rechtsbeeinträchtigung fehlt. Das gilt wohl auch für den Fall, daß ein Verfahrensbeteiligter seiner eigenen Rechtsbeeinträchtigung zustimmt. Ob man zur Begründung dieses Ergebnisses auf den Satz „volenti non fit iniuria" zurückgreifen kann, erscheint zweifelhaft, da dieser Satz zu allgemein und in sich selbst zu wenig gegründet ist. Vielmehr ließe sich auf die Regelung der Zivilprozeßordnung verweisen, nach der ein gerichtlicher Vergleich keiner Begründung bedarf. Dasselbe gilt nach § 313 Abs. 3 Satz 3 ZPO für ein Anerkenntnisurteil. In beiden Fällen werden bewußt Rechtspositionen aufgegeben. In einer ganzen Reihe von Sondervorschriften wird dagegen für amtsgerichtliche Entscheidungen eine Begründung gefordert[41].

Insgesamt kann daher aufgrund der Rechtsprechung immer dann von einem Begründungszwang für Beschlüsse ausgegangen werden, sofern er nicht schon ausdrücklich vorgeschrieben ist, wenn ein Verfahrensbeteiligter durch den Beschluß in seinen Rechten beeinträchtigt wird, wenn der Beschluß mit einem Rechtsmittel angefochten werden kann oder wenn durch ihn über ein Rechtsmittel entschieden worden ist. Die Anforderungen, die im einzelnen an die Gründe zu stellen sind, entsprechen den bei Urteilen in § 551 Nr. 7 ZPO („nicht mit Gründen versehen") entwickelten Grundsätzen[42].

Von den neueren Verfahrensordnungen verdienen insbesondere die Verwaltungsgerichtsordnung und die Finanzgerichtsordnung besondere Beachtung. Nach § 122 Abs. 2 VwGO sind Beschlüsse, die im verwaltungsgerichtlichen Verfahren ergehen, immer dann zu begründen, wenn sie durch Rechtsmittel angefochten werden können oder wenn sie über ein Rechtsmittel entscheiden. Beschlüsse über die Verweigerung des Armenrechts sind wie nach dem Verfahren der Zivilprozeßordnung ebenfalls zu begründen. Dasselbe gilt, wenn die Behörde die sofortige

---

[41] Nachweise bei *Jansen*, FGG Anm. 8 zu § 16; *Keidel*, FGG, Vorbem. 19 zu § 8.
[42] BGHZ 39, 333, 346 f.

Vollziehung des Verwaltungsaktes nach § 80 VwGO anordnet[43]. Die gleiche Regelung findet sich in § 113 Abs. 2 FGO[44].

2. Auffassungen der oberen Verwaltungsgerichte

a) Bundesverwaltungsgericht

Die Verwaltungsgerichtsordnung schreibt zwar in § 117 Abs. 2 den Inhalt des Urteils vor: Rubrum, Bezeichnung des Gerichts und der erkennenden Richter, Urteilsformel, Tatbestand, Entscheidungsgründe und Rechtsmittelbelehrung. Welche Mindestanforderungen jedoch im einzelnen an den Tatbestand und an die Entscheidungsgründe zu stellen sind, ist in der Verwaltungsgerichtsordnung ebensowenig wie in anderen Verfahrensordnungen geregelt.

Urteilsmängel im Sinne einer Verletzung formeller Mindestanforderungen können im Revisionsverfahren nur unter dem Gesichtspunkt geltend gemacht werden, daß „die Entscheidung nicht mit Gründen versehen" sei. In diesem Falle liegen ein wesentlicher Verfahrensmangel (§ 133 Nr. 5: keine besondere Zulassung zur Einlegung der Revision) und ein absoluter Revisionsgrund (§ 138 Nr. 6) vor. Für eine erfolgreiche Revision kommt es daher auf die Kenntnis der Auffassung des Bundesverwaltungsgerichts an, wann eine Entscheidung „nicht mit Gründen versehen ist".

Das Bundesverwaltungsgericht weist zunächst auf die Notwendigkeit eines eigenen und vollständigen *Tatbestandes* jeder Entscheidung hin[45]. Es müsse nämlich für die Parteien und das Revisionsgericht erkennbar sein, auf welchen tatsächlichen Grundlagen das Urteil beruhe[46]. Bezugnahmen und Verweisungen als Ersatz eines eigenen Tatbestandes seien daher nur insoweit zulässig, als sie der Aufgabe des Gerichts entsprächen, dem übergeordneten, insbesondere dem Revisionsgericht eine klare, vollständige und richtige Grundlage der Entscheidung zu geben. Durch eine solche Bezugnahme dürfe die Entscheidung in ihrer Klarheit nicht beeinträchtigt werden. Sie müsse aus sich selbst heraus verständlich bleiben[47]. Zu den sich aus diesen Gesichtspunkten ergebenden „Mindestanforderungen für eine ordnungsmäßige Begründung" rechnet das Gericht, daß die Entscheidung erkennen lassen müsse, welche konkreten

---
[43] Im einzelnen: *Eyermann-Fröhler*, Verwaltungsgerichtsordnung, Anm. 2 ff. zu § 122; *Klinger*, Verwaltungsgerichtsordnung, Anm. 3 zu § 122.
[44] Im einzelnen: *Ziemer-Birkholz*, Finanzgerichtsordnung, Anm. 9 zu § 113.
[45] BVerwGE 7, 12, 13.
[46] BVerwGE 13, 338, 339.
[47] BVerwGE 7, 12, 13. Grundsätzlich sei davon auszugehen, daß die Bezugnahme auf den Inhalt eines anderen Urteils zulässig sei, wenn es im Vorprozeß zwischen denselben Parteien ergangen oder Gegenstand der mündlichen Verhandlung in dem späteren Prozeß geworden sei.

Anträge gestellt worden und ob diese zulässig seien[48]. Ferner müsse ersichtlich sein, welche Angriffs- und Verteidigungsmittel vorgebracht[49] und ob entscheidungserhebliche Zeugen- und Sachverständigenaussagen zutreffend gewürdigt worden seien[50].

Auch zum verfahrensrechtlich gebotenen Umfang der *Entscheidungsgründe* hat sich das Bundesverwaltungsgericht wiederholt geäußert. Im Anschluß an die Rechtsprechung des Reichsgerichts vertritt das Gericht[51] die Auffassung, daß das Urteil nur die seine Entscheidung tragenden Gründe kurz und sachlich darzulegen habe. In einen Meinungsstreit brauche es sich nicht einzulassen; denn Urteile seien keine Seminararbeiten. Sie sollen die Beteiligten darüber unterrichten, welche Gründe für die getroffene Entscheidung maßgebend seien und eine etwaige Nachprüfung durch die höhere Instanz ermöglichen. „Eine nähere Darlegung der tragenden Gründe, d. h. die Begründung der das Urteil tragenden Gründe, ist nicht immer erforderlich, in der Regel aber zweckmäßig und auch Übung der Gerichte". Ergänzend fügt das Gericht[52] später hinzu, daß von einer fehlenden Begründung nur gesprochen werden könne, wenn ein „grober Formfehler" vorliege. Um einen solchen handele es sich jedoch dann nicht, wenn die Begründung allenfalls nur als oberflächlich, falsch oder unzulänglich bezeichnet werden könne. Die Rechtsprechung des Gerichts läßt somit erkennen, daß eine Entscheidung immer dann nicht mit Gründen versehen ist, wenn die Entscheidung zwar Ausführungen enthält, diese aber die „Mindestanforderungen für eine ordnungsgemäße Begründung" unterschreiten.

Das Bundesverwaltungsgericht äußert sich jedoch zurückhaltend zu der Frage, in welchem Umfang abweichende rechtliche Auffassungen und Gesichtspunkte zur „Begründung der Entscheidungsgründe" im Urteil diskutiert werden müssen. So führt es beiläufig aus: Ein Gericht brauche sich „in einen Meinungsstreit nicht einzulassen"[53], und „auf alle denkbaren Einwendungen" brauche es nicht einzugehen[54].

Damit werden aber nur äußerste Grenzen abgesteckt. Zu der wesentlichen Frage, ob ein Gericht den Rechtsvortrag eines Beteiligten zu bescheiden habe, hat das Bundesverwaltungsgericht bisher kaum Stellung genommen. In einer Entscheidung wird lediglich in allgemeinen Wendungen hervorgehoben, daß sich ein Gericht in seinem Urteil „nicht mit jedem einzelnen Vorbringen der Parteien ausdrücklich auseinandersetzen" müsse[55]. In der angefochtenen Entscheidung kam es überdies auf

---

[48] BVerwG, Buchholz Nr. 4 zu § 138 Ziff. 6 VwGO.
[49] BVerwGE 7, 12, 14.
[50] BVerwGE 13, 338, 341.
[51] BVerwG, DVBl. 1960, 935.
[52] BVerwG, DÖV 1963, 563.
[53] BVerwG, DVBl. 1960, 935.
[54] BVerwGE 13, 99, 101 f.

den von den Parteien erörterten sachlich-rechtlichen Gesichtspunkt nicht mehr an.

Das Bundesverwaltungsgericht hat sich dagegen wiederholt mit der Frage beschäftigen müssen, in welchem Ausmaß eine Entscheidung anstelle eigener Ausführungen auf Rechtsausführungen in anderen Entscheidungen Bezug nehmen kann. So kommt es häufig vor, daß ein Gericht schon eine Rechtsprechung zu einer bestimmten Rechtsfrage entwickelt oder gleichartige Fälle bereits entschieden hat. In solchen Fällen — so meint das Bundesverwaltungsgericht —[56] sei die Bezugnahme auf ergangene Urteile zur Vermeidung von Wiederholungen eine zweckmäßige Übung. Ob die Urteile veröffentlicht seien oder nicht, spiele dabei keine Rolle; denn die Beschaffung der zitierten nicht veröffentlichten Urteile des erkennenden Gerichts bereite keine größeren Unbequemlichkeiten als die Beschaffung von Gesetzestexten zur Unterrichtung über die Gesetzeslage. In einer anderen Entscheidung werden die Voraussetzungen für eine Bezugnahme enger gefaßt. So wird ein Verfahrensverstoß dann nicht angenommen, wenn die Begründung einer Entscheidung die Auffassung des erkennenden Gerichts wiedergebe und „nur wegen der Einzelheiten" Bezug auf die Gründe einer „nicht zwischen den Parteien" ergangenen früheren Entscheidung genommen werde[57].

b) *Bundessozialgericht*

Aus der Rechtsprechung des Bundessozialgerichts verdient das Urteil vom 7. 12. 1965[58] besonders hervorgehoben zu werden, da es die Rechtsauffassung dieses Gerichts zur Begründungspflicht in besonderem Maße kennzeichnet. Es enthält grundsätzliche Ausführungen zur Aufgabe der Entscheidungsgründe und geht insbesondere auf die Frage ein, ob und in welchem Umfang das Gericht Rechtsausführungen der Beteiligten in den Gründen zu erörtern hat.

Zum ersten Gesichtspunkt führt das Bundessozialgericht aus, daß in den „Entscheidungsgründen" gesagt sein müsse, warum die gefällte Entscheidung rechtens sei. Für den Ausspruch der Urteilsformel sei der „Nachweis seiner Rechtmäßigkeit" in den Entscheidungsgründen zu bringen. Da die Überzeugung von den tatsächlichen Vorgängen in gleicher Weise wie die Überzeugung von dem Gehalt der maßgeblichen Rechtsnormen zu der konkreten Entscheidung geführt habe, müssen in beiden Fällen für die Begründung dieselben Gesichtspunkte gelten.

Mit diesen Überlegungen leitet das Gericht zur zweiten Frage über und führt hierzu aus: Nicht jedes unbedeutende Vorbringen der Betei-

---
[55] BVerwG, Buchholz § 108 VwGO Nr. 4.
[56] BVerwG, DVBl. 1960, 935.
[57] BVerwG, Buchholz Nr. 1 zu § 138 Ziff. 6 VwGO.
[58] NJW 1966, 566.

ligten brauche im einzelnen erörtert zu werden. Einem Urteil würden aber dann die Entscheidungsgründe fehlen, „wenn darin zu einer von einem Beteiligten aufgeworfenen, eingehend begründeten und für die Entscheidung erheblichen Rechtsfrage nur ausgeführt ist, daß die Auffassung des Beteiligten nicht zutreffe". Aus einer solchen allgemeinen Formulierung ergebe sich aber nicht, „warum" das entscheidende Gericht zu einer von der Ansicht eines Beteiligten abweichenden Auffassung gelangt sei. Der Inhalt eines Urteils müsse nicht nur erkennen lassen, daß sich das Gericht mit dem Begehren eines Beteiligten und dessen substantiiertem Vortrag befaßt habe, sondern das Gericht müsse in dem Urteil in verständlicher und bündiger Weise darlegen, warum es diesem Begehren entsprochen habe oder nicht habe entsprechen können.

c) Bundesfinanzhof

Die Begründungspraxis des Bundesfinanzhofs ist im Vergleich zu der anderer oberer Bundesgerichte im besonderen Maße kritisiert worden[59]. Es soll daher die Auffassung dieses Gerichts sowohl zum Umfang der gerichtlichen Begründungspflicht wie der des Revisionsklägers dargelegt werden.

aa) Umfang der gerichtlichen Begründungspflicht

Die Frage, ob und wann eine gerichtliche Entscheidung mangelhaft begründet ist, prüft der Bundesfinanzhof im wesentlichen nur unter den Gesichtspunkten nach, ob der zu beurteilende Sachverhalt vollständig rechtlich gewürdigt worden ist und ob die mitgeteilten tatsächlichen und rechtlichen Erwägungen die Nachprüfbarkeit durch die Revisionsinstanz ermöglichen.

So wertet es der Bundesfinanzhof im Urteil vom 26. 4. 1966[60] als einen Mangel der Urteilsfindung, wenn der Sachverhalt zwar vollständig mitgeteilt, anschließend aber nur unvollständig rechtlich gewürdigt werde. Das sei dann der Fall, wenn ein erheblicher rechtlicher Gesichtspunkt unerörtert bleibe, da die Entscheidung dann mit ihrem eigenen Inhalt in Widerspruch stehe. Dieser Mangel gehe über einen nur rügebedürftigen Verfahrensmangel hinaus[61]. Mit Beschluß vom 15. 2. 1967[62] nimmt der Bundesfinanzhof eingehend zur Frage des Umfangs der Begründungspflicht im Hinblick auf die Nachprüfbarkeit der Entscheidung durch die Revisionsinstanz Stellung. Die angefochtene Entscheidung befand über den Antrag eines Steuerpflichtigen auf Aussetzung der Vollziehung nach § 69 Abs. 3 FGO. In der Begründung der angefochte-

---

[59] z. B. *Spitaler*, DB 1956, 28; *Bachmayr*, DB 1961, 1332; *Schulze*, DStR 1965, 4.
[60] BFHE 86, 114, 117.
[61] Im Anschluß an RGZ 149, 321, 325.
[62] BFHE 87, 502, 503.

nen Entscheidung hatte das Finanzgericht nur den Wortlaut des § 69 Abs. 3 FGO wiedergegeben und ausgeführt, die dort genannten Voraussetzungen für die Aussetzung der Vollziehung lägen nicht vor. Dieses Vorgehen wertet der Bundesfinanzhof im Hinblick auf § 113 Abs.2 Satz 2 FGO als fehlende Begründung, da der knappe Hinweis nicht erkennen lasse, von welchen tatsächlichen Feststellungen und rechtlichen Erwägungen das Finanzgericht bei seiner Entscheidung ausgegangen sei[63]. Nach Auffassung des Bundesfinanzhofs gelten diese Grundsätze gleichermaßen für Urteile und Beschlüsse, da nur auf diese Weise den Verfahrensbeteiligten als auch dem Revisionsgericht gegenüber der Sachverhalt, der Grundlage der Entscheidung gewesen sei, und die Rechtsauffassung der Vorinstanz authentisch und nachprüfbar bekanntgegeben würden. Auch wenn über einen Antrag auf Aussetzung der Vollziehung in einem summarischen Verfahren entschieden werde, so müssen in der Begründung die Erwägungen tatsächlicher und rechtlicher Art wiedergegeben werden, die für die Entscheidung maßgeblich gewesen seien.

Die Haltung des Bundesfinanzhofs zu der Frage, ob und in welchem Umfang ein Gericht zu den Rechtsausführungen eines Verfahrensbeteiligten in den Urteilsgründen Stellung nehmen muß, bleibt letztlich unklar. In seinem Urteil vom 13. 12. 1966[64] folgert der Bundesfinanzhof aus der Tatsache, daß dem Gericht nach dem Satz „iura novit curia" das Gesetz bekannt sei, daß es nicht als Verfahrensmangel angesehen werden könne, „wenn das Prozeßgericht nicht zu allen Rechtsausführungen des Steuerpflichtigen Stellung nimmt, zumal wenn sie nach seinem Dafürhalten neben der Sache liegen". Aus der Wendung „nicht zu allen Rechtsausführungen" könnte umgekehrt geschlossen werden, daß grundsätzlich zu den Ausführungen eines Verfahrensbeteiligten Stellung zu nehmen sei. Diese Auslegung würde dann aber im Widerspruch zu dem davor zitierten Satz des „iura novit curia" stehen, dessen genaue Anwendung die Stellungnahme zu Rechtsausführungen Dritter überflüssig machen würde.

bb) Umfang der Begründungspflicht des Revisionsklägers

Ähnlich wie zur Frage des Umfangs einer gerichtlichen Begründungspflicht wird für den Umfang der Begründungspflicht des Revisionsklägers im Sinne des § 120 Abs. 1 Satz 1 FGO bestimmt, daß die Begründung nicht genüge, der Steuerpflichtige „rüge die Verletzung materiellen und formellen Rechts". Eine derart allgemein gehaltene Erklärung lasse nämlich nicht erkennen, welche Punkte in verfahrensrechtlicher oder sachlicher Hinsicht gerügt werden, insbesondere welche

---

[63] BFHE 86, 219, 224.
[64] BFHE 87, 465, 467.

Rechtsnormen verletzt sein sollen[65]. Das bedeute zunächst, daß die zur Begründung dienenden Tatsachen und Beweismittel angegeben werden müßten. Dagegen brauchten die zur Begründung dienenden Tatsachen rechtlich nicht eingeordnet zu werden. Es genüge die Angabe der verletzten Rechtsnorm. Werde die Verletzung von Verfassungsrecht gerügt, so müßten allerdings bestimmte Verfassungsgrundsätze angeführt werden. Besonderer Rechtsausführungen bedürfe es aber nicht[66]. Insgesamt fordert der Bundesfinanzhof[67] unter Berufung auf das Reichsgericht[68] stets „eine sorgfältige, über ihren Umfang und Zweck keinen Zweifel lassende Begründung". Es genüge daher nicht eine Verweisung auf den Inhalt anderer Schriftstücke, insbesondere auf die Begründung von Anträgen in der Vorinstanz. Der Revisionskläger sei vielmehr gehalten, die Gründe des angefochtenen Urteils nachzuprüfen und sein eigenes bisheriges Vorbringen zu überprüfen. Nur so erfülle er den Zweck der gesetzlichen Anforderungen einer formellen Revisionsbegründung.

Wenn der Bundesfinanzhof aber den Revisionskläger für verpflichtet hält, die Gründe des angefochtenen Urteils nachzuprüfen, d. h. sich mit ihnen nicht nur in tatsächlicher, sondern auch in rechtlicher Hinsicht in der Revisionsbegründung auseinanderzusetzen, so wird man den Bundesfinanzhof selbst wiederum für verpflichtet halten müssen, seinerseits auf diese Ausführungen in seiner Entscheidung zu antworten[69].

III. Allgemeiner Prüfungsmaßstab des Bundesverfassungsgerichts

Die Einbeziehung der Rechtsprechung des Bundesverfassungsgerichts in die Überlegungen zur richterlichen Begründungspflicht ist geboten, weil jede richterliche Entscheidung der Überprüfung durch dieses Gericht im Wege der Verfassungsbeschwerde unterliegt, sofern sie eines der in § 90 Abs. 1 BVerfGG genannten Rechte verletzt und soweit die in Abs. 2 genannten weiteren Voraussetzungen erfüllt sind, insbesondere der Rechtsweg erschöpft ist. Das Bundesverfassungsgericht legt dabei im allgemeinen einen strengen Maßstab an, ob die zu überprüfende

---

[65] BFH, Beschluß v. 23. 8. 1966, E 86, 567, 568; Beschluß v. 2. 12. 1966, E 87, 101 (LS).
[66] BFH, Beschluß v. 2. 12. 1966, E 87, 101 (LS); Beschluß v. 13. 12. 1966, E 87 465, 467.
[67] Beschluß v. 8. 3. 1967, E 88, 230, 231.
[68] RGZ 117, 168, 170.
[69] Vgl. auch OLG Schleswig in SchlHA 1949, 286, 287: „Vom Revisionskläger kann jedoch keine strenge Begründung der Revisionsschrift gefordert werden, wenn das Berufungsurteil selbst schlecht begründet ist." — Ganz allgemein sagt *Brinkmann*, Über die richterlichen Urteilsgründe (1826), S. 55, in Bezug auf unzulänglich begründete Urteile: „Die Nachahmung dessen, was die Richter zu thun scheinen, ist auf Seiten der Parteien und Sachführer natürlich, wenn gleich sehr verderblich."

Entscheidung den Freiheitsanspruch der Grundrechte hinreichend beachtet hat. Im Hinblick auf diesen Maßstab, unter dem das Bundesverfassungsgericht die Entscheidungen auf Grundrechtsverletzungen hin überprüft, werden mit der Ermittlung des Prüfungsmaßstabes zugleich verfassungsrechtliche Mindestanforderungen an die Begründung gerichtlicher Entscheidungen sichtbar, wenn auch nur insoweit, als ein Unterschreiten dieser Mindestanforderungen zugleich eine Grundrechtsverletzung darstellt. Dabei soll in diesem Zusammenhang nur die Rechtsprechung zu den materiellen Grundrechten dargestellt werden. Auf die Erkenntnisse zu dem allgemeinen verfahrensrechtlichen Grundsatz des rechtlichen Gehörs wird später eingegangen werden.

1. Zunächst verlangt das Bundesverfassungsgericht, daß der Begründungsstil eine gewisse Würde wahre und durch ihn der Beschwerte nicht mehr in seiner Menschenwürde und in der freien Entfaltung seiner Persönlichkeit beeinträchtigt werde, als von dem zu beurteilenden Sachverhalt her geboten sei[70].

2. Dagegen seien die Gestaltung des Verfahrens, die Feststellung und Würdigung des Urteilstatbestandes (Sachverhalt) allein Sache der dafür allgemein zuständigen Gerichte[71]. Das Bundesverfassungsgericht würdigt die Frage einer unterlassenen Mitteilung der maßgeblichen tatsächlichen Feststellungen, die auch zum revisionsfesten Minimum zählen, aber unter dem Gesichtspunkt des rechtlichen Gehörs.

3. Ebensowenig prüft das Bundesverfassungsgericht nach, ob das erkennende Gericht Beweise richtig gewürdigt hat[72]; es sei denn, Beweise sind willkürlich oder sonst unter Verletzung von Verfassungsrecht gewürdigt worden[73]. Einer willkürlichen Beweiswürdigung würde es wohl gleichkommen, wenn eine Beweiswürdigung völlig fehlen würde. Insoweit könnte eine gewisse Parallelität zwischen dem berufungsfesten Minimum der Urteilsgründe im Strafverfahren im Sinne des § 267 StPO[74] und dem verfassungsbeschwerdefesten Minimum zu verzeichnen sein. Aber auch diese Fragen sieht das Bundesverfassungsgericht mehr unter dem Gesichtspunkt der Verletzung des rechtlichen Gehörs.

4. Auch die richtige Subsumtion des Sachverhalts im erkennenden Urteil unterliege grundsätzlich nicht der Nachprüfung durch das Bundesverfassungsgericht[75], da durch eine unrichtige Subsumtion des Sachverhalts unter einfaches Recht grundsätzlich Grundrechte nicht verletzt würden. Eine Grundrechtsverletzung könne aber dann vorliegen, wenn die zusammenfassende Schlußfolgerung eindeutig von dem voraufgegan-

---

[70] BVerfGE 6, 7, 10.
[71] BVerfGE 18, 85, 92.
[72] BVerfGE 13, 318, 325.
[73] BVerfGE 6, 7, 10.
[74] OLG Celle NJW 1966, 2324 und *Wenzel*, NJW 1966, 577.
[75] BVerfGE 13, 318, 325; 18, 85, 93.

genen Inhalt der Urteilsgründe abweiche[76]. Damit wird aber verlangt, daß der Subsumtionsschluß nicht eindeutig falsch ist. Da ein unrichtiger Schluß grundsätzlich geeignet ist, Grundrechte zu verletzen, zählt — positiv formuliert — der im wesentlichen vertretbare Subsumtionsschluß zu den verfassungsrechtlichen Mindestanforderungen an eine rechtsstaatliche Urteilsbegründung. Unverständliche und widerspruchsvolle Ausführungen, die die Revision nach § 551 Nr. 7 ZPO ermöglichen, könnten daher ebenso die Verfassungsbeschwerde begründen, wenn sie zu eindeutig falschen Schlußfolgerungen führen.

5. Das Bundesverfassungsgericht prüft Urteile auch grundsätzlich nicht daraufhin nach, ob die Interpretation einfacher Gesetze vom einfachen Recht her gesehen richtig ist[77]. Soweit allerdings im Wege rechtsschöpferischer Interpretation Rechtsgrundsätze entwickelt werden, die z. B. Steuertatbestände neu schaffen oder ausweiten, begegnet ein solches Verfahren nach Auffassung des Bundesverfassungsgerichts rechtsstaatlichen Bedenken[78]. Ebenso prüft das Bundesverfassungsgericht nur nach, ob bei der Konkretisierung unbestimmter Rechtsbegriffe Grundrechte verletzt worden sind. In seinem Beschluß vom 25. 1. 1961[79] beanstandet das Bundesverfassungsgericht, daß das erkennende Gericht bei der Ermittlung der „berechtigten Interessen" in § 193 StGB das Grundrecht des Art. 5 Abs. 1 GG unberücksichtigt gelassen habe. Wörtlich stellt das Bundesverfassungsgericht fest[80]: „Dadurch, daß diese Prüfung in den angefochtenen Urteilen fehlt, ist das Grundrecht des Beschwerdeführers aus Art. 5 Abs. 1 GG verletzt". Das Bundesverfassungsgericht vermißt also eine ausdrückliche Auseinandersetzung mit einem Grundrecht in den Urteilsgründen. Die Berücksichtigung der Grundrechte bei der Konkretisierung unbestimmter und somit ausfüllungsbedürftiger Rechtsbegriffe in den Urteilsgründen zählt daher zu den verfassungsrechtlichen Mindestanforderungen an eine rechtsstaatliche Begründung. Weiterhin prüft das Bundesverfassungsgericht nach, ob die in den Urteilsgründen mitgeteilten Erwägungen bei der Auslegung unbestimmter Rechtsbegriffe Grundrechte verletzen[81]. Somit gehören grundrechtskonforme Erwägungen bei der Konkretisierung ausfüllungsbedürftiger Rechtsbegriffe ebenfalls zu den verfassungsrechtlichen Mindestanforderungen.

---

[76] BVerfGE 6, 7, 10.
[77] BVerfGE 13, 318, 325; 18, 85, 92; 19, 166, 175.
[78] BVerfGE 13, 318, 325 (Steuerliche Nichtanerkennung einer angemessenen Vergütung aus Ehegatten-Arbeitsverträgen durch den Bundesfinanzhof — Verwerfung der Chef/Chefin-Theorie durch das BVerfG). Ferner E 19, 38, 49.
[79] BVerfGE 12, 113, 124; ferner E 7, 198, 212; 2, 336, 339; 13, 318, 325; 18, 85 92 f.; 19, 73, 74; 19, 303, 310; 19, 377, 390.
[80] BVerfGE 12, 113, 132.
[81] BVerfGE 4, 52, 58; 19, 1, 5.

IV. Schrifttumsäußerungen

Das Schrifttum äußert sich zum Problem einer richterlichen Begründungspflicht, die unabhängig von gesetzlichen Einzelregelungen unmittelbar aus dem Verfassungsrecht herzuleiten sei, vor allem im Zusammenhang mit dem Grundrecht auf rechtliches Gehör (Art. 103 Abs. 1 GG). Hier sollen aber zunächst nur die wenigen Meinungen wiedergegeben werden, die sich mit verfassungsrechtlichen Überlegungen außerhalb dieses Grundrechts befassen.

So leitet *Ule*[82] die Begründungspflicht aus dem Grundsatz der Bindung der Rechtsprechung an Gesetz und Recht (Art. 20 Abs. 3 GG) her. Jedes Gericht habe darzutun, inwiefern es meint, sich im vorliegenden Fall an Gesetz und Recht gehalten zu haben. Die Offenlegung der Begründung erweise sich dann als ein Mittel, Willkür auszuschließen. Es handle sich um einen besonderen Anwendungsfall der Rechtsstaatsidee, die auf weitgehende Öffentlichkeit der Betätigung staatlicher Gewalt dränge. Aus diesem Grunde müßten auch diejenigen Gerichte ihre Entscheidungen begründen, die in letzter oder einziger Instanz entschieden; denn es gebe nach unserer Verfassung keine Vermutung dafür, daß Willkür bei diesen Gerichten nicht vorkommen könne. Ließe man daher ein Gericht über einen Rechtsbehelf ohne Begründung entscheiden, weil er offensichtlich unzulässig oder unbegründet sei, so würde man die Möglichkeit einräumen, daß sich unter der Etikette „offensichtlich unzulässig" oder „offensichtlich unbegründet" nicht kontrollierbare Willkür einschleichen würde. Die (frühere) Regelung des § 24 Satz 2 BVerfGG („in diesem Falle sind dem Beschwerdeführer vorher die Bedenken gegen die Zulässigkeit oder Begründetheit seiner Beschwerde mit dem Hinweis mitzuteilen, daß er sich innerhalb eines Monats nach Zustellung der Mitteilung äußern könne") sei jedoch verfassungsrechtlich unbedenklich. Unter dem Gesichtspunkt des § 117 Abs. 2 Nr. 5 VwGO, daß nämlich das verwaltungsgerichtliche Urteil „Entscheidungsgründe" enthalten müsse, führt Ule[83] ergänzend aus, daß das Gericht nicht nur seinen Rechtsstandpunkt darzulegen habe, sondern auch „gegenüber der etwa abweichenden Auffassung eines Beteiligten begründen" müsse.

Hamann[84] führt nur ganz allgemein aus, daß die Begründungspflicht „rechtsstaatlichen Ursprungs" sei. Zum Umfang von Rechtsausführungen in den Urteilsgründen räumt Hamann ein, daß es zwar keine Vorschriften gebe, die unseren obersten Gerichten eine Auseinandersetzung

---

[82] DVBl. 1959, 542 f. Vgl. auch MD 81 zu Art. 103.
[83] Verwaltungsprozeßrecht, S. 199 f., und Verwaltungsgerichtsbarkeit, S. 399 f.
[84] BB 1957, 343.

in wissenschaftlichen Formen mit den in Rechtsprechung und Lehre entwickelten Meinungen zwingend vorschrieben. Es müsse aber bezweifelt werden, ob apodiktische Äußerungen zu problemgeladenen Streitfragen der Begründungspflicht gerecht werden könnten; denn Gründe sollten in erster Linie überzeugen. Sie dürften daher keine in Behauptungen gekleidete Sätze sein, was im übrigen auch dem wissenschaftlichen Rang höchstrichterlicher Entscheidungen abträglich sei.

§ 9 Verfassungsrechtliche Ausgangsüberlegungen

Da hier in erster Linie *verfassungsrechtliche Mindest*anforderungen für die richterlichen Entscheidungsgründe aufgezeigt werden sollen, ist zunächst die grundlegende verfassungsrechtliche Begründungspflicht unabhängig von weiteren inhaltlichen Ausgestaltungen aus den Grundvorstellungen des gegenwärtigen rechtsstaatlichen Verfassungsverständnisses zu entwickeln. Die rechtsstaatlichen Aussagen zur Begründungspflicht mögen jedoch undeutlich bleiben, wenn vom gegenwärtig formulierten Verständnis des Rechtsstaates allein ausgegangen wird. Die mit dem Grundgesetz geschaffene Verfassungsordnung begann jedoch, was keiner weiteren Darlegung bedarf, nicht voraussetzungslos. Die Verfasser des Grundgesetzes knüpften bewußt und unbewußt an über Generationen tradierte verfassungsrechtliche Vorstellungen und Gehalte an. Die Darlegung dieses allgemeinen verfassungsrechtlichen Vorverständnisses, das sich auf einen in den Grundfragen weitgehenden Konsens der Beteiligten stützen konnte, dient daher der Erhellung und Verdeutlichung der Aussagen, die den gegenwärtigen Standort des Rechtsstaates bestimmen. Die Kraft der Kontinuität verfassungsrechtlicher Tradition[1], die sich in einer Fülle verfassungsrechtlicher Einzelregelungen nachweisen ließe, offenbart einerseits die Scheu der Verfasser, mutig Neuland zu betreten, andererseits scheint sie in dem Bekenntnis zur Tradition ihre Legitimität zu suchen. So mag das Grundgesetz mit seinem reichen Instrumentarium freiheits- und (individueller wie gesamtstaatlicher) existenzbewahrender (gerichtlicher) Sicherungen den einen als krönender Abschluß rechtsstaatlich-liberaler Entwicklung überhaupt erscheinen, anderen dagegen gerade deswegen als „konservativ", „perfektionistisch" und „starr" verdächtig sein. Allen diesen wertenden Urteilen, von denen die genannten die Extreme bezeichnen, ist aber gemeinsam, daß die Fülle verfassungsgeschichtlicher

---
[1] *Kriele*, Theorie der Rechtsgewinnung, S. 183 ff.

und verfassungstheoretischer Vorstellungen und Gehalte im Bewußtsein der Verfassungsschöpfer evident gewesen ist.

Für die Frage der Verfassungsinterpretation sind wir damit auf die objektiv-genetische Auslegungsmethode verwiesen[2]. Die damit eingestandene methodische Hinwendung zum geschichtlichen Werdegang einer Aussage als legitimer Erkenntnisquelle dessen, was Verfassungsrecht ist, findet ihre Rechtfertigung in dem Moment des Verstehens als Kennzeichen allgemeiner geisteswissenschaftlicher Hermeneutik[3]; denn das Verstehen sieht eine rechtliche Aussage auch in ihrer geschichtlichen Bedingtheit. Dennoch kann die Geschichte nie mehr sein als ein methodischer Ansatzpunkt, der ein gewisses Vorverständnis vermittelt[4]. Mit diesen Einschränkungen soll das verfassungsrechtliche Leitbild rechtsstaatlicher Aussagen dargestellt und schließlich seine Beziehung zum Satz vom Grund aufgezeigt werden.

I. Grundsätzliche Begrenzung aller staatlichen Gewalt

1. Verfassungsgeschichtliche und verfassungstheoretische Lage

Die Idee der Begrenzung aller Gewalt hat eine ehrwürdige ideengeschichtliche Tradition. Auch das mittelalterliche Denken kannte eine klare Doktrin der Begrenzung aller Gewalt. Die Überzeugung der grundsätzlichen Begrenzung aller *staatlichen* Gewalt hat sich jedoch erst in der Neuzeit gebildet. Sie setzte zweierlei voraus: die Geburt des modernen Staates überhaupt und den Anspruch dieses Staates, zu einer umfassenden und grundsätzlich unbegrenzten Regelung des gesamten staatlichen und gesellschaftlichen Lebens befugt zu sein[5].

Die mit der französischen Revolution von 1789 einsetzende Verfassungsentwicklung auf dem europäischen Kontinent ist ihrem Wesen nach durch das Bemühen gekennzeichnet, mit Hilfe einer (geschriebenen) Verfassung[6] den Freiheitsraum des einzelnen zu sichern oder zurückzugewinnen und die staatliche Macht zu begrenzen. Die Verfassungskämpfe empfingen ihre innere Dynamik aus dem Bekenntnis

---

[2] *Coing*, Auslegungsmethoden, S. 19; *Graf von Pestalozza*, Der Staat 2 (1963), 426: Über das Spannungsverhältnis von historischer und systematischer Interpretation vgl. *Scheuner*, VVDStRL 22, 1 ff., 33 ff.

[3] Hierzu: *Hesse*, Grundzüge des Verfassungsrechts, S. 26 f.

[4] G. *Husserl*, Recht und Zeit, S. 26; *Gadamer*, Wahrheit und Methode, S. 292.

[5] *Krüger*, Allgemeine Staatslehre, S. 68 ff.

[6] Zur Frage der Bedeutung einer geschriebenen Verfassung als Mittel, die Staatsgewalt zu begrenzen und die bürgerliche Freiheit möglichst weitgehend zu gewährleisten, siehe z. B. *Kägi*, Verfassung, S. 43 ff.; *Imboden*, Die Staatsformen, S. 109 ff. Ferner: *Hesse*, Grundzüge des Verfassungsrechts, S. 14 ff.

§ 9 Verfassungsrechtliche Ausgangsüberlegungen

zu ewigen Menschenrechten[7], die vorstaatlich und damit der Disposition staatlicher Gesetzgeber entzogen sind[8]. Sichtbaren Ausdruck fand dieses Bekenntnis in der berühmten „Déclaration des droits de l'homme et du citoyen" vom 26. August 1789[9]. Art. 16 dieser Erklärung spricht jeder Gesellschaft die Eigenschaft einer „verfaßten" Gemeinschaft schlechthin ab[10], in der diese Rechte nicht gewährleistet sind: „Toute société dans laquelle *la garantie des droits n'est pas assurée*, ni la séparation des pouvoirs déterminée, *n'a point de constitution*". Diese Erklärung wird damit gleichsam zur „Zeitenwende"[11] der modernen kontinentalen Verfassungsgeschichte. Seither werden die Grundrechte zum unabdingbaren Bestandteil einer jeden Verfassung gezählt, sofern sich der Verfassungsgeber für den bürgerlichen Rechtsstaat entscheidet[12].

Ihrem Wesen und ihrer Funktion nach sind die Grundrechte zunächst Abwehrrechte, die die bürgerliche Freiheit vor dem Staat schützen und eine „staatsfreie Sphäre" schaffen sollen[13]. Und sofern sich ein Staat zu Grundrechten bekennt, erkennt er gleichzeitig eine solche staatsfreie, d. h. seiner Herrschaft grundsätzlich entzogene Sphäre des Individuums an. Die Summe dieser Grundrechte umschreibt den Freiheitsraum des Individuums. Da kein Katalog diese Rechte ihrem Wesen nach abschließend aufzählen kann[14] und sie ebenso wesensmäßig gesetzgeberischer Einwirkung grundsätzlich entzogen sind[15], ist dieser individuelle Freiheitsbereich grundsätzlich unbeschränkt[16]. Daraus folgt,

---

[7] *Maunz*, Staatsrecht, S. 98, spricht in ähnlichem Zusammenhang geradezu von einem „politischen Glaubensbekenntnis".
[8] *R. Thoma*, Die juristische Bedeutung der grundrechtlichen Sätze, S. 15.
[9] Wiedergegeben bei *Hartung*, Die Entwicklung der Menschen- und Bürgerrechte von 1776 bis zur Gegenwart, Dokument Nr. 2.
[10] Vgl. auch *W. Weber*, Carl Schmitt-F., S. 253.
[11] *Kägi*, Gewaltenteilungsprinzip, S. 80.
[12] *Carl Schmitt*, Verfassungslehre, S. 126, 128 und 161: zur Frage der „geschichtlichen und rechtlichen Bedeutung der feierlichen Erklärung von Grundrechten".
[13] Aus der umfangreichen Literatur seien beispielhaft die Werke derjenigen Autoren zitiert, die den Entwicklungsgang verdeutlichen: *C. F. Gerber*, Über öffentliche Rechte, 1852, S. 78; *Georg Jellinek*, System der subjektiven öffentlichen Rechte, 1905, S. 85, 87, 96; *Ottmar Bühler*, Die subjektiven öffentlichen Rechte und ihr Schutz in der deutschen Verwaltungsrechtsprechung, 1914, S. 61 ff.; *Carl Schmitt*, Verfassungslehre, 1928, S. 163 ff., 177 ff.; *Richard Thoma*, Die juristische Bedeutung der grundrechtlichen Sätze, 1929, S. 9, 15 ff.; *Herbert Krüger*, Allgemeine Staatslehre, 1964, S. 536 ff.
[14] *Giacometti*, ZfSchwRNF 74 (1955), 149 ff., 163 ff., 167 und unter Berufung auf *Duguit*, Traité de droit constitutionel, 2. Aufl., 3. Bd., S. 568 und *Hauriou*, Précis de droit constitutionel, 2. Aufl., S. 625 für das französische Recht.
[15] *Carl Schmitt*, Verfassungslehre, S. 163; *Maunz*, Staatsrecht, S. 82.
[16] *Carl Schmitt*, HdbDStR II S. 591 Note 72, weist in diesem Zusammenhang zur verfassungsgeschichtlichen Erhellung auf zwei französische Verfassungen hin: Art. 122 der Verfassung vom 24. Juni 1793 spricht von der „*liberté indéfinie* de la presse". Ähnlich bringt die Verfassung vom 22. August 1795 diesen Grundsatz in Art. 22 zum Ausdruck: „es gibt keine garantie sociale ohne Gewaltenteilung ‚si leurs (sc. des pouvoirs) limites ne sont pas fixées'".

daß alle staatlichen Eingriffsbefugnisse grundsätzlich und notwendigerweise begrenzt sein müssen[17].

Die so umschriebene Verteilung der Macht im Staat bezeichnet *Carl Schmitt*[18] mit dem Begriff des „Verteilungsprinzips". Dieses Prinzip gehört zum unabdingbaren rechtsstaatlichen Bestandteil jeder modernen Verfassung[19]. Das Verteilungsprinzip führt zu einer wesentlichen Schlußfolgerung: Da jeder staatliche Eingriff in den Freiheitsbereich des einzelnen prinzipiell und notwendigerweise begrenzt ist, steht er unter dem *Vorbehalt der Ausnahme*[20]. Auf diese Weise ergibt sich eine *Ausgangsvermutung zugunsten der individuellen Freiheit*[21]. Der Gedanke dieser Ausgangsvermutung klingt bereits bei *Montesquieu* an: „Es gibt *keinen* Bürger, zu dessen *Ungunsten* man ein Gesetz auslegen dürfte, wenn es sich um sein Vermögen, seine Ehre oder sein Leben handelt[22]." Der Satz von der Ausgangsvermutung zugunsten der Freiheit ist somit das überkommene Leitbild einer rechtsstaatlichen Verfassung. Zweifelhaft könnte nur sein, inwieweit dieser Satz eine Auslegungsregel für den konkreten Rechtsstreit sein kann. Sofern man in diesem Satz eine Auslegungsregel des Verfassungsrechts sieht, gelten die aus dem Verteilungsprinzip abgeleiteten Überlegungen jedoch nur für die echten Grundrechte, die Freiheitsrechte oder Abwehrrechte,

---

[17] *Carl Schmitt*, Verfassungslehre, S. 126 f., 131, 158, 164, 166, 175 und HdbDStR II S. 591.
[18] Verfassungslehre, S. 126 ff., 131 und durchgehend.
[19] *Carl Schmitt*, Verfassungslehre, S. 126, 131, 177; *Kägi*, Gewaltenteilungsprinzip, S. 98, und Schweizer Rechtsstaat, S. 173 ff., 175. Allerdings bestehen unterschiedliche Auffassungen über den *Geltungsgrund* dieses Prinzips. Während Kägi, Gewaltenteilungsprinzip, S. 199, ihm positiv-rechtliche Geltungskraft im Range eines Verfassungsrechtssatzes beimißt, auch wo es „nicht ausdrücklich in den Verfassungstexten proklamiert" ist, vertritt *Giacometti*, ZfSchwRNF 74 (1955), 149 ff., 168 Note 13, die Auffassung, daß dieses Prinzip lediglich „seinen Ausdruck in einer Reihe von Menschenrechten findet". Dem ist zuzustimmen; denn nur an dem Bekenntnis des Verfassungsgesetzgebers zu Grundrechten läßt sich ablesen, welchen Rang er dem Individuum einräumen will.
[20] *Carl Schmitt*, Verfassungslehre, S. 131, 166, 175: Eingriffe und Einschränkungen „erscheinen als Ausnahme, und zwar als berechenbare, nach Voraussetzung und Inhalt meßbare und kontrollierbare Ausnahme", und HdbDStR II S. 592.
[21] *R. Thoma*, Die juristische Bedeutung der grundrechtlichen Sätze, S. 9, 16; *Fleiner*, Institutionen des Deutschen Verwaltungsrechts, S. 389: „Im Rechtsstaat spricht die Vermutung für die Freiheit des Individuums vom staatlichen Zwang"; *Giacometti*, Die Auslegung der schweizerischen Bundesverfassung, S. 21: Es sei ein „allgemeiner Grundsatz des Rechtsstaates, nach welchem die Vermutung für die Freiheit des Bürgers spricht"; ebenso *Fleiner-Giacometti*, Schweizerisches Bundesstaatsrecht, S. 31; abschwächend *Roos*, Der Grundsatz der gesetzmäßigen Verwaltung, S. 133, der für das Verhältnis der rechtsanwendenden Behörde zum Bürger diesem Grundsatz als Auslegungsregel keine „weitere Bedeutung" zukommen lassen will „als anderen formalen Auslegungsregeln".
[22] EdL VI 13 S. 109. Ähnlich, aber nur im Verhältnis zu anderen Individuen, *Kant*, Rechtslehre, § 9.

§ 9 Verfassungsrechtliche Ausgangsüberlegungen

nicht dagegen für die demokratischen Staatsbürgerrechte oder Rechte, die dem einzelnen einen Anspruch auf positive Leistungen des Staates geben, ebensowenig für institutionelle Garantien[23]. Als grundsätzliche Ausnahmeerscheinungen bedürfen staatliche Eingriffe aber der Rechtfertigung. Sie stellen nachdrücklich die Warum-Frage, die im Satz vom zureichenden Grund beschlossen liegt. Sie fordern daher auch die Mitteilung des Grundes für das staatliche Tätigwerden.

2. Verwirklichung im Grundgesetz

Nunmehr ist zu erörtern, inwieweit das Grundgesetz den materiellen Inhalt des bürgerlich-liberalen Rechtsstaates übernommen hat. In den Art. 1 bis 3 bekennt sich das Grundgesetz zur Würde des Menschen[24], seiner Freiheit und Gleichheit[25]. Für das Bundesverfassungsgericht wird in dieser Aussage die „Wertordnung" des Grundgesetzes sichtbar[26]. Gleich, wie man zur Frage einer solchen „Wertordnung" steht[27], verkörpert dieses „Bekenntnis" einen ganz bestimmten Staatstyp. In diesem Sinne betont das Bundesverfassungsgericht, daß der Grundrechtsabschnitt der Verfassung vorangestellt sei, um so „den Vorrang des Menschen und seiner Würde gegenüber der Macht des Staates" hervorzuheben[28].

Den Zusammenhang mit der rechtsstaatlich-liberalen Tradition der europäischen Verfassungsgeschichte verdeutlicht das Bundesverfassungsgericht mit dem ausdrücklichen Hinweis auf die „geistesgeschichtliche Entwicklung der Grundrechtsidee und die geschichtlichen Vorgänge, die zur Aufnahme von Grundrechten in die Verfassungen der einzelnen Staaten geführt haben"[29]. Daraus erhellt auch die Funktion der Grundrechte. Sie sind „Abwehrrechte" des Bürgers gegen den Staat, die die Freiheitssphäre des einzelnen vor Eingriffen der öffentlichen Gewalt

---

[23] *Carl Schmitt*, Verfassungslehre, S. 168 ff., 181 f. Damit erledigen sich schon weitgehend Bedenken, die gegen die „Auslegungsvermutung zugunsten der individuellen Freiheit" aus den gemeinschaftsbezogenen Grundrechten vorgetragen werden, z. B. bei *von Mangoldt-Klein*, S. 118.

[24] Auch dieses Bekenntnis kann sich auf *Montesquieu* als seines Ahnherrn berufen. Insbesondere *Kägi*, Huber-F., S. 157 ff. mit weiteren Nachweisen, hat wieder darauf hingewiesen, daß die „dignité humaine" ein entscheidender Ansatzpunkt im Denken Montesquieus gewesen ist.

[25] BVerfGE 10, 59, 81; *Schnorr*, AöR 85 (1960), 139 ff.

[26] z. B. BVerfGE 7, 198, 205.

[27] *Vogel*, VVDStRL 24 (1966), 143, der eindringlich darauf hinweist, daß die Wertphilosophie als letzter Versuch, generelle Prinzipien aufzuzeigen, der Vergangenheit angehört. Kritisch auch: *Hesse*, Grundzüge des Verfassungsrechts, S. 120 f.; Graf von Pestalozza, Der Staat 2 (1963), 437 Note 55 mit umfangreichen Schrifttumsnachweisen.

[28] BVerfGE 7, 198, 205.

[29] BVerfGE 7, 198, 204 und E 1, 97, 104.

sichern sollen[30]. Diese Auffassung von dem Verhältnis des einzelnen zum Staat bedeutet dann auch für das Bundesverfassungsgericht, daß alle öffentliche Gewalt in ihrer Einwirkungsmöglichkeit auf das freie Individuum *grundsätzlich begrenzt* ist[31]. Daher ist in dem Spannungsverhältnis des einzelnen zum Staat bei der erforderlichen Interessenabwägung[32] von dem grundsätzlichen Vorrang des Freiheitsrechts auszugehen[33], der sich dem Bundesverfassungsgericht[34] in der grundsätzlichen und allgemeinen *Freiheitsvermutung* zugunsten des Bürgers insbesondere in Art. 2 Abs. 1 GG erschließt. Dieser Vorrang bestimmt daher zunächst das Rangverhältnis der abzuwägenden Güter und Interessen und verteilt bereits die Gewichte beim Abwägen. Diese Vorrangstellung kann auch als Wertung der Interessen begriffen werden, wie sie die Wertungsjurisprudenz ideologiehaftig versteht. Zum anderen stellt dieser Vorrang bereits hohe Anforderungen bei der Formulierung derjenigen Interessen, die als Gemeininteressen in den Abwägungsvorgang eingeführt werden sollen. Je mehr daher gesetzliche Eingriffe elementare Äußerungen der menschlichen Handlungsfreiheit berühren, „um so sorgfältiger müssen die zur Rechtfertigung vorgebrachten Gründe gegen den grundsätzlichen Freiheitsanspruch des Bürgers abgewogen werden"[35].

In der grundsätzlichen Begrenztheit aller öffentlichen Gewalt in ihrer Einwirkungsmöglichkeit auf das freie Individuum sieht das Bundesverfassungsgericht eine „Leitidee unserer Verfassung"[36]. Diese Leitidee ist aber nichts anderes als das liberal-rechtsstaatliche Verteilungsprinzip[37]. Damit erweist sich die Ausgangsvermutung zugunsten der prinzipiell unbeschränkten Freiheit der Einzelpersönlichkeit nach der Rechtsprechung des Bundesverfassungsgerichts als ein wesentliches Kennzeichen unserer Verfassungsordnung[38]. Das ist auch die überwiegende im Schrifttum vertretene Auffassung[39].

---

[30] BVerfGE 7, 198, 204 und E 1, 97, 104; siehe ferner E 5, 85, 200: „Dem Bürger wird eine freie Sphäre durch die Anerkennung von Grundrechten ... gesichert." Ferner: *Hesse*, Grundzüge des Verfassungsrechts, S. 144.
[31] BVerfGE 6, 55, 81.
[32] BVerfGE 20, 150 mit Anm. von *Rupp*, NJW 1966, 2037. Ferner: *Eike von Hippel*, Grenzen und Wesensgehalt der Grundrechte, S. 58 ff.
[33] BVerfGE 6, 32, 42; 7, 198, 208; 7, 377, 405; 12, 281, 295 f.; 13, 97, 105; 17, 306, 313 f.; 20, 150, 159.
[34] BVerfGE 6, 32, 42; 17, 306, 313 f.
[35] So das Bundesverfassungsgericht, E 20, 150, 159.
[36] BVerfGE 6, 55, 81.
[37] *Lerche*, Übermaß und Verfassungsrecht, S. 33 Note 16.
[38] Damit steht die vom Bundesverfassungsgericht vertretene Auffassung der Vermutung für die Verfassungsmäßigkeit von Gesetzgebungsakten nicht in Widerspruch. BVerfGE 2, 266, 282; *Wernicke*, in BK II 3 e zu Art. 20; *Holtkotten*, II 2 zu Art. 97; *Less*, Richterrecht, S. 66; *Arthur Kaufmann*, Erik Wolf-F., S. 366 f.; *Bachof*, AöR 87 (1962), 18 und Note 45, Verfassungsrecht, Verwaltungsrecht, Verfahrensrecht, S. 100 f. Ferner *Carl Schmitt*, Hüter der Verfassung, S. 170. Die Vermutung zugunsten der Freiheit wird auf diese

Ob in diesem Satz von der Ausgangsvermutung zugunsten der Freiheit, der auch als Auslegungsregel „in dubio pro libertate" umschrieben wird, ein Prinzip der Verfassungsinterpretation im Zusammenhang mit der Entscheidung eines konkreten Rechtsstreits zu sehen ist, wird teilweise im Schrifttum bezweifelt[40]. Folgt man der differenzierenden Betrachtung des Bundesverfassungsgerichts im sog. Apotheken-Urteil[41], das zwischen der materiellen und der prozessualen Seite unterscheidet und nur im Falle der Nichterweislichkeit von Tatsachen, die den Eingriff rechtfertigen würden, nach der Regel „in dubio pro libertate" verfährt, so ist der Streit in der Tat gegenstandslos[42]. Dieser Satz ist daher sowohl Leitbild der Verfassung in dem oben umschriebenen Sinn wie auch Auslegungsregel zur Entscheidung eines konkreten Rechtsstreits.

Das verfassungsrechtliche Leitbild einer Ausgangsvermutung für die Freiheit ist letztlich ein besonderes Kennzeichen des Spätkonstitutionalismus vor dem bekannten Hintergrund eines dualistischen Verhältnisses von Staat und Gesellschaft[43]. Die Kritik an dieser Auffassung ist daher verknüpft mit der Kritik an dem in den Abwehrrechten beschlossenen grundsätzlichen Freiheitsanspruch, der in der Wesensgehaltsgarantie des Art. 19 Abs. 2 GG sogar verfassungsrechtlich unantastbar normiert ist[44]. In der Tat führt die Idee der Volkssouveränität in ihrer Konsequenz zu einer Integration des einzelnen in den Staat, oder besser: zu einer neuen Wesenheit, in der die Antinomie Bürger—Staat aufgehoben ist. Diese neue Wesenheit kann richtigerweise weder ein vergesellschafteter Staat noch eine verstaatlichte Gesellschaft sein. Beide Vorstellungen hätten sich aus dem überkommenen dualistischen Denken nicht befreit. Aber die in der Idee der Volkssouveränität ebenso beschlossene Vorstellung einer „freiheitlichen Ordnung" wird weder durch Verstaatlichung noch durch Vergesellschaftung verwirklicht, denn Staat und Gesellschaft sind aus ihrer Natur heraus grundsätzlich freiheitsfeindlich. Historisch-genetisch betrachtet, setzen die bürgerlichen

---

Weise nicht „paralysiert". Das hat *Peter Schneider*, In dubio pro libertate, S. 263, 289, eingehend dargelegt. Für Einzelheiten dieser Problemstellung „in dubio pro libertate — in dubio pro auctoritate" wird daher auf diese Studie verwiesen.

[39] *Maunz*, Staatsrecht, S. 84, 101; *Dürig*, AöR 79 (1953/1954) 62 und in MD 15 zu Art. 1; 72 zu Art. 2; 70 zu Art. 20. *Forsthoff*, Jellinek-G., S. 235; *Marcic*, Richterstaat, S. 319; *Wintrich*, Zur Problematik der Grundrechte, S. 31; *Peter Schneider*, In dubio pro libertate, durchgehend; *Uber*, Freiheit des Berufs, S. 28, und Schack-F., S. 175; *Klaus Vogel*, Der räumliche Anwendungsbereich der Verwaltungsrechtsnorm, S. 400 f.; *Wolfgang Hoffmann*, JuS 1967, 394.

[40] *Ehmke*, VVDStRL 20 (1963), 53 ff., 94 ff.; *H. Huber*, ebenda, 116; *Graf von Pestalozza*, Der Staat 2 (1963), 445; *Hesse*, Grundzüge des Verfassungsrechts, S. 29.

[41] BVerfGE 7, 377, 413 ff., 415 f.

[42] So *Eike von Hippel*, NJW 1967, 541 Note 37 a.

[43] Zu den drei unterschiedlichen „Sachwirklichkeiten", die sich hinter dem Begriffspaar Staat—Gesellschaft verbergen: *Vogel*, VVDStRL 24 (1966), 132 f.

[44] So z. B. *Krüger*, Allgemeine Staatslehre, S. 538, 944 f.

Freiheiten den Staat allerdings voraus. Angesichts der zunehmenden Vergesellschaftung des öffentlichen Lebens hat der Staat daher auch gegenwärtig die Aufgabe, die Freiheit des einzelnen vor der Gesellschaft zu schützen; denn eine Freiheit kann immer nur dann wirksam ausgeübt werden, wenn sie weder vom Staat behindert, noch von anderen (gesellschaftlichen) Trägern desselben Freiheitsrechts monopolistisch bzw. oligopolistisch beherrscht wird. Dem dynamischen und egoistischen Handeln der Gesellschaft gegenüber wirken die staatlichen Willensbildungen auch unter dem gegenwärtigen Wandlungsprozeß, der viele Züge einer Vergesellschaftung des Staates zeigt, vergleichsweise ausgleichend und neutralisierend. Aber während sich Gesetzgeber und Verwaltungen häufig als nur schwache Katalysatoren der gesellschaftlichen Gruppeninteressen erweisen, erscheinen die Gerichte als letzte Bewahrer eines am Gemeinwohl ausgerichteten Interesses, als ein Hort der Neutralität, als eine letzte Zuflucht des beschwerten einzelnen. Damit wird der Staat in seinen Funktionsträgern auch zu einem Instrument der Freiheitsbewahrung. Insoweit könnte man von einer gegenüber dem Dualismus des 19. Jahrhunderts gewandelten Gestimmtheit des Staates sprechen. Das herkömmliche Spannungsverhältnis könnte als aufgelöst erscheinen, eine neue Grenzziehung zwischen Bürger und Staat erforderlich werden. Auch der Übergang des Verfassungsrechts zur Privatrechtsordnung würde gleitender werden, die verschiedenen Drittwirkungslehren würden als vorläufige und erste Versuche eines Brückenschlages der Rechtsgeschichte angehören.

Dennoch bleibt der Staat Machtträger, und da Menschen über Menschen auch in einer freiheitlichen Ordnung herrschen, ist die Möglichkeit des Machtmißbrauchs nicht ausgeschlossen[45]. Die Antinomie des Verhältnisses Bürger—Staat ist daher schlechthin vorgegeben. Die Menschen- und Bürgerrechte werden somit ihre Funktion als Abwehrrechte auch fortwährend beibehalten müssen. Die Ausgangsvermutung für die Freiheit als Leitbild einer rechtsstaatlichen Verfassung ist daher auch von zeitloser Gültigkeit. Allerdings ist die einseitige, gegen den Staat gerichtete Zielrichtung der Freiheitsrechte überholt. Von gleicher Bedeutung ist die Abwehr freiheitsgefährdender Bedrohungen durch die Gesellschaft, z. B. durch eine Monopol- bzw. Oligopolbildung der in Art. 5 GG gewährleisteten Rechte[46]. Auch für das Verhältnis des einzelnen zu gesellschaftlichen Monopolbildungen gilt für die Grenzziehung die Ausgangsvermutung für die individuelle Freiheit. Ob der Abwehranspruch in diesen Fällen in einen Anspruch auf Tätigwerden

---

[45] *Krüger*, Allgemeine Staatslehre, S. 974, wendet sich allerdings mit Nachdruck dagegen, daß die Obrigkeit die Vermutung gegen sich habe, tyrannisch zu sein.
[46] *Herzog*, Der Mensch des technischen Zeitalters in Recht und Theologie, Evangelisches Staatslexikon, S. XXXVI ff.

§ 9 Verfassungsrechtliche Ausgangsüberlegungen

staatlicher Organe mit dem Ziel der Freiheitsbewahrung umschlägt, ist ein schwieriges, vor allem auch verfahrensrechtlich schwer zu lösendes Problem. Dieser Gedanke soll hier jedoch nicht weiter verfolgt werden, da sich diese Arbeit mit dem Verhältnis des einzelnen zum Staat befaßt.

Die so verstandene Ausgangsvermutung für die Freiheit des Bürgers mag man dogmatisch mit *Carl Schmitt*[47] an den grundsätzlichen Ausnahmecharakter jedes staatlichen Eingriffs anknüpfen. Auf jeden Fall ergibt sich aber als Korrelat zur Ausgangsvermutung für die Freiheit, daß die Eingriffe aller staatlichen Gewalt, ob sie nun dogmatisch als prinzipielle Ausnahmeerscheinungen qualifiziert werden oder nicht, auch nach dem Grundgesetz unter dem *allgemeinen Vorbehalt ihrer Rechtfertigung* stehen[48]. Das Erfordernis der Rechtfertigung aller staatlichen Eingriffe ergibt sich somit bereits aus der „Präponderanz" der Freiheit, wie sie das Grundgesetz deutlich in Art. 2 Abs. 1 ausspricht, nicht erst aus der Bestimmung des Art. 20 Abs. 3 GG mit seinem Gebot normativer Gebundenheit staatlichen Handelns. Wohl aber ist diese Verfassungsbestimmung selbst zugleich eine Konkretisierung der Rechtsstaatsidee im Sinne dieser Präponderanz der Freiheit mit ihrem allgemeinen Rechtfertigungsgebot.

Die Rechtfertigung kann sich in zweifacher Hinsicht äußern: Ein Eingriff ist *sachlich* gerechtfertigt, wenn ein Recht zum Tätigwerden besteht, d. h. wenn der Grund vorhanden ist, wobei die Verfassung selbst ausschließlich den Maßstab hierfür setzt. Er ist *formell* gerechtfertigt, wenn das Recht zum Tätigwerden nachgewiesen ist, d. h. wenn der Grund mitgeteilt ist. Während das Gebot der *sachlichen* Rechtfertigung letztlich gewährleisten soll, daß die Äußerungen aller staatlichen Gewalt inhaltlich mit der vom Grundgesetz postulierten rechtlichen Grundordnung übereinstimmen, kommt dem Gebot der *formellen* Rechtfertigung mehr eine dienende, pädagogische und mitteilende Aufgabe zu. Es soll staatliche Maßnahmen einsichtig und erkennbar werden lassen.

Die folgenden Überlegungen sollen den inneren und notwendigen Zusammenhang zwischen sachlicher und formeller Rechtfertigung aufzeigen.

---

[47] Verfassungslehre, S. 131, 166, 175 und HdbDStR II, S. 592.
[48] *Peter Schneider*, In dubio pro libertate, S. 276: „In der freiheitlichen Verfassungsordnung bedarf der staatliche Eingriff in die Freiheit des Bürgers stets der besonderen Begründung... Sie dient... der Rechtfertigung..." *Arndt*, NJW 1959, 6, 7 f. — Ganz allgemein sieht *Kriele*, Theorie der Rechtsgewinnung, S. 226 f., in der „Rechtfertigungsfähigkeit der Entscheidung des konkreten Problems" und ihrer Meßbarkeit am Maßstab „vernunftrechtlicher Erwägungen" ein grundlegendes rechtsstaatliches Kriterium juristischer Rechtsgewinnung.

II. Allgemeiner Rechtfertigungsvorbehalt

1. Sachliche Rechtfertigung

Die verfassungsrechtlichen Ausgangsüberlegungen haben gezeigt, daß der Ausnahmecharakter staatlicher Eingriffe in den grundrechtsgeschützten Individualbereich das Gebot der Rechtfertigung als unausweichliche Folge mitbestimmt. Rechtfertigen heißt aber begründen. Jede staatliche Maßnahme ist daher nur dann richtig, d. h. gerechtfertigt, wenn die „ratio" oder der Grund vorhanden ist.

Das Erfordernis der sachlichen Rechtfertigung gilt zunächst für den Bereich der Gesetzgebung. Jedes freiheitsbeschränkende Gesetz „bedarf der besonderen Begründung und Rechtfertigung"[49]. Die Bindung an die verfassungsmäßige Ordnung (Art. 20 Abs. 3 GG) konkretisiert, ebenso wie das System der allgemeinen und besonderen Vorbehaltsschranken, lediglich diese allgemeine Rechtfertigungspflicht nach Art, Inhalt und Ausmaß für das Gebiet der Gesetzgebung. *Dürig*[50] weist für den Bereich des Polizeirechts sehr prononciert darauf hin, daß wegen der „Rechtsvermutung für die individuelle Freiheit" der Staat gezwungen sei, „sein gesamtes Polizeirecht vor der Freiheit des Einzelnen zu rechtfertigen". Erst unter voller Beachtung der mit den Grundrechten getroffenen Wertentscheidung der Verfassung entstehe „richtiges", d. h. „gerechtfertigtes" Recht.

Während der Gesetzgeber innerhalb der verfassungsmäßigen Ordnung sich frei entfalten kann, unterliegen vollziehende Gewalt und Rechtsprechung einer strengen normativen Gebundenheit, wie sich bereits aus Art. 20 Abs. 3 GG ergibt, der für den Bereich dieser Gewalten den allgemeinen Rechtfertigungsvorbehalt konkretisiert. Diese strenge Abhängigkeit der vollziehenden Gewalt von „Gesetz und Recht" bedingt, daß Eingriffe in die Freiheitssphäre des einzelnen nur aufgrund gesetzlicher Ermächtigung sachlich gerechtfertigt sind. Dasselbe gilt grundsätzlich auch für die richterliche Tätigkeit. Auch sie steht „im Zeichen der Ausgangsvermutung zugunsten des Menschen"[51]. Das wird für den rechtsstaatlichen Strafprozeß seit eh und je mit dem Satz „in dubio pro reo" umschrieben.

Auch gerichtliche Entscheidungen, Urteile wie Beschlüsse, haben Eingriffscharakter; denn sie können zumindest für einen Beteiligten eine

---

[49] *Peter Schneider*, In dubio pro libertate, S. 280, und BVerfGE 17, 306, 313 f., unter Hinweis auf die allgemeine Freiheitsvermutung des Bürgers, wie sie in Art. 2 Abs. 1 GG zum Ausdruck kommt.
[50] AöR 79 (1953/1954), 62 f., der aus diesen Erwägungen auch zu einer Umkehrung der Beweislast kommt. Hierzu auch *Wolfgang Hoffmann*, Beweislast und Rechtfertigung bei ehrverletzenden Behauptungen im politischen Bereich, NJW 1966, 1200.
Ferner: *Peter Schneider*, In dubio pro libertate, S. 276.
[51] *Peter Schneider*, In dubio pro libertate, S. 281.

§ 9 Verfassungsrechtliche Ausgangsüberlegungen 119

unmittelbar belastende rechtliche Regelung enthalten, die staatlich-autoritativ ausgesprochen wird und die der Rechtskraft fähig ist, d. h. eine für die Beteiligten rechtlich bindende Wirkung entfaltet und zumindest für einen von ihnen eine rechtliche Verpflichtung begründet. Das gilt grundsätzlich für alle gerichtlichen Verfahren. Dabei kann in diesem Zusammenhang zunächst dahingestellt bleiben, ob es sich in jedem Falle um einen Eingriff in den grundrechtlich geschützten Bereich oder auch um Eingriffe in den Bereich sonstiger subjektiver Berechtigungen handelt. Der Eingriffscharakter gerichtlicher Entscheidungen sei an einigen Beispielen, vor allem unter dem Gesichtspunkt der Grundrechtsbeeinträchtigung, verdeutlicht.

Das Unwerturteil, das in einer strafgerichtlichen Verurteilung über das Verhalten des Täters gefällt wird, wirkt auf die Rechtssphäre des Betroffenen unmittelbar ein, und zwar schon durch die Feststellung, daß das Verhalten des Täters gegen Strafrechtsnormen verstößt. Die unmittelbare Belastung zeigt sich zunächst darin, daß der Verurteilte im Rechtsverkehr nicht mehr als unbestraft gilt. Die ausgesprochene Sanktion greift bereits durch ihre verpflichtende Wirkung in Freiheit (Art. 2 Abs. 2 Satz 2, Art. 104 Abs. 1 Satz 1 GG) und Vermögen (Art. 14 GG) oder ganz allgemein in das Grundrecht der freien Persönlichkeitsentfaltung (Art. 2 Abs. 1 GG)[52] unmittelbar ein und nicht erst durch ihren tatsächlichen Vollzug. Der Vollzug ist lediglich die Folge des strafrichterlichen Erkenntnisses, das die Belastung rechtfertigt.

Ebenso können zivilgerichtliche Urteile und Beschlüsse in den auch grundrechtlich geschützten Individualbereich eingreifen. Das gilt zunächst für Urteile, die den Beklagten zu einer Leistung verurteilen; denn das Leistungsurteil greift bereits durch seinen staatlich-autoritativen und rechtskraftfähigen Leistungsbefehl in die Rechtssphäre des Betroffenen ein, auch wenn es nur eine bereits bestehende Rechtspflicht konkretisiert. Die rechtliche Belastung entsteht endgültig mit dem Eintritt der Rechtskraft des Urteilsausspruchs, der die Verpflichtung dann bindend begründet und die rechtliche Grundlage für die Vollstreckung schafft. Unter verfassungsrechtlichen Gesichtspunkten kann das Leistungsurteil in die allgemeine Handlungsfreiheit (Art. 2 Abs. 1 GG) bzw. Vermögensdisposition (Art. 14 GG) des Schuldners eingreifen. Insoweit ist auch das zivilrichterliche Erkennen dessen, was Recht ist, ein Eingriff im Sinne des Verfassungsrechts. Ähnliches gilt für klagabweisende Urteile, die dem Kläger den Zuspruch einer Lei-

---

[52] Unter diesem Gesichtspunkt würdigt vor allem das BVerfG (E 9, 83, 88) die strafgerichtliche Verurteilung. So hat das Gericht im Zusammenhang der Verurteilung zu einer Geldstrafe ausgeführt: Auch wenn die Strafe etwa auf Grund eines Gnadenaktes nicht entrichtet zu werden brauchte, „dürfte die in dem Grundrecht der freien Persönlichkeitsentfaltung notwendig enthaltene Freiheit von unberechtigten staatlichen Eingriffen verletzt sein".

stung verweigern. Auch das Feststellungsurteil, das regelmäßig die Feststellung eines Rechtsverhältnisses enthält, führt durch seine rechtskraftfähige, d. h. für die Parteien des Rechtsverhältnisses maßgebliche Entscheidung, zu einer nunmehr staatlich-autoritativen Anerkennung bzw. Aberkennung eines Rechtsverhältnisses, die die Rechtsmacht des Beschwerten beschränkt und eine Beeinträchtigung seiner Handlungsfreiheit bzw. Vermögenslage bedeutet. Dasselbe gilt von Gestaltungsurteilen, die unmittelbar nachteilige Rechtsfolgen für den Beschwerten herbeiführen können. Ohne ihre sachliche Rechtfertigung dürfen Urteile aber nicht eine Partei belasten.

Nichts anderes gilt von verwaltungsgerichtlichen Urteilen, die die belastende Maßnahme der Verwaltung bestätigen und damit den Betroffenen endgültig, d. h. rechtskräftig, der beeinträchtigenden Anordnung eines belastenden Verwaltungsaktes aussetzen oder die Verurteilung der Verwaltung zum Erlaß eines begünstigenden Verwaltungsaktes oder zur Erbringung einer anderen Leistung versagen.

Der grundsätzliche Eingriffscharakter gerichtlicher Entscheidungen wird ferner durch die Regelung des § 90 Abs. 1 BVerfGG bestätigt, wonach die Verfassungsbeschwerde gegen alle Maßnahmen der öffentlichen Gewalt gegeben ist, die den Grundrechtsbereich berühren. Zur öffentlichen Gewalt gehört auch die rechtsprechende Gewalt[53]. Ihre Erkenntnisse können daher grundsätzlich „eingreifen", auch wenn das Verfassungsbeschwerdeverfahren selbst nur bei unmittelbaren Grundrechtsbeeinträchtigungen gegeben ist. Der Bereich der möglichen Grundrechtsbeeinträchtigungen durch richterliche Erkenntnisse ist vom Bundesverfassungsgericht aber weit ausgedehnt worden. Während weiter oben aufgrund des verfassungsrechtlichen Leitbildes der Ausgangsvermutung für die Freiheit aus Art. 2 Abs. 1 GG nur diese Freiheitsvermutung im Sinne einer allgemeinen „Präponderanz" der Freiheit gegenüber belastenden staatlichen Maßnahmen hergeleitet wurde, so konkretisiert sich nunmehr unter dem Gesichtspunkt des Eingriffscharakters gerichtlicher Entscheidungen der rechtliche Gehalt des Art. 2 Abs. 1 GG dahin, daß dieses Grundrecht den allgemeinen „grundrechtlichen Anspruch" begründet, „nicht durch staatlichen Zwang mit einem Nachteil belastet zu werden, der nicht in der verfassungsmäßigen Ordnung begründet ist. Das Grundrecht verbietet Eingriffe der Staatsgewalt, die nicht rechtsstaatlich sind"[54]. Auf die Schlußfolgerungen, die aus dem Eingriffscharakter gerichtlicher Entscheidungen für das Verfassungsbeschwerdeverfahren gezogen werden könnten, soll erst am Schluß dieser Untersuchung eingegangen werden.

[53] *Leibholz-Rupprecht*, BVerfGG, S. 45 ff. zu § 90 mit umfangreichen Nachweisen aus der Rechtsprechung des Bundesverfassungsgerichts.
[54] BVerfGE 19, 206, 215 mit weiteren Nachweisen, bestätigt in E 19, 268, 273; 21, 54, 59; 23, 288, 300 und Beschluß vom 13. 5. 1969 = NJW 1969, 1243.

Haben gerichtliche Entscheidungen also grundsätzlich Eingriffscharakter, so gilt auch für sie das Gebot hinreichender Bestimmtheit, das für alle belastenden staatlichen Maßnahmen vorausgesetzt wird[55], um sie messen und somit kontrollieren zu können. Das bedeutet aber für gerichtliche Entscheidungen, daß sie nicht nur hinreichend verdeutlichen, *was* erkannt wird, sondern *warum* etwas so und nicht anders erkannt worden ist.

2. Formelle Rechtfertigung

a) Historisch-genetischer Bezug der Begründungspflicht

Während das richterliche Erkenntnis, der Urteilsausspruch, nach kanonischem und gemeinem Recht vor seiner grundsätzlich mündlichen Verkündung, von wenigen Ausnahmen abgesehen, schriftlich abgefaßt werden mußte, um übereilte Aussprüche zu verhindern[56], kannte das gemeine Recht keine Verpflichtung des Richters, den Parteien die Gründe des Erkenntnisses mitzuteilen. Dagegen verlangte das kanonische Recht wenigstens dann die Angabe von Entscheidungsgründen, wenn eine Partei an das Obergericht appellierte. Die Gründe wurden in dem sog. Verantwortungsbericht niedergelegt, der dem Obergericht zu erstatten war. Er mußte aber auch den Parteien in diesem Falle mitgeteilt werden[57]. Nach der Reichskammergerichtsordnung von 1555 in Verbindung mit dem Reichsabschied von 1566 und nach der Reichshofrathsordnung von 1559 mußten die Entscheidungsgründe zwar in bestimmten Fällen aufgezeichnet werden, eine Mitteilung an die Parteien war jedoch nicht vorgeschrieben[58].

Dagegen bestimmte bereits § 42 des 13. Titels der preußischen Prozeßordnung von 1793, daß die „Erkenntnisse und Entscheidungsgründe" sorgfältig abgefaßt sein sollen, damit „auch die Parteien selbst einsehen und begreifen können, was eigentlich und warum es einem von ihnen ab- und dem anderen zuerkannt worden sei"[59]. Als Rechtsfolge beim

---

[55] BVerfGE 21, 209, 215, 218: rechtsstaatlich gebotene Bestimmtheit auch bei Auslegungsbedürftigkeit eines Rechtssatzes, und E 21, 73, 79: rechtsstaatliche Grundsätze der Normklarheit und Justiziabilität; ferner BVerfGE 21, 1, 4; 14, 245, 251; 13, 153, 155 f., 160 ff. mit jeweils weiteren Nachweisen; MD 91 zu Art. 20, 13 zu Art. 80.
[56] *Heffter*, System des römischen und deutschen Civil-Prozeßrechts (1825), S. 244; *Weiske*, Rechtslexikon, Band 11, S. 771.
[57] *Weiske*, Rechtslexikon, Band 11, S. 769.
[58] Siehe die Nachweise bei *Brinkmann*, Über die richterlichen Urtheilsgründe, S. 41 ff., und *Weiske*, Rechtslexikon, Band 11, S. 769. — Einen Überblick zur Geschichte der Urteilsbegründung in Frankreich gibt *Sauvel*, Histoire du jugement motivé, 71 Revue du Droit public (1955) 5.
[59] Über die Vorschriften, die in Sachsen und in den thüringischen Staaten die Begründungspflicht für richterliche Erkenntnisse in den ersten Jahrzehnten des 19. Jahrhunderts einführten, siehe *Heimbach*, Lehrbuch des sächsischen bürgerlichen Prozesses, 1. Band, S. 178.

Fehlen von Urteilsgründen sahen Art. 388 Nr. 4 der Bayerischen Prozeßordnung und Art. 5 Nr. 9 der preußischen Verordnung vom 14. Dezember 1833 über die Nichtigkeitsbeschwerde die Aufhebung der Entscheidung vor.

Die nachhaltige Forderung aber nach einer Begründung des richterlichen Erkenntnisses, bei der den Parteien die Gründe mitgeteilt werden, um diesen gegenüber die Entscheidung zu rechtfertigen, hat ihren Ursprung in den frühkonstitutionellen Bestrebungen, die Staatsmacht zu begrenzen und zu kontrollieren, um den bürgerlichen Freiheitsrechten auf diese Weise Rechnung zu tragen. Daher sollen sich die staatlichen Funktionsträger grundsätzlich für ihre Maßnahmen vor dem Volk verantworten. Der Gedanke der Verantwortlichkeit auch des Richters für seine Entscheidungen ist einer der tragenden Gründe für die Postulierung der richterlichen Begründungspflicht, die somit einen überwiegend verfassungspolitischen und verfassungsrechtlichen Aspekt gewinnt. So bestimmte § 46 der Verfassungsurkunde des Königreichs Sachsen vom 4. September 1831[60], daß die Gerichtsstellen ihren Entscheidungen Gründe beizufügen haben.

In der bereits erwähnten vielbeachteten Monographie des Kieler Rechtsgelehrten *Rudolf Brinkmann* aus dem Jahre 1826: „Über die richterlichen Urtheilsgründe nach ihrer Nützlichkeit und Notwendigkeit sowie über ihre Auffindung, Entwicklung und Anordnung nebst Bemerkungen über den richterlichen Stil und Ton" wird diese Forderung eingehend begründet. So weist Brinkmann darauf hin, daß auch der Richter nur beschränkte Gewalt ausübe und daher wie jeder Staatsdiener von seinen Handlungen Rechenschaft geben müsse (Einleitung, S. 6 f.). „Richtersprüche, ohne Begleitung von Gründen, erscheinen als willkürliche Sätze" (S. 56). Durch offene Urteilsgründe lege der Richter auch vor der öffentlichen Meinung Rechenschaft über seine Fähigkeiten und Kenntnisse ab. Dagegen bedecke Heimlichkeit der Entscheidungsgründe „Bequemlichkeit, Trägheit, Unkenntnis, Laune, Willkür und Parteilichkeit" und gefährde die Rechte der Parteien (S. 52, 60). Mitgeteilte Urteilsgründe dienten daher auch dem Nachweis, daß der Richter nicht willkürlich, sondern sachlich gerechtfertigt eine Partei durch ein Urteil beschwere. Der „redliche und geschickte Richter" könne zwar ein gründliches Urteil aussprechen, auch wenn er die Gründe für sich behalte. „Allein wer ist so kurzsichtig und gutgläubig, um mit blindem Vertrauen auf die Redlichkeit und Geschicklichkeit der Richter zu schwören? Auf den Stand des Richters und seinen Amtseid soll der Staat ein schrankenloses Vertrauen setzen? Hab und Gut, Freiheit und Ehre, das Leben selbst, soll von dem Ausspruch solcher Männer abhängen, die, ohne von den Parteien erkoren zu seyn, mit gar nichts

---

[60] Gesetzessammlung für das Königreich Sachsen vom Jahre 1831, S. 241.

weiter als mit ihrer Gewalt und mit ihren beschworenen Pflichten sich verantworten? ... Und gäbe es leichtere und zweckmäßigere Mittel, als die Entscheidungsgründe, um das Mißtrauen in die wahre Rechtspflege zu beschwichtigen, und dem Mißbrauche der richterlichen Gewalt vorzubeugen?" (S. 55 f.). Der verlierende Teil werde in einem unbegründeten Urteil leicht ein ungegründetes Urteil sehen, da ein unbegründeter Richterspruch als willkürlicher Satz erscheine (S. 56).

Weiterhin hält *Brinkmann* die Kenntnis der Gründe für die Rechtsmitteleinlegung für bedeutend; denn ohne eine solche Kenntnis könne der Beschwerdeführer seine Beschwerde nicht vollständig rechtfertigen und Gegengründe widerlegen. Auch der Gegner könne sich bei Unkenntnis der Entscheidungsgründe nur unvollkommen verteidigen (S. 63 f., 66).

Selbst die Obergerichte, die über ein Rechtsmittel entscheiden, müßten ihre Erkenntnisse mit Gründen versehen, da auch diese Gerichte von der Verantwortlichkeit aller Staatsdiener, über ihre Handlungen Rechenschaft zu geben, nicht befreit seien. Zum anderen aber leisteten gerade diese Gerichte einen besonderen Beitrag zur Rechtsfortbildung (S. 72 ff.).

So lassen sich bereits bei *Brinkmann* diejenigen Situationen erkennen, in denen ein Begründungszwang für rechtlich geboten gehalten wird: wenn eine Partei durch ein Erkenntnis belastet wird, weil es ohne Begründung als potentiell willkürliche staatliche Machtäußerung erscheint, die den Freiheitsbereich des Beschwerten zu beeinträchtigen geeignet ist, wenn die Entscheidung einem Rechtsmittel unterliegt oder wenn ein Obergericht über ein Rechtsmittel befunden hat.

b) *Gegenwärtiges Verfassungsverständnis*

Diese Überlegungen sind in der Gegenwart zu allgemeinen Sätzen des positiven Rechts durch die Rechtsprechung erstarkt, die damit dem rechtsstaatlichen Gebot der „Öffentlichkeit und Einsichtigkeit staatlichen Lebens", das mit dessen „Urkundlichkeit aufs engste verbunden" ist[61], in hohem Maße Rechnung trägt.

Das gilt weniger für Urteile, für die in den Prozeßordnungen ganz allgemein die Begründungspflicht vorgeschrieben ist, als vielmehr für viele Arten von Beschlüssen, deren Begründung in das Ermessen des Gerichts gestellt ist. Auch in diesen Fällen führt das gewandelte Staatsverständnis dazu, daß Entscheidungen immer dann begründet sein müssen, wenn der Beschluß einem Rechtsmittel unterliegt, weil sonst die Grundlagen der Nachprüfung sowohl für den Beschwerten wie für das Beschwerdegericht fehlen und insbesondere aus rechtsstaatlichen Erwägungen dann, wenn durch den Beschluß in die Rechte einer Partei

---
[61] *Ehmke*, AöR 79 (1953/1954), 396.

unmittelbar eingegriffen wird, und zwar auch, wenn gegen die Entscheidung kein Rechtsmittel mehr gegeben ist und schließlich ganz allgemein, wenn über ein Rechtsmittel entschieden worden ist.

Die Begründungspflicht obliegt in diesen Fällen allen Gerichten ohne Einschränkung und ist nicht auf einzelne Bereiche oder Gerichtszweige beschränkt[62]. Das hat die Europäische Kommission für Menschenrechte in einer neueren Entscheidung ausdrücklich bestätigt[63], wobei die Kommission das Gebot einer eingehenden Begründung aus dem Gedanken des „fair trial" im Sinne des Art. 6 Abs. 1 der Menschenrechtskonvention herleitet. Aus der grundlegenden Bedeutung der so begriffenen „freiheitlichen Grundordnung" folgt weiterhin, daß der Hinweis der Arbeitsüberlastung eines Gerichts kein rechtsstaatlich zulässiges Argument sein kann, das die Gerichte von einer Begründungspflicht freistellen kann. Von dem Grundsatz der Begründungspflicht dürfen um so weniger Abstriche gemacht werden, je erheblicher die Tätigkeit des jeweiligen Staatsorgans für die Rechtsgemeinschaft ist[64]. Entsprechende gesetzliche Maßnahmen wären verfassungswidrig.

Obgleich die Begründungspflicht streng gesehen keine Einschränkung und keine Abstufung verträgt, je nach dem, ob die Entscheidung den Rechtsstreit von Bürgern untereinander, zwischen einem Bürger und einem Träger öffentlicher Gewalt oder zwischen Trägern öffentlicher Gewalt untereinander beendet, so wird dennoch aus verfassungsrechtlichen Erwägungen dort eine erhöhte Sorgfaltspflicht bei der Rechtfertigung beobachtet werden müssen, wo der Bürger grundrechtsbewehrt Maßnahmen staatlicher Gewalt gegenübersteht, die in diesen grundrechtsgeschützten Bereich eingreifen. Dabei erweisen sich Maßnahmen auf dem Gebiete des allgemeinen und besonderen Polizeirechts und des Steuerrechts als besonders „allergische Zonen". Deshalb ist es gerade auf diesem Gebiet nicht nur für die Verwaltung, sondern ebenso für die Rechtsprechung, die die Maßnahmen der Verwaltung bestätigt oder verwirft, geboten, den tragenden Grund der Maßnahme sorgfältig zu ermitteln und überzeugend mitzuteilen. Allgemein ausgedrückt bedeutet das, daß an die Rechtfertigung einer Entscheidung um so höhere Sorgfaltsanforderungen zu stellen sind, je intensiver sie in den grundrechtlich geschützten Freiheitsbereich eingreift.

---

[62] Im Ergebnis ebenso: *Ule*, DVBl. 1959, 537, 542. In der Offenlegung der Begründung sieht er zutreffend ein Mittel, Willkür auszuschließen. — Vgl. auch *Paulus*, ZZP 71, 219.

[63] Entscheidung vom 17. 1. 1963, NJW 1963, 2247 mit zustimmender Anmerkung von *Wimmer*.

[64] Vgl. den entsprechenden Grundsatz der unzulässigen Arbeitserleichterung im Polizeirecht: *Drews-Wacke*, Allgemeines Polizeirecht der Länder und des Bundes, S. 295 ff., 395 ff., und Die Beweislast der Familienunternehmen in Steuersachen, S. 58.

§ 9 Verfassungsrechtliche Ausgangsüberlegungen

Das ergibt sich mit hinreichender Deutlichkeit auch aus der Regelung des Art. 104 Abs. 3 GG für den „allergischen" Bereich der Freiheitsentziehung. Nach dieser Bestimmung muß der Richter dem wegen des Verdachts einer strafbaren Handlung vorläufig Festgenommenen bei der Vernehmung die *Gründe* der Festnahme *mitteilen*. Hält der Richter die Festnahme für gerechtfertigt, so hat er unverzüglich einen mit *Gründen* versehenen *schriftlichen* Haftbefehl zu erlassen. Auch wenn es sich weder bei der Vernehmung noch beim Erlaß des Haftbefehls um ein richterliches Erkenntnis handelt, so ist damit doch im Grundgesetz mit Verfassungsrang für diese beiden richterlichen Handlungen eine Mitteilung von Gründen ausdrücklich vorgeschrieben. Gerade an diesem Fall wird aber sichtbar, daß das Grundgesetz für einen intensiven Eingriff, wie ihn eine Freiheitsentziehung darstellt, die formelle Begründungspflicht, der auch nur schriftlich genügt werden kann, für so bedeutsam hält, daß sie ausdrücklich in den Verfassungstext aufgenommen worden ist. Diese Vorschrift verdeutlicht auch die mit dem Ausnahmecharakter[65] jedes Eingriffs verbundene Begründungspflicht[66].

Es kann daher auf Grund dieser Überlegungen festgestellt werden, daß dem allgemeinen sachlichen Rechtfertigungsvorbehalt gegenüber staatlichen Eingriffen der formelle Rechtfertigungsvorbehalt entspricht. Beide gründen sich auf das verfassungsrechtliche Leitbild der Ausgangsvermutung für die persönliche Freiheit gegenüber staatlichen Eingriffen in den grundrechtsgeschützten Individualbereich. Der formelle Rechtfertigungsvorbehalt, der für richterliche Erkenntnisse zur Begründungspflicht führt, hat daher den Rang eines Satzes des Verfassungsrechts.

III. Unabhängigkeit und Gesetzesabhängigkeit der Rechtspflege

Der allgemeine materielle und formelle Rechtfertigungsvorbehalt für gerichtliche Entscheidungen ist, wie gezeigt worden ist, sowohl Ausdruck einer allgemeinen Präponderanz der Freiheit als auch — hieraus folgend — Verdeutlichung des Gebotes normativer Gebundenheit staatlichen Handelns (Art. 20 Abs. 3 GG). Es ergibt sich daher das Problem, wie sich diese Gesetzesabhängigkeit der Rechtsprechung zur sog. richterlichen Unabhängigkeit und zur Begründungspflicht verhält.

1. Idee der Unabhängigkeit

Der sachlich und persönlich unabhängige, nur an Gesetz und Recht gebundene Richter ist unter der Verfassungsordnung des Grundgesetzes

---
[65] MD, 34 zu Art. 104.
[66] BVerfGE 6, 32, 42, 44: Diese Entscheidung macht in besonderem Maße den engen Zusammenhang von „grundsätzlicher Freiheitsvermutung — Aus-

zu einer Zentralfigur bei den Bemühungen geworden, den Rechtsstaat zu verwirklichen. Die Sicherung der Unabhängigkeit des Richters als notwendige Voraussetzung, die Herrschaft des Rechts zu verwirklichen, ist ein grundlegendes rechtsstaatliches Anliegen, das mit der Idee des Richtertums schlechthin verbunden ist[67]. Die richterliche Unabhängigkeit wird daher zum „unantastbaren Eckpfeiler des Rechtsstaates"[68], zum „eigentlichen Palladium des Rechtsstaates"[69], zu einem „besonders wichtigen organisatorischen Einzelmerkmal des bürgerlichen Rechtstaates"[70] und zum „wichtigsten Bestandteil des Gewaltentrennungsprinzips der hergebrachten Art"[71]. Die Reihe solcher und ähnlicher Kennzeichnungen ließe sich noch vermehren. Sie machen deutlich, daß wir heute gewohnt sind, in der Regelung und Darstellung der richterlichen Unabhängigkeit nahezu ausschließlich ein Problem des Verfassungsrechts zu sehen.

Die dogmatische Einordnung in das System des Verfassungsrechts wird besonders sichtbar, wenn die richterliche Unabhängigkeit als Folge der Gewaltenteilung auf Grund der verschiedenen materiellen Staatsfunktionen begriffen wird. Dann bezieht sie auch ihren Sinngehalt aus dem Gewaltenteilungsprinzip, seiner freiheitsbewahrenden und machtbegrenzenden Zielsetzung[72]; denn ihre hemmende, d. h. kontrollierende Aufgabe im Gefüge der Gewalten kann die Rechtsprechung nur erfüllen, wenn sie sachlich und persönlich von den anderen Gewalten unabhängig ist.

Die Neutralität oder Unabhängigkeit des Streitentscheidenden ist jedoch bereits im Begriff der Rechtsprechung notwendig mitgedacht[73]. Es wird kaum jemand einen Rechtsstreit gerecht entscheiden können, der nicht sachlich und persönlich unabhängig ist. Richtertum ohne Unabhängigkeit ist daher schlechthin undenkbar. Die Unabhängigkeit des Richters ist daher eine dem Verfassungsrecht vorgegebene (soziologische) wesentliche Konstante der Institution „Richter". Nur um ihr einen größeren Schutz und eine höhere Bestandskraft zu verleihen, ist sie in ein Gebot des Verfassungsrechts „transponiert" worden.

Unter ausschließlich verfassungsrechtlicher Würdigung wird daher die richterliche Unabhängigkeit zu einem Prinzip der Sicherung und ergänzenden Ausgestaltung der Gewaltenteilung, das Eingriffe in die rechtsprechende Tätigkeit durch die anderen staatlichen Gewalten ver-

---

nahmecharakter eines Eingriffs — Begründungspflicht" sichtbar. — Ferner: *Arndt*, NJW 1959, 7.
[67] *Dahm*, Deutsches Recht, S. 335.
[68] *Kägi*, Huber-F., S. 165.
[69] *Kägi*, Schweizerischer Rechtsstaat, S. 178.
[70] *Carl Schmitt*, Verfassungslehre, S. 131.
[71] *Peters*, Gewaltentrennung, S. 19.
[72] Vgl. *Eichenberger*, Richterliche Unabhängigkeit, S. 64.
[73] Siehe oben § 1.

hindern soll[74]. Wird die richterliche Unabhängigkeit dagegen als ein vorgegebenes Wesensmerkmal der Rechtsprechung gewürdigt, so wird damit der Blick auf die Eigengesetzlichkeit richterlicher Streitentscheidung gelenkt, die eben dadurch Verfassungsrang erhalten hat, daß das Prinzip der Unabhängigkeit des Richters ohne Einschränkung und ohne einen Versuch der Differenzierung in den Text der Verfassungsurkunde aufgenommen worden ist.

2. Verhältnis der Gesetzesabhängigkeit zur Begründungspflicht

Mit dem Hinweis auf die Unabhängigkeit des Richters wird herkömmlich die Abhängigkeit vom Gesetz verbunden. Die Verfassungsurkunden verbinden beide Aussagen zu einem Satz, der dann etwas lapidar lautet: „Die Richter sind unabhängig und nur dem Gesetz unterworfen[75]."

Die Bestimmung der Gesetzesunterworfenheit dient *zunächst* dazu, die Aussage über die Unabhängigkeit zu ergänzen. Dann lautet die Aussage: Anders als auf dem Wege des Gesetzes kann auf die richterliche Spruchpraxis kein Einfluß genommen werden[76]. Insoweit wird das Prinzip der Gewaltenteilung im Hinblick auf die anderen Gewalten konkretisiert. *Zum anderen* läßt diese Wendung den verfassungstheoretischen Ausgangspunkt bei der Bestimmung des Standortes der Rechtsprechung im Verfassungsgefüge sichtbar werden: Ihre Bedeutung ist, was die Ausübung tatsächlicher Macht anlangt, durch die „Unterwerfung" unter den Buchstaben des Gesetzes „en quelque façon nulle". Insoweit konkretisiert diese Aussage das Prinzip der Gewaltenteilung für die Rechtsprechung[77]. In ihrer *dritten* Bedeutung sagt diese Bestimmung, was als selbstverständlich erscheint, daß der Richter entsprechend dem Gesetz zu urteilen hat und nicht nach eigenem Gutdünken[78]. Damit wird die Bestimmung des Art. 20 Abs. 3 GG, daß nämlich der Richter an Gesetz und Recht gebunden sei, wiederholt[79]. Mit dieser Bestimmung wird jedoch verfassungsrechtlich konkretisiert, was die Tätigkeit des Richters schlechthin bestimmt: das Messen menschlichen Verhaltens an Normen,

---

[74] *Bettermann*, GR III/2, S. 530.
[75] z. B. Art. 97 Abs. 1 GG; § 25 des Deutschen Richtergesetzes vom 8. 9. 1961 (BGBl. I S. 166).
[76] Zur Parlamentskontrolle über die Rechtsprechung: *Fichtmüller*, AöR 91 (1966), 342.
[77] Vgl. *Kägi*, Gewaltenteilungsprinzip, S. 57 f., 61, 160, 203.
[78] *Dahm*, Deutsches Recht, S. 336.
[79] Für *Montesquieu* war die Rechtsprechung „per definitionem" gesetzesgebunden. „Es fehlte gewissermaßen die polemische Situation, in der sich ein ausdrücklicher Grundsatz der ‚Gesetzmäßigkeit der Rechtsprechung' als rechtsstaatliches Postulat herauskristallisiert hätte": *Kägi*, Gewaltenteilungsprinzip, S. 201. Allerdings sprechen vMK, S. 601, im Hinblick auf Art. 20 Abs. 3 GG von einem Grundsatz der „Gesetzmäßigkeit der Vollziehung, d. h. der Justiz und Verwaltung". Vgl. ferner MD 85 zu Art. 20.

die an der Rechtsidee orientiert sind[80]. Somit sind originär verfassungsrechtlich in der Aussage über Unabhängigkeit und Bindung des Richters nur die Bestimmungen über das Verhältnis zu den anderen Gewalten. Soweit jedoch für das Richten Neutralität des Entscheidenden und Bindung der Entscheidung an Rechtsnormen verlangt wird, handelt es sich um Eigentümlichkeiten, die mit der Einrichtung eines Richtertums von vornherein mitgedacht sind. Mit der Aufnahme in die Verfassung wird nur ein höherer Schutz gewährt.

Unter jedem dieser drei Aspekte ergibt sich jedoch, daß Unabhängigkeit und Bindung untrennbar zusammengehören. Es ist daher mit *Carl Schmitt*[81] festzuhalten, daß die „Unabhängigkeit des Richters niemals etwas anderes sein kann als die andere Seite ihrer Abhängigkeit vom Gesetz". Was das System der Gewaltenhemmungen anlangt, soll mit der Abhängigkeit von Gesetz und Recht die Kontrolle über die rechtsprechende Tätigkeit ermöglicht werden, die durch die Unabhängigkeit der Rechtsprechung wesentlich geschwächt wird[82].

Da sich der Rechtsstaat vom absoluten Staat jeder Gestalt insbesondere dadurch unterscheidet, daß sich die Tätigkeit staatlicher Funktionsträger nicht im Verborgenen unkontrollierbar vollziehen darf, haben sich die staatlichen Funktionsträger infolge ihrer strengen Gesetzesabhängigkeit vor dem Gesetz zu verantworten. Diese Verantwortung ihrer Tätigkeit *vor* dem Gesetz ist ein entscheidender Aspekt ihrer Abhängigkeit *vom* Gesetz. Sie ist unmittelbar Ausdruck dessen, daß „alles, was der Richter tut, normativ bestimmt ist"[83]. Jede persönliche Herrschaft ist dem Richter daher verwehrt. Er hat vielmehr öffentlich zu rechtfertigen, wie er dieser Verantwortung vor dem Gesetz genüge getan hat. „Erst Kraft solcher Kontrolle und Durchleuchtung in der Öffentlichkeit verwandelt sich persönliche Herrschaft in rechtsstaatliche Zuständigkeit[84]."

Aus der Forderung nach öffentlicher Rechtfertigung richterlicher Tätigkeit im Hinblick auf die strenge Gesetzesabhängigkeit des Richters folgerte *Brinkmann*[85] bereits im Jahre 1826 mit Nachdruck die Veröffentlichung der Entscheidungsgründe. Da auch dem Richter keine unumschränkte Gewalt eingeräumt sei, dürfe die Rechtspflege nicht von ihren eigenen Dienern abhängig gemacht werden. Das würde aber geschehen, „wenn die Richter ihre Aussprüche durch kundbare Gründe zu verantworten nicht gebunden wären. Die höheren Richter auf jeden

---
[80] *Bachof*, Huber-F., S. 40.
[81] Verfassungslehre, S. 274, und Hüter der Verfassung, S. 146. Ähnlich *Kägi*, Gewaltenteilungsprinzip, S. 203; *Dahm*, Deutsches Recht, S. 335 f.
[82] *Brusiin*, Objektivität, S. 22.
[83] *Carl Schmitt*, Verfassungslehre, S. 274.
[84] *Kägi*, Schweizerischer Rechtsstaat, S. 178.
[85] Über die richterlichen Urtheilsgründe.

Fall würden das Vorrecht vor allen übrigen Staatsdienern genießen, von ihren Handlungen keine Rechenschaft zu geben"[86]. Der Staat, der die Rechtspflege nicht als eine Dienerin zur Erreichung politischer Zwecke benutze, habe auch das Vertrauen in die Gerechtigkeit zu fördern. „Wo aber die Gerechtigkeit ihr Haupt frei erheben darf, da scheint es von selbst geboten zu seyn, daß sie sich über die Art und Weise, wie sie ihr Amt verwaltet, offen ausspreche und so auch den leisesten Argwohn entferne, als werde sie durch geheimnisvolle Maximen geleitet[87]." Neuerdings leitet *Ule*[88] zutreffend aus dem Grundsatz der Bindung der Rechtsprechung an Gesetz und Recht (Art. 20 Abs. 3 GG) einen Zwang zur Begründung gerichtlicher Entscheidungen her. Der Begründungszwang „bedeutet dann, daß jedes Gericht darzutun hat, inwiefern es meint, sich im vorliegenden Fall an Gesetz und Recht gehalten zu haben"[89]. Man könnte auch formulieren: *Weil* der Richter gesetzesabhängig ist, ist er begründungspflichtig.

3. Inhalt der Begründungspflicht

Für die Beantwortung der Frage, ob und in welchem Ausmaß der Richter seiner Gesetzesgebundenheit entsprochen hat, ist es auch erforderlich, das jeweilige Auslegungsergebnis zu begründen. Diesem Erfordernis würde zunächst nicht genügt sein, wenn lediglich der Gesetzestext der entscheidungserheblichen Norm wiederholt wird[90]. Da aber bereits jede Rechtsanwendung — wenigstens im Keim — Rechtsfortbildung ist[91], muß der Richter dem Grad der Rechtsfortbildung entsprechend[92] das Ergebnis seiner Rechtsfindung auch unter dem Gesichtspunkt des Art. 20 Abs. 3 GG in den Gründen rechtfertigen; denn die Verfahrensbeteiligten haben einen Anspruch darauf, das Warum einer belastenden Norm vollständig und zureichend zu erfahren. Der Richter muß begründen, warum er eine Rechtsvorschrift so und nicht anders versteht und auf den zu entscheidenden Sachverhalt anwendet. Ist das Verständnis, das der Richter einer Vorschrift oder dem Zusammenhang mehrerer Vorschriften abgewinnt, in Entscheidungen anderer Gerichte oder im Schrifttum mit erheblichen Argumenten bestritten, so muß er sich mit den Gegenargumenten auseinandersetzen, um darzutun, inwie-

---

[86] Über die richterlichen Urtheilsgründe, Vorwort, S. 6.
[87] Über die richterlichen Urtheilsgründe, Einleitung, S. 1.
[88] DVBl. 1959, 537, 542.
[89] Das BayObLG, NJW 1967, 1867, lehnt dagegen „eine solch weitgehende Meinung" ab. Art. 20 Abs. 3 GG sei eine allgemeine Begründungspflicht nicht zu entnehmen. Zur Begründung stützt sich das Gericht auf „das verschiedene Wesen der gerichtlichen Entscheidungen".
[90] OLG Schleswig in SchlHA 1949, 209, 210; 1949, 286, 287; BFH 86, 219, 224; BSG NJW 1966, 566.
[91] Siehe oben unter § 4.
[92] Siehe oben unter § 7.

weit er mit seinem Verständnis der Bindung an „Gesetz und Recht" Rechnung getragen hat. Damit ist aber nicht eine wörtliche Auseinandersetzung geboten. Es genügt vielmehr, wenn sie sich in erkennbarer Weise aus dem Zusammenhang der Urteilsgründe ergibt.

Mit diesen Überlegungen werden bereits zwei Ziele bzw. Aufgaben der Begründungspflicht angedeutet: Einmal dient die Begründungspflicht der Gewährleistung und Sicherung der allgemeinen Rechtsordnung. Zum anderen soll sie dem Individualschutz vor nicht gerechtfertigten Eingriffen dienen. Im folgenden soll zunächst auf den ersten Gesichtspunkt eingegangen werden.

§ 10 Funktionale Stellung der rechtsprechenden Gewalt im Gefüge staatlicher Gewalten

I. Teilhabe an der Rechtsschöpfung

1. Verfassungsrechtliche Aspekte der Entwicklung

Montesquieu kennzeichnete bekanntlich die richterliche Gewalt, was die Innehabung und Ausübung tatsächlicher Macht anlangte, als „en quelque façon nulle"[1]. Damit war sie einmal im politischen Kräftespiel der Gewalten als „nicht vorhanden" eingestuft worden[2]. Zum anderen war die Teilhabe des Richters an der rechtsschöpferischen Rechtsverwirklichung darauf beschränkt, nur der Mund zu sein, der die Worte des Gesetzes wie ein willenloses Wesen ausspricht, das weder die Schärfe noch die Strenge des Gesetzes selbst mildern kann[3]. Die so geforderte strenge Bindung des Richters an das Gesetz ist in erheblichem Maße von dem Mißtrauen in den Richter[4] und das geradezu unbegrenzte Vertrauen in das Gesetz als Ausdruck des Vernünftigen und Richtigen

---

[1] EdL XI/6 Abs. 32 S. 220.
[2] *Krauss*, Carl Schmitt-F., S. 112, und *W. Weber*, Carl Schmitt-F., S. 257, unter Bezugnahme auf *Maurice Hauriou*, Principes de Droit public, S. 38, die diese Stelle ausdrücklich von den Äußerungen Montesquieus in Abs. 14 abheben, die nur eine Aussage über das Verhältnis der richterlichen Gewalt zu den Menschen („parmi les hommes") enthält. Siehe auch *Carl Schmitt*, Verfassungslehre, S. 76 Note 1, 185 Note 1, 196, der ebenfalls dazu neigt, in dieser Stelle eine Verneinung der politischen Existenz der richterlichen Gewalt zu sehen, „weil sie ganz im Normativen aufgeht". Im Ergebnis ebenso *Smend*, Verfassung und Verfassungsrecht, S. 99.
[3] EdL XI/6 Abs. 49 S. 225. Hierzu auch *Werner Böckenförde*, Gleichheitssatz, S. 85.
[4] *Kägi*, Gewaltenteilungsprinzip, S. 57 ff.; *Bockelmann*, Smend-F., S. 26 ff.; *Germann*, Probleme und Methoden, S. 281 Note 7; *H. J. Hirsch*, JR 1966, 336.

§ 10 Funktionale Stellung der rechtsprechenden Gewalt

bestimmt worden[5]. Die Segnungen des Gesetzes waren daher nur bei strenger Bindung des Richters an das Gesetz zu erlangen.

Aber sobald dieser strenge Ausgangspunkt verlassen wurde, änderte sich bereits die Stellung der rechtsprechenden Gewalt im Gefüge der anderen Gewalten. Im Laufe des 19. Jahrhunderts hatte sich nämlich mit zunehmender Deutlichkeit gezeigt, daß die Beschränkung rechtsprechender Tätigkeit auf eine „bloße" Rechtsanwendung, die jede rechtsschöpferische Mitarbeit des Richters überflüssig machen konnte und sollte, eine Illusion ist, da die positive Rechtsordnung weder jede Rechtsfrage zweifelsfrei regelt, noch regeln kann[6]. Heute wird darüber hinaus anerkannt, daß bereits in jedem Fall einer richterlichen Streitentscheidung bei der Rechtsanwendung das Recht in schöpferischer Weise fortgebildet wird[7]. Diese Entwicklung bedeutet verfassungsrechtlich das Ende der Idee einer Monopolstellung des Gesetzes als Rechtsquelle[8]. Die grundsätzlich am Einzelfall orientierte Rechtsprechung besitzt nunmehr häufig nicht nur die verbindliche und mit staatlichen Zwangsmitteln notfalls zu verwirklichende Kraft des Rechts zwischen den Parteien, sondern sie wirkt, sei es als ständige Rechtsprechung, sei es als „eingehend begründetes Präjudiz", „aufgrund der ihr vom Staat verliehenen Autorität"[9] auf die Rechtsbeziehungen Dritter tatsächlich ein. Die Tragweite der materiellen Rechtskraft ist daher nicht mehr in jedem Fall auf die unmittelbaren Prozeßparteien beschränkt. Nachdem der Bundesgerichtshof beispielsweise beginnend mit dem sog. „Herrenreiter-Urteil"[10] einen Anspruch auf Geldersatz für den immateriellen Schaden der Persönlichkeitsverletzung anerkannt hatte, konnten in sachverhaltlich gleichen Fällen ebenfalls entsprechende Ansprüche mit hinreichender Aussicht auf Erfolg geltend gemacht werden. Mit dieser Einzelfallentscheidung waren die Rechtsbeziehungen einer unbestimmten Anzahl von Personen unmittelbar betroffen worden. Eine solche „Rechtskraft" entfaltet sonst nur die parlamentsgesetzte Norm.

Der Aufstieg des Richters zum „Mitgesetzgeber"[11] ist auch durch den in den politischen Verhältnissen begründeten Substanzverlust des Gesetzgebers herbeigeführt worden[12]. Dieser politische Substanzverlust wirkte sehr bald auf die rechtliche Qualität des Gesetzes zurück. Der

---

[5] *Küster*, AöR 75 (1949), 406.
[6] *O. Bülow*, Gesetz und Richteramt, S. 30 f.; *Radbruch*, Archiv für Sozialwissenschaft und Sozialpolitik 22 (1906), 356.
[7] Siehe oben § 4.
[8] *Radbruch*, Archiv für Sozialwissenschaft und Sozialpolitik 22 (1906), 359.
[9] *Germann*, Probleme und Methoden, S. 229, 231.
[10] BGHZ 26, 349.
[11] *O. Bülow*, Gesetz und Richteramt, S. 41: „Gesetz und Richteramt theilen sich in den Rechtschaffungs- und Rechtsbestimmungsberuf der Staatsgewalt".
[12] *Carl Schmitt*, Hüter der Verfassung, S. 157; *Forsthoff*, Problematik der Verfassungsauslegung, S. 19; *Dahm*, Deutsches Recht, S. 334, 347; *Bachof, Huber-F.*, S. 29; *Hahn*, JöR NF 14 (1965), 37.

Qualitätsverlust des Gesetzes wird teilweise in einem erheblichen Autoritätsschwund sichtbar, den das Gesetz als Ausdruck des „Vernünftigen und Gerechten"[13], der „volonté général" und des „Allgemeinen"[14] und als Instrument der Freiheitsbewahrung[15] erfahren hat. Die Stelle, die diese Funktionen wahrnehmen soll und muß, ist daher gleichsam vakant geworden. In dieses Vakuum ist in den letzten Jahrzehnten die Rechtsprechung in zunehmendem Maße eingetreten[16]. Mit dem gewandelten Verhältnis des Richters zum Gesetz hat sich somit auch die Stellung der Rechtsprechung grundlegend verändert. Sie ist in eine gewisse Wettbewerbslage zu den anderen Gewalten getreten, die nunmehr mit ihr „rechnen" müssen[17]. Die damit eingetretene Werterhöhung der Justiz ist eines der wesentlichen Kennzeichen der neuesten deutschen Verfassungsentwicklung[18]. Sie ist nicht zuletzt auch eine Folge der qualitativen Ausweitung des richterlichen Aufgabenbereiches durch die bewußt auf den Richter im Wege der Generalklauseln bzw. unbestimmten Rechtsbegriffe delegierte Aufgabe der Rechts- und Sozialgestaltung[19].

Die zunehmende Verwendung von unbestimmten Rechtsbegriffen spiegelt besonders deutlich die Bemühungen des Gesetzgebers wider, den Richter bewußt in den Dienst der Rechtsfortbildung zu stellen[20].

---

[13] *Carl Schmitt*, Hüter der Verfassung, S. 156; *Eb. Schmidt*, Gesetz und Richter, S. 5 f.; *M. E. Mayer*, Rechtsphilosophie, S. 83; *Arthur Kaufmann*, Erik Wolf-F., S. 375; *Ballerstedt*, Schmidt-Rimpler-F., S. 369 ff., 377 ff.
[14] *Kant*, Rechtslehre § 46: „Also kann nur der übereinstimmende und vereinigte Wille aller, sofern ein jeder über alle und alle über einen jeden dasselbe beschließen, mithin nur der vereinigte Volkswille gesetzgebend sein." Hierzu eingehend *Vogel*, VVDStRL 24 (1966), 137 ff.
[15] Aufgabe des Gesetzes in diesem Sinne ist es aber, einen „Zweifrontenkrieg" zu führen, da die Freiheitsbedrohungen nicht nur von staatlichen Organen ausgehen können, sondern ebenso vom einzelnen. Kants Gesetzesbegriff hat vornehmlich den zweiten Aspekt zum Gegenstand: „Das Recht ist also der Inbegriff der Bedingungen, unter denen die Willkür des einen mit der Willkür des anderen nach einem allgemeinen Gesetze der Freiheit zusammen vereinigt werden kann" (Rechtslehre, Einleitung § B, ebenso § 46). — Über die Verkehrung des Gesetzes als ein Mittel der Freiheitsvernichtung vgl. z. B. *Weinkauff*, Richtertum, S. 21.
[16] *Dahm*, Deutsches Recht, S. 347.
[17] *Arthur Kaufmann*, Erik Wolf-F., S. 396, sieht hierin einen Übergang des *Gesetzesstaates* zum *Rechtsstaat*, der dadurch gekennzeichnet sei, daß alle drei Gewalten zusammenwirken müssen, um das Recht zu realisieren, „und gerade dies ist der Sinn der *Gewaltenteilung*, daß jeder Staatsgewalt dabei ihre eigene Funktion zukommt". Mit weiteren Nachweisen.
[18] *W. Weber*, Spannungen und Kräfte im westdeutschen Verfassungsrecht, S. 96 ff.
[19] *Wieacker*, Gesetz und Richterkunst, S. 4 f.; *Westermann*, Wesen und Grenzen, S. 23.
[20] *Heck*, Begriffsbildung, S. 109; *Bartholomeyczik*, Die Kunst der Gesetzesauslegung, S. 69 f. Siehe aber auch *Hedemann*, Die Flucht in die Generalklauseln, der sich eingehend mit den Gefahren einer solchen Delegation der Gesetzgebung auseinandersetzt (S. 66 ff.); *Hirsch*, JR 1966, 339: „Es heißt heute... oft, daß es zweckmäßig sei, die Dinge erst einmal von der Recht-

§ 10 Funktionale Stellung der rechtsprechenden Gewalt

Trotz aller Bedenken, die ihrer zunehmenden Verwendung entgegenstehen, wird man sie heute als unentbehrlich ansehen müssen, um das positive Recht anpassungsfähig zu erhalten[21]. Dabei zeichnet sich eine bemerkenswerte Entwicklung ab. Aus dem Unvermögen, alle regelungsbedürftigen Lebenssachverhalte vorauszusehen und in gesetzlichen Tatbeständen kasuistisch zu erfassen, führt der Weg über die sog. Generalklauseln zu einer umfangreichen Kasuistik der Rechtsprechung bei dem Vorgang der Ausfüllung dieser Klauseln[22], die selbst wieder zur Regelbildung und Systemverfestigung drängt. Dieser Vorgang verdeutlicht eine nicht unerhebliche Verlagerung der Rechtsschöpfung von der gesetzgebenden auf die rechtsprechende Gewalt[23].

2. Verfassungsrechtliche Rechtfertigung richterlicher Rechtsfortbildung

Der Aufstieg der Rechtsprechung zum Mitgesetzgeber ist nicht etwa selbstverständlich. Diese Mitgesetzgebung ist keine Konkurrenz unter grundsätzlich Gleichgestellten, sondern sie steht unter dem Primat des Gesetzes[24]. Die Frage nach der verfassungsrechtlichen Rechtfertigung richterlicher Rechtsfortbildung ist daher zugleich mit der nach den verfassungsrechtlichen Grenzen einer solchen Tätigkeit unauflöslich verknüpft.

Als erstes läßt sich feststellen, daß die Rechtsprechung selbst ganz offen für sich die Befugnis der Rechtsfortbildung in Anspruch genommen hat. So führt der Bundesgerichtshof dazu aus:

„Die richtige, d. h. dem Recht gemäße Anwendung des positiven Rechts, gestattet dem Richter nicht nur, das Recht im Sinne seiner Weiterentwicklung durch Auslegung des gesetzten Rechts fortzubilden, sondern sie verpflichtet ihn sogar hierzu, wenn die Findung einer gerechten Entscheidung dies erfordert. Im Grundgesetz selbst, nämlich in Art. 20 Abs. 3, ist diese Aufgabe der Gerichte mit besonderer Klarheit zum Ausdruck gekommen, denn dort wird hervorgehoben, daß die Rechtsprechung an ‚Gesetz und Recht' gebunden sei[25]."

---

sprechung klären zu lassen". Kritisch auch *Dahm*, Deutsches Recht, S. 306, 336.
[21] *Germann*, Probleme und Methoden, S. 362.
[22] *Germann*, Probleme und Methoden, S. 218, stellt plastisch der „normbildenden" Methode des Gesetzgebers die „kasuistische" der Rechtsprechung gegenüber.
[23] Allerdings führen das Ermessen und der gerichtsfreie Beurteilungsspielraum dazu, „daß die Rechtsfortbildung durch die Kasuistik" der Obergerichte nur begrenzt zum Tragen kommt: *Rösgen*, DÖV 1966, 532.
[24] *Vogel*, VVDStRL 24 (1966), 145. Das Primat des Gesetzgebers ergibt sich auch schon daraus, daß er zur umfassenden Klärung regelungsbedürftiger Sachverhalte besser in der Lage ist als der Richter: *Hirsch*, JR 1966, 339.
[25] BGHZ 3, 308, 315; BVerfGE 19, 323, 327 f. Ferner BGHZ 17, 266, 276; BSGE 2, 164, 168 ff.; 6, 204, 211; 25, 41, 43 (Auslegung „auch entgegen seinem [d. i. das Gesetz] eindeutigen Wortlaut"), 55, 58; vgl. auch BFH BStBL. 1952 III 121.

Im Schrifttum ist die richterliche Rechtsfortbildung überwiegend gebilligt worden[26]. In einer Reihe von Gesetzen ist diese Aufgabe der Rechtsprechung ausdrücklich anerkannt worden[27]. Auf die zunehmende Verwendung allgemeiner Rechtsbegriffe (Generalklauseln) als Mittel der Delegation der Rechtssetzung ist bereits hingewiesen worden[28].

Die Befugnis der Rechtsprechung zur Rechtsfortbildung wird heute allgemein der Vorschrift des Art. 20 Abs. 3 GG entnommen, die den Gerichten die Aufgabe zuweist, Recht und Gesetz in der Einzelfallentscheidung zu verwirklichen[29]. Recht und Gerechtigkeit würden nicht verwirklicht werden, wenn der Richter ganz oder teilweise zu einer Rechtsverweigerung genötigt würde, weil die parlamentsgesetzten Rechtssätze einen strittigen Fall gar nicht oder nur unvollständig regeln. Da der Richter aber von der Verfassung zur Rechtsverwirklichung berufen ist, kann er auch die fehlende Grundlage seiner Entscheidung „mit Gültigkeitsvoraussetzung für den konkreten Fall schaffen"[30]. Der Gewaltenteilungsgrundsatz steht dem nicht entgegen, denn er bedeutet nur, „daß jeder der beiden Gewalten bei dem Prozeß der Verwirklichung des Rechts ihre eigene Aufgabe und ihre eigene Funktion zukommt"[31].

Die Grenzen, die dem Richter dabei gesetzt sind, sind aber im Hinblick auf das Primat des Gesetzes grundsätzlich eng zu fassen. Weniger bei der einfachen „Präzisierung des Rechts" und der „Ausfüllung von Rechtsbegriffen" als vielmehr bei der echten Rechtsfortbildung, der Neubildung von Rechtsinstituten, wird ein „Rechtsnotstand" die Folge des Nichthandelns des Richters sein müssen[32]. Als Rechtsnotstand ist mit *Larenz*[33] der Zustand zu begreifen, der durch die Rechtsverweigerung entstehen würde und „durch den der Rechtsgedanke Schaden leiden muß". Der Schaden müsse „evident und auf andere Weise nicht zu beheben" sein; mit einem alsbaldigen Eingreifen des Gesetzgebers dürfe nicht zu rechnen sein.

---

[26] *Larenz*, Methodenlehre, S. 233 ff., 273 ff., 319 ff., Rechtsfortbildung, S. 1 ff., NJW 1965, 1 ff., Allgemeiner Teil, S. 8 f.; *Esser*, Grundsatz und Norm, S. 242 ff.; JZ 1953, 521 ff.; Studium Generale 1959, 97 ff.; *Engisch*, Einführung, S. 134 ff.; *Germann*, Probleme und Methoden, S. 227 ff., 275; *Böhmer*, Grundlagen II 2, S. 166 ff.; *Enneccerus-Nipperdey*, Allgemeiner Teil § 58; *Sauer*, Juristische Methodenlehre § 37; *Fuss*, Schack-F., S. 18.
[27] § 137 GVG; § 43 SGG und § 47 Abs. 2 des früheren BVerwGG.
[28] Vgl. oben § 4 II 4 und § 7 I und *Hedemann*, Flucht in die Generalklauseln, S. 58: „So erscheinen die Generalklauseln geradezu als ein Stück offengelassener Gesetzgebung." Sie sind eine Stelle, an der „Gesetzgebung, Rechtsprechung und Verwaltung ineinander überfließen".
[29] Vgl. die in Note 25 und 26 aufgeführten Nachweise. Ferner: *Arthur Kaufmann*, JuS 1965, 7 f.
[30] *Westermann*, Wesen und Grenzen, S. 31.
[31] *Arthur Kaufmann*, JuS 1965, 8.
[32] *Larenz*, Methodenlehre, S. 320 f., NJW 1965, 3 mit weiteren Nachweisen; *Esser*, Wertung, S. 4, zum „exegetischen Notstand" (Ihering).
[33] NJW 1965, 3.

§ 10 Funktionale Stellung der rechtsprechenden Gewalt

Als Beispiel für einen solchen „Rechtsnotstand" kann wiederum das Problem eines Anspruchs auf Geldersatz für den immateriellen Schaden der Persönlichkeitsverletzung dienen. Angesichts der Tatsache, daß der Bundestag infolge des Druckes der Presse geradezu handlungsunfähig auf diesem Gebiet geworden war[34], ist die Rechtsprechung erneut in die Stellung eines Wahrers grundlegender Gemeinschaftswerte hineingedrängt worden und hat damit auch Aufgaben politischer Integration wahrgenommen. Was das Ausmaß richterlicher Rechtsschöpfung anlangt, steht sie unter dem Grundsatz der Verhältnismäßigkeit, der die gesamte staatliche Tätigkeit beherrscht[35]; d. h. sie darf nur soviel „Recht" entwickeln, wie zur Entscheidung des Falles zwingend geboten ist.

Die Gesichtspunkte einer verfassungsgemäßen Interpretationstheorie, die gleichzeitig die verfassungsrechtlichen *Grenzen* richterlicher Rechtsschöpfung verdeutlichen, sind mit *Klaus Vogel*[36] für die Sinnentfaltung der einzelnen Norm den überlieferten Auslegungs-„Topoi" zu entnehmen, „wie etwa der Entstehungsgeschichte, des Gesetzessystems und des Zweckes der einzelnen Norm". Daneben sind die „allgemeinen Anforderungen der Verfassung und der Gesamtrechtsordnung für die Gesetzesauslegung zum Tragen zu bringen, wie sie in den ‚verfassungsgestaltenden Grundentscheidungen' sowie ... den ‚allgemeinen Rechtsgrundsätzen' (den ‚principes généraux du droit') im herkömmlichen Sinne dieses Begriffes Gestalt gewinnen"[37].

Die Tugend „richterlicher Selbstbescheidung" (judicial selfrestraint) ist daher auch Ausdruck eines Verfassungsrechtssatzes: Selbstbescheidung als Ausdruck des Primats des Gesetzes, soweit das rechtliche Verhältnis zu den beiden anderen Gewalten betroffen ist, und des Primats der politischen Entscheidung durch die anderen Gewalten, die sog. „gestaltenden Gewalten"[38], führt zu einem grundsätzlichen Verbot der sog. „dezisionistischen" Entscheidung. Da jedoch mit steigendem Grad der Rechtsfortbildung der rationale Erkenntnisvorgang schwächer wird und die eigene willensmäßige Entscheidung des Richters entsprechend zunimmt[39], gilt auch von Verfassungs wegen, daß die Dezision zugunsten der Normerkenntnis möglichst weit hinauszuschieben ist. Die willensmäßige Entscheidung ist als solche dann in den Gründen zu kennzeichnen.

---

[34] *Hirsch,* JR 1966, 340.
[35] Zum Begriff der Verhältnismäßigkeit vgl. *Lerche,* Übermaß und Verfassungsrecht, S. 19 ff.
[36] Der räumliche Anwendungsbereich der Verwaltungsrechtsnorm, S. 374 ff.
[37] *Klaus Vogel,* a.a.O., mit weiteren umfangreichen Nachweisen.
[38] *K. Vogel,* VVDStRL 24 (1966), 144, 176.
[39] Vgl. auch *Carl Schmitt,* Hüter der Verfassung, S. 166 f., für den Bereich der Verfassungsrechtsprechung.

Sind somit Rechtfertigung und Grenzen richterlicher Rechtsschöpfung allgemein angedeutet, so wird nunmehr das Problem der Kontrolle der Rechtsfortbildung unausweichlich. Die Notwendigkeit, den Prozeß der Rechtsfindung einsichtig nachvollziehen zu können, ist zunächst eine Folgerung aus dem gewandelten Verhältnis der Rechtsprechung zum Gesetz. Während die Normsetzung der Parlamente und Regierungen der politischen Kontrolle unterliegt, vollzieht sich die Rechtsschöpfung der Gerichte in einem weitgehend kontrollfreien Raum, zumindest was die Entscheidung der oberen Bundesgerichte und des Bundesverfassungsgerichts anlangt. Der Gesetzgeber nimmt für sich nicht die Befugnis in Anspruch, Entscheidungen der Gerichte abzuändern oder aufzuheben. Die Rechtskraft einer letztinstanzlichen Entscheidung bleibt daher unangetastet. Eine andere Frage ist es, ob und in welchem Umfang der Gesetzgeber befugt ist, das mit den Einzelentscheidungen gesetzte objektive (Richter-)Recht abzuändern.

Die schriftliche Mitteilung der Erwägungen, die den Richter bei der Auslegung oder Ergänzung und Fortbildung des Gesetzes geleitet haben, ist allein geeignet, den Vorgang der richterlichen Rechtsschöpfung nachprüfbar zu gestalten. Sie führt auch zur Voraussehbarkeit richterlicher Spruchpraxis[40]. Das Ausmaß einer solchen Mitteilungspflicht ist jedoch abhängig von den jeweiligen Anforderungen, die an den Vorgang der Rechtsfindung zu stellen sind. Die Mitteilung ist dann die Begründung, d. h. die Rechtfertigung richterlicher Rechtsschöpfung. Ohne eine solche Begründung, die die Voraussetzungen der Ermächtigung und die Einhaltung ihrer Grenzen deutlich macht, ist die Rechtsfortbildung nicht gerechtfertigt. Da sich aber Ermächtigung und Grenzen aus dem Verfassungsrecht ergeben, ist auch die Begründungspflicht, die hierüber Rechenschaft legen soll, ein Gebot des Verfassungsrechts. Die Erfüllung dieser Begründungspflicht ist notwendige Bedingung der Gültigkeit der Rechtsfortbildung. Damit wird der zureichende Erkenntnisgrund zur Gültigkeitsvoraussetzung richterlicher Rechtssetzung überhaupt.

II. Einbeziehung in das System der Gewaltenkontrolle

1. Allgemeine Entwicklungstendenzen

Montesquieus Kennzeichnung der richterlichen Macht als „en quelque façon nulle" und als „pouvoir neutre" im verfassungsrechtlichen System staatlicher Gewalten war die Ausgangsüberlegung aller Versuche, ihren verfassungsrechtlichen Standort im Gefüge der staatlichen Gewalten zu

---

[40] *Germann*, Probleme und Methoden, S. 28, 253, 273.

bestimmen[41]. Es liegt auf der Hand, daß für ein richterliches Prüfungsrecht gegenüber Akten der gesetzgebenden und vollziehenden Gewalt bei dieser verfassungsrechtlichen Sicht kein Raum gewesen ist.

Mit dem Ende des 19. Jahrhunderts beginnt jedoch nicht nur die Teilhabe der rechtsprechenden Gewalt an der Rechtsschöpfung in zunehmendem Maße sichtbar zu werden, sondern auch ihre Einbeziehung in das System der Gewaltenhemmungen. Damit kam der in der Gewaltenteilung beschlossene Balancegedanke[42] stärker zum Tragen, der als System der „freins et contrepoids" bzw. der „checks and balances" die verfassungspolitische und verfassungsrechtliche Diskussion bis heute bestimmt[43]. Die Gewaltenhemmung (Gewaltenverschränkung), die die einzelnen staatlichen Gewalten in eine weitgehende wechselseitige Abhängigkeit bringt[44], um sie zum Schutze der individuellen Freiheit[45] zu mäßigen und zu begrenzen, wird durch eine wechselseitige Kontrolle (Gewaltenkontrolle) verwirklicht[46]. Aufgabe einer Kontrolle ist es aber, Macht- und Kompetenzüberschreitungen zu bekämpfen[47]. Die recht-

---

[41] *W. Weber*, Niedermeyer-F., S. 268; Carl Schmitt-F., S. 256; Spannungen und Kräfte im westdeutschen Verfassungssystem, S. 105; *Scheuner*, DÖV 1953, 520.

[42] *G. Jellinek*, Allgemeine Staatslehre, S. 498 f.; *Carl Schmitt*, Die Diktatur, S. 102 ff.; *Kägi*, Gewaltenteilungsprinzip, S. 54, 66, 216 ff.; *H. Peters*, Gewaltentrennung, S. 8; *Hamed*, Gewaltentrennung, S. 35 ff.; *H. J. Wolff*, Verwaltungsrecht I, § 16 I. — Im übrigen ist der Gedanke einer politischen Balance staatlicher Machtträger nicht neu. So weist *Kägi*, Gewaltenteilungsprinzip, S. 17, darauf hin, daß sich bereits bei Polybios „die politische Seite der Gewaltenteilung mit ihrer modern anmutenden theoretischen Formulierung der Gewaltentrennung und -balancierung" finde: *Polybios*, Geschichte VI, 10: „Lykurgos schuf seinen Staat nicht aus einem Typus, sondern vereinte die Vorzüge und Eigenarten der besten Staatsformen, damit keine über Gebühr wachse... Wie bei der Waage soll im Gleichgewicht der Kräfte kein Teil des Staates zu stark nach der einen Seite hin sich neigen, sondern die Kräfte sollen sich im Gleichgewicht halten nach dem Gesetz des Widerstandes." Zit. nach Kyriacopoulus, Leibholz-F. II, S. 99 Note 1.

[43] *Kägi*, Schweizerischer Rechtsstaat, S. 175, und Huber-F., S. 165 f.; *Friedrich*, Der Verfassungsstaat der Neuzeit, S. 211; vMK, S. 599; MD 78 zu Art. 20; siehe auch *Imboden*, Gewaltentrennung, S. 7 ff.; *Fichtmüller*, AÖR 91 (1966), 297.

[44] BVerfGE 3, 225, 247; 7, 183, 188; 9, 268, 279. Aus dem Schrifttum: *Carl Schmitt*, Verfassungslehre, S. 180 f., 196; *Küchenhoff*, Allgemeine Staatslehre, S. 138 ff., 141 ff.; *Federer*, in: Das Bundesverfassungsgericht, S. 39; ferner *Eichenberger*, Richterliche Unabhängigkeit, S. 64 f. Dagegen ablehnend *Krüger*, Allgemeine Staatslehre, S. 945.

[45] *W. Weber*, Carl Schmitt-F., S. 265, der auch darauf hinweist, daß die Freiheit durch die Balance staatlicher Gewalten allein nicht gesichert ist, wenn sie nicht ergänzt wird durch ein Balancesystem „oligarchischer Machtträger" (Parteien, Sozialverbände, Wirtschaftsverbände u. a.).

[46] BVerfGE 7, 183, 188; 9, 268, 279; *Carl Schmitt*, Verfassungslehre, S. 127, u. a.; *Kägi*, Verfassung, S. 43, und Schweizerischer Rechtsstaat, S. 176; *Jesch*, Bindung, S. 121, und AÖR 82 (1957), 236; MD 78 zu Art. 20; vMK, S. 598; *Giese-Schunck*, Grundgesetz, 6 zu Art. 20; siehe auch *Friedrich*, Der Verfassungsstaat der Neuzeit, S. 211.

[47] *Jesch*, Bindung, S. 121.

sprechende Gewalt übt diese Kontrolle aber durch die Wahrnehmung des sog. richterlichen Prüfungsrechts aus.

Mit der Ausübung des richterlichen Prüfungsrechts gegenüber der Exekutive und der Legislative vollzog sich die Eingliederung der rechtsprechenden Gewalt in das Gefüge staatlicher Machtträger, ihr Aufstieg zur „dritten Gewalt"[48]. Während zur Überprüfung verwaltungsbehördlicher Maßnahmen die einzelnen Landesgesetzgeber in der zweiten Hälfte des 19. Jahrhunderts Verwaltungsgerichte einsetzten, beginnend mit der Errichtung des Verwaltungsgerichts Baden im Jahre 1863, kann der Geltungsgrund für die Inanspruchnahme eines richterlichen Prüfungsrechts gegenüber Parlamentsgesetzen auf ihre Übereinstimmung mit der Verfassung nur in einem revolutionären Akt richterlicher Rechtsschöpfung gefunden werden[49]. Wie revolutionär die Ankündigung eines solchen Schrittes durch den berühmten Beschluß des Richtervereins aus dem Jahre 1924[50] teilweise empfunden wurde, zeigt die Äußerung *Bockelmanns*[51]: „Das war ein wahrhaft erschütternder Augenblick in der Geschichte unserer Rechtspflege, und es war jedenfalls ein Wendepunkt in der Entwicklung des Verhältnisses von Richter und Gesetz[52]."

In der Begründung der Entscheidung des Reichsgerichts vom 4. November 1925[53], mit der das Gericht die Befugnis der Gerichte zu einer Inzidenter-Kontrolle der Verfassungsmäßigkeit von Gesetzen feststellte, fällt die Ähnlichkeit der Argumentation mit der Entscheidung Marbury v. Madison[54] des obersten Bundesgerichts der Vereinigten Staaten aus dem Jahre 1803 auf, mit der dieses Gericht eine ähnliche richterliche Prüfungsbefugnis für sich in Anspruch genommen hatte: Da der Richter an das Gesetz und damit auch an das Verfassungsgesetz gebunden sei, habe er bei einem Konflikt der niederrangigen Norm des einfachen Gesetzes mit der höherrangigen Norm der Verfassung die Frage der Übereinstimmung beider Normen zu prüfen und, da der Richter eine Sachentscheidung nicht verweigern dürfe, im Falle des Nichtübereinstimmens der niederrangigen Norm mit der höherrangigen der ersteren die Anwendungen zu versagen.

---
[48] *W. Weber*, Carl Schmitt-F., S. 258 ff., Spannungen und Kräfte im westdeutschen Verfassungssystem, S. 96 ff.
[49] Ähnlich *W. Weber*, Carl Schmitt-F., S. 259.
[50] JW 1924, 90.
[51] Smend-F., S. 31.
[52] Ablehnend zum richterlichen Prüfungsrecht auch *Anschütz*, Die Verfassung des Deutschen Reichs, S. 417; *Radbruch*, Rechtsphilosophie, S. 87; zustimmend dagegen: *Triepel*, Kahl-F. II S. 93; *Goldschmidt*, JW 1924, 249; *Marschall von Bieberstein*, Vom Kampf des Rechts gegen die Gesetze, S. 150 ff.
[53] RGZ 111, 320, 322 f. Im einzelnen hierzu: *Carl Schmitt*, Hüter der Verfassung, S. 158 ff., insbes. 171 ff., und Verfassungslehre, S. 195 f.
[54] 1 Cranch 137 (U. S. 1803).

§ 10 Funktionale Stellung der rechtsprechenden Gewalt 139

Das Reichsgericht nahm zwar auf Grund solcher Erwägungen eine Prüfungsbefugnis für die Gerichte in Anspruch. Andererseits war es doch zurückhaltender, was die Aberkennung der Gültigkeit des „verfassungswidrigen" Gesetzes anlangte. Es beschränkte sich auf die Feststellung, das Gesetz im Konfliktfall „außer Anwendung zu lassen"[55]. Da das Reichsgericht für sich nicht die Befugnis in Anspruch genommen hat, ein Gesetz für nichtig zu erklären, liegt kein „Eingriff" im eigentlichen Sinne in den Bereich der gesetzgebenden Gewalt vor[56]. Insoweit wäre dem „en quelque façon nulle" richterlicher Gewalt im Verhältnis zu den anderen Gewalten noch in einem gewissen Umfang Rechnung getragen. Eine gewisse Sanktionswirkung könnte die Feststellung der Verfassungswidrigkeit allenfalls über die Präjudizialwirkung gerichtlicher Entscheidungen, insbesondere höchstrichterlicher Entscheidungen erlangen[57]. Dagegen kann von echten „Eingriffen" in den Bereich der Exekutive gesprochen werden, soweit die Verwaltungsgerichte behördliche Maßnahmen nach der Ermittlung ihrer Rechtswidrigkeit aufheben. Dieser „Kassationseffekt" fehlte bei der Ausübung des richterlichen Prüfungsrechts gegenüber der Legislative. Insgesamt läßt sich aber feststellen, daß in den Jahren unter der Weimarer Reichsverfassung die Rechtsprechung zur „dritten Gewalt" im Sinne tatsächlicher Machtausübung aufgestiegen ist.

Eine Verfassung, die sich — wie das Grundgesetz — das Ziel gesetzt hat, die materielle Gerechtigkeit zu verwirklichen[58], dem Bürger einen umfangreichen Freiheitsbereich zu überlassen und ihn entsprechend dem demokratischen Prinzip der Legitimierung aller staatlichen Gewalt aus dem Volk an der unmittelbaren und mittelbaren Ausübung staatlicher Gewalt zu beteiligen, muß gleichzeitig gangbare Wege zur Verwirklichung solcher Ziele aufzeigen. Sie muß dem Bürger insbesondere Schutz bei Machtüberschreitungen staatlicher Funktionsträger gewähren. Die Tendenz der Machtüberschreitung wird aber in besonderem Maße dort vorhanden sein, wo politisch gehandelt wird. Träger der notwendigen politischen Aktivität sind die erste und die zweite Gewalt, die Gesetzgebung und die Vollziehung[59]. Daher hat das Grundgesetz die letzte Verantwortung für die Rechts- und Freiheitsbewahrung folgerichtig derjenigen Gewalt übertragen, die von den politischen Gewalten unterschieden werden kann[60], selbst keine Aktivität entfaltet[61] und

---

[55] RGZ 111, 320, 323.
[56] So *Carl Schmitt*, Verfassungslehre, S. 196.
[57] Das ist in der Tat die Wirkung der Feststellung des obersten Bundesgerichts der Vereinigten Staaten, ein Bundes- oder Einzelstaatsgesetz widerspreche der Bundesverfassung.
[58] BVerfGE 3, 225, 237; MD 58 zu Art. 20; vMK, S. 600; vgl. auch *Kägi*, Schweizerischer Rechtsstaat, S. 177, 179.
[59] *Jesch*, Bindung, S. 117.
[60] Allerdings wird es sich zunehmend weniger um einen „wesensmäßigen"

deren Tätigkeit, wenigstens dem Ausgangspunkt nach, auch heute noch rein „normativ bestimmt" (*Carl Schmitt*)[62] ist, nämlich der rechtsprechenden Gewalt[63].

Die umfassende Kontrollbefugnis der rechtsprechenden Gewalt gegenüber Maßnahmen der öffentlichen Gewalt ist vornehmlich in Art. 19 Abs. 4 GG verwirklicht worden[64]. Auch das richterliche Prüfungsrecht gegenüber Gesetzen ist im Grundgesetz erstmalig ausdrücklich bestätigt worden[65]. Man wird die Formulierung *Forsthoffs*[66] überspitzt finden, daß darüber, wann der Richter an das Gesetz gebunden ist, wann er unter Berufung auf das Recht von der Gesetzesgebundenheit frei ist, er, der Richter, heute selbst entscheide. Dennoch wird man feststellen dürfen, daß im Zweifelsfalle der Richter das letzte Wort hat[67]. Damit übt der Richter heute tatsächlich Macht aus, und zwar nicht nur im Verhältnis zum rechtsschutzsuchenden Bürger, sondern auch gegenüber staatlichen Gewalten.

Da das Gewaltenteilungsprinzip zum Ausgangspunkt dieser Überlegungen gewählt worden ist, müßte zur Frage des gegenwärtigen Verständnisses dieses Prinzips noch bemerkt werden, daß es in der Verfassungswirklichkeit, von dem Aspekt der Gewaltenkontrolle abgesehen, eine nur begrenzte Wirksamkeit entfaltet. Es sind, soweit ersichtlich, keine höchstrichterlichen Erkenntnisse bekanntgeworden, die die Maßnahme einer staatlichen Gewalt verfassungswidrig erklärt haben, weil sie gegen das Prinzip der Trennung der Gewalten verstoßen habe[68].

2. Systematik der Kontrolle

Knüpft man bei den Überlegungen zur Systematik der vom Richter ausgeübten Kontrolle an das frühkonstitutionelle Verständnis der rechtsprechenden Gewalt an, so kann in einem allgemeinen Sinne von einer

---

Unterschied handeln. Im Hinblick auf die anerkannte und den Gerichten bewußt übertragene Aufgabe rechtsschöpferischer Interpretation und Rechtsfortbildung erscheint es angemessener, von einem „graduellen" Unterschied zu sprechen. Dabei ist die besondere Problematik der Verfassungsgerichtsbarkeit noch gar nicht einmal berücksichtigt worden.

[61] *Forsthoff*, DÖV 1959, 41, 44: Die Rechtsprechung stehe „außerhalb des tätigen Handelns".
[62] Verfassungslehre, S. 274.
[63] Vgl. z. B. *Jesch*, Bindung, S. 121; AöR 82 (1957), 236, und Gesetz und Verwaltung, S. 98; *Bachof*, DÖV 1954, 228, und Huber-F., S. 42.
[64] *Jesch*, AöR 82 (1957), 236, und Gesetz und Verwaltung, S. 98, 221; a. A. *Bettermann*, GR III/2, S. 783 und Note 13.
[65] *Bachof*, Huber-F., S. 30.
[66] DÖV 1959, 41, 44.
[67] *Bachof*, Huber-F., S. 36.
[68] *Wacke*, StbJb 1966/67, S. 110 f.

§ 10 Funktionale Stellung der rechtsprechenden Gewalt 141

„Weisungsunabhängigkeit" der Gesetzgebung und der Verwaltung von der Rechtsprechung gesprochen werden. Diese „Weisungsunabhängigkeit" ist dahin zu präzisieren, daß sie das Verbot an den Richter bedeutet, in den Vorgang und die Ergebnisse der Willensbildung der beiden anderen Gewalten einzugreifen. Der unmittelbare Bereich, in dem sich die Willensbildung vollzieht, ist als Quelle politischer Spontaneität und Aktivität der eigentliche Kernbereich einer Gewalt. Dabei können drei Stufen eines „Eingreifens" in diesen Bereich unterschieden werden.

a) Der Richter kommt nach der Prüfung einer legislativen oder exekutiven Maßnahme zu dem Ergebnis, daß diese Maßnahme rechtswidrig ist. Er hebt aber den Verwaltungsakt oder das Gesetz nicht auf, sondern weigert sich nur, die Maßnahme als „Recht" anzuerkennen und zu verwirklichen.

Als Beispiel für den Bereich legislativer Akte kann die Entscheidung des Reichsgerichts vom 4. November 1925 dienen[69], in der die Befugnis der Gerichte zur Prüfung von Gesetzen auf ihre Verfassungsmäßigkeit angenommen wurde, das Gericht sich aber auf die Feststellung beschränkte, daß das Gesetz im Konfliktsfall „außer Anwendung zu lassen" sei. Erst die Aufhebung des Gesetzes als Willensäußerung des Gesetzgebers würde den gesetzgeberischen Willen vernichtet haben. Zwar ist im Falle der „Nichtanwendung" der gesetzgeberische Wille nicht durchgeführt, sondern vereitelt worden. Er besteht jedoch weiter. Das kann sich bereits im nächsten Rechtsstreit zeigen, in dem erneut die Rechtmäßigkeit des Gesetzes erörtert und dasselbe oder ein anderes Gericht zu einem anderen Ergebnis gelangen kann. Die jeweilige Entscheidung beschränkt sich auf den Einzelfall und die am konkreten Verfahren Beteiligten. Ähnliches gilt für die Entscheidung eines verwaltungsgerichtlichen Feststellungsurteils, daß eine exekutive Maßnahme rechtswidrig ist. Die Maßnahme selbst bleibt unangetastet.

Der in der Nichtanwendung oder der Feststellung der Rechtswidrigkeit eines Gesetzes oder eines Verwaltungsakts liegende „Vereitelungs- oder Frustationseffekt" eines legislativen oder exekutiven Willens ist Ausdruck und Folge der dem Richter übertragenen Aufgabe der „Gewaltenhemmung" in dem Sinne, daß er der Willensverwirklichung der anderen Gewalt einerseits eine Schranke setzt, sie in ihrer Entfaltung „hemmt", es andererseits aber auch bei dieser bloßen Schrankensetzung beläßt und nicht den entgegenstehenden Willen vernichtet[70].

b) Soweit der Richter aber rechtswidrige legislative oder exekutive Akte vernichtet, überschreitet er die Grenze der Gewalten„hemmung"

---
[69] RGZ 111, 320.
[70] Von demselben Verständnis der Gewaltenkontrolle scheint auch *Carl Schmitt*, Verfassungslehre, S. 196, auszugehen, der in der bloßen „Nichtanwendung" eines verfassungswidrigen Gesetzes keinen „Eingriff' im eigentlichen Sinne" sieht.

und nimmt am System der Gewalten „kontrollen" teil; denn Aufgabe der Kontrolle ist es, Macht- und Kompetenzüberschreitungen zu bekämpfen[71]. Sie soll sich nicht in einer Nichtanwendung rechtswidriger Normen oder der sanktionslosen Feststellung der Rechtswidrigkeit von Verwaltungsakten erschöpfen. Dem entspricht es, daß das Bundesverfassungsgericht verfassungswidrige Normen für „nichtig" erklärt und die Verwaltungsgerichte auf eine Anfechtungsklage hin rechtswidrige Verwaltungsakte „aufheben". In diesen Fällen wird der entgegenstehende Wille vernichtet.

Dieser „Kassationseffekt" richterlicher Tätigkeit ist damit einerseits das Kennzeichen richterlicher Gewaltenkontrolle, andererseits vollzieht sich unter dieser „Gestaltung" der Rechtslage der Einbruch in den Kernbereich der anderen staatlichen Gewalten.

c) Während in den Fällen der „Kassation" von Maßnahmen anderer staatlicher Gewalten zwar eine Willensvernichtung stattfindet, der Richter aber nicht anstelle dieser Gewalten selbst entscheidet, ist unter der Herrschaft des Grundgesetzes der Richter in zunehmendem Maße selbst zur Neugestaltung der Rechtslage geschritten oder gerufen worden und verpflichtet die anderen Gewalten zu einer Tätigkeit in einem bestimmten Sinn. Damit ist die eigene Willensbildung der anderen Gewalten von vornherein gebunden. Die Ersetzung der verwaltungsbehördlichen Willensbildung zeigt das deutlich.

Dieser „Substitutionseffekt" richterlicher Tätigkeit zeigt die zunehmende Tragweite richterlicher Gewaltenkontrolle. Der Richter braucht nicht nur „nein" zu sagen. Er kann in bestimmten Fällen auch sagen, was anstelle des rechtswidrigen Handelns geschehen soll. Die Justiz befiehlt im Verhältnis zu anderen Gewalten. Diese Substitution wird für den Bereich der Verwaltung in dem Verpflichtungsurteil z. B. nach § 113 VwGO insbesondere bei Unterlassungen der Verwaltung sichtbar. Dagegen kann der Gesetzgeber nicht „substituiert" werden: das Gericht kann weder anstelle des Gesetzgebers handeln, noch eine Gesetzesberichtigung anordnen[72].

Mit dieser Entwicklung wird der Aufstieg der Rechtsprechung zu einer „echten" Gewalt deutlich manifestiert[73]. Die Entwicklung scheint in zunehmendem Maße von einer reinen Frustration rechtswidriger Maßnahmen über ihre Kassation zu einer Substitution durch den Richter zu führen.

3. Rechtfertigungsvorbehalt und Urteilsgründe

Das Prinzip der Gewaltenteilung dient auch unter der gegenwärtigen Verfassungsordnung dazu, die staatliche Macht durch ein System des

---
[71] *Carl Schmitt*, Verfassungslehre, S. 196; *Jesch*, Bindung, S. 121.
[72] BVerfGE 15, 46, 75 ff.
[73] Vgl. *Carl Schmitt*, Verfassungslehre, S. 196.

§ 10 Funktionale Stellung der rechtsprechenden Gewalt

Gleichgewichts der Gewalten zu begrenzen. Mit dem Aufstieg der Rechtsprechung zur „dritten Gewalt" ist daher einerseits die Idee der Gewaltenharmonie erst verwirklicht worden; denn ein Gleichgewicht setzt eine gleiche Gewichtigkeit voraus. Eine Harmonie lediglich zwischen zwei Machtträgern ist ständig von einer Verschiebung der Machtverhältnisse zugunsten des einen bedroht. Erst wenn eine sinnvolle Verknüpfung der Funktion zu einem weiteren und gleichgewichtigen Machtträger hergestellt wird, erscheint die Machtgleichheit hinreichend gesichert zu sein. Ist auf diese Weise der Macht- und Funktionszuwachs der rechtsprechenden Gewalt gerechtfertigt, so wird andererseits die Frage nach einer wirksamen Kontrolle dieser Gewalt unausweichlich. Ohne eine wirksame Kontrolle wäre aber das Gewaltengleichgewicht bedroht. Die Einflußmöglichkeiten auf die Entscheidungspraxis der Gerichte sind zwar rechtsstaatlicher Notwendigkeit entsprechend denkbar gering, wie bereits das Verfahren der Richteranklage gemäß Art. 98 Abs. 2 GG zeigt. Und nennenswerte Versuche einer politischen Einflußnahme unter der Herrschaft des Grundgesetzes sind nicht zu verzeichnen[74]. Damit ist der Richter aber nicht von jeder Kontrolle freigestellt. Das würde nämlich der grundlegenden Einsicht in das Wesen einer rechtsstaatlichen Kontrolle widersprechen, nach der „jede staatliche Kontrolle ihrerseits wieder kontrollierbar sein muß"[75]. Daher ergibt sich das Gebot *einer* Rechtsmittelinstanz unmittelbar aus dem Rechtsstaatsprinzip[76]. Es sagt aber nichts darüber aus, ob der ersten Nachprüfung eine weitere Kontrollinstanz folgen muß.

Das Gebot der Rechtfertigung gilt nicht nur im Verhältnis zum Bürger, sondern ebenso im Verhältnis zu den anderen Gewalten. Es hat daher eine zweifache Aufgabe: Einmal soll es der Freiheit des Bürgers unmittelbar dienen, zum anderen mittelbar durch Gewährleistung des Gewaltengleichgewichts. Daher gilt der Rechtfertigungsvorbehalt auch, soweit ein Gericht die Maßnahme einer anderen Gewalt überprüft und über sie entscheidet. In der mitgeteilten und vollständigen Rechtfertigung der richterlichen Entscheidung liegt daher eine hinreichende Sicherheit vor nicht feststellbaren und unüberprüfbaren Machtüberschreitungen der rechtsprechenden Gewalt.

Da es sich bei echten Eingriffen der Rechtsprechung in den Bereich einer anderen Gewalt immer zugleich um Eingriffe in den Kernbereich

---

[74] *Hahn*, JöR NF 14 (1965), 41; *W. Weber*, Carl Schmitt-F., S. 264, und Spannungen und Kräfte im westdeutschen Verfassungssystem, S. 96 ff.; *Fichtmüller*, AöR 91 (1966), 342.
[75] *Carl Schmitt*, HdbDStR II 591. Eine Kontrolle ist aber erforderlich, da die Rechtsprechung entgegen *Jesch*, Bindung, S. 120 Note 24, tatsächlich hinsichtlich politischer Macht nicht mehr „en quelque façon nulle" ist.
[76] Einschränkend allerdings das Bundesverfassungsgericht E 4, 74, 94 f.; ferner *Ule*, DVBl. 1959, 538 mit weiteren Nachweisen.

handelt, stehen solche Maßnahmen unter dem Gebot der Ausnahme[77]; denn es gilt das grundsätzliche verfassungsrechtliche Verbot, das den Staatsgewalten untersagt, in den Kernbereich einer anderen Gewalt einzugreifen[78]. „Grundsätzlich" gilt dieses Verbot in dem Sinne, daß die Verfassung selbst Abweichungen gestatten kann, um eine wirksame Kontrollfunktion der Rechtsprechung zu ermöglichen und um den Rechtsschutz des Bürgers zu gewährleisten. Diese verfassungsrechtlich zulässigen und gebotenen Abweichungen verlieren jedoch dadurch nicht ihren Ausnahmecharakter. Solche Eingriffe unterliegen daher in jedem Falle einem gesteigerten Rechtfertigungsbedürfnis. Das gilt für die Nichtigkeitserklärung von Parlamentsgesetzen in noch höherem Maße als für die Aufhebung von Maßnahmen der Verwaltung. Noch größere Zurückhaltung ist bei der Substitution der Willensbildung der anderen Gewalten durch den Richter geboten. Mit einer sorgfältigen Begründung wird gleichzeitig ein pädagogisches Anliegen verwirklicht. Sie soll die Rechtsprechung weitgehend davor bewahren, politische Entscheidungen zu treffen, d. h. ihr Ermessen an die Stelle des Ermessens der vollziehenden Gewalt und Gesetzgebung zu setzen und deren politische Aktivität zu lähmen, weil sie sich ständig unter dem Damoklesschwert richterlicher Kassation fühlen, auch dort, wo das Grundgesetz es nicht will. Die notwendige Selbstbescheidung der Gerichte soll durch detaillierte Urteilsgründe erleichtert werden.

Die veränderte richterliche Stellung im heutigen Verfassungsgefüge verlangt weiterhin auch ein entsprechend gewandeltes richterliches Verantwortungsbewußtsein; denn je bedeutender die Stellung eines Verfassungsorgans ist, um so größer ist seine Verantwortung vor der Verfassung. An die richterliche Entscheidung sind daher heute höhere Anforderungen zu stellen als noch im 19. Jahrhundert. Jede richterliche Entscheidung ist daher ihrer Idee nach eine Rechtfertigungsschrift, die Auskunft geben soll, wie der Richter in verantwortungsbewußter Weise seiner verfassungsrechtlich exponierten Stellung gerecht geworden ist. In diesem Zusammenhang dient die Rechtfertigungsschrift dazu, eine Kontrolle der Kontrollierenden zu ermöglichen, zwar nicht durch die zu Kontrollierenden. Das wäre in der Tat widersinnig[79]. Wohl aber durch den gerichtlichen Instanzenzug und unter den Voraussetzungen des § 90 BVerfGG durch das Bundesverfassungsgericht. Zum anderen aber muß den durch die richterliche Entscheidung betroffenen anderen staatlichen Gewalten gegenüber eingehend die Ausübung der kontrol-

---

[77] Das gilt auch deswegen, weil davon ausgegangen werden muß, daß jede Gewalt rechtmäßig handeln will: *Peter Schneider,* In dubio pro libertate, S. 79 Note 52.
[78] Zu diesem Verbot: BVerfGE 1, 396, 409 f.; BVerwGE 7, 294, 295; *Wernicke,* in BK II 2 g zu Art. 20; vMK, S. 599; MD 81 zu Art. 20; *Hahn,* JöR 14 (1965), 30.
[79] *Bachof,* Huber-F., S. 40.

lierenden Tätigkeit gerechtfertigt werden. Das dient dem Schutz der Gewaltenteilung und damit der gesamtstaatlichen Ordnung. In den Urteilsgründen hat der Richter Rechenschaft darüber abzulegen, daß er seiner Pflicht zur möglichsten Schonung des Kernbereichs der anderen Gewalten nachgekommen ist.

III. Integrationsaufgabe und Rechtfertigungsvorbehalt

Die einzelnen staatlichen Gewalten stehen nicht nur im Verhältnis der Gewaltenkontrolle zueinander. Das Gewaltenteilungsprinzip erschöpft sich auch nicht im Individualschutz und in der Gewährleistung eines geordneten Miteinanders staatlicher Gewalten, sondern ihre Aufgabe ist auch durchaus politisch-dynamisch zu sehen. Damit wird dem Gewaltenteilungsprinzip mit *Rudolf Smend*[80] ein weiterer Aspekt abgewonnen: die einzelnen staatlichen Gewalten sind Integrationsfaktoren des staatlichen Lebens. Ihre Aufgabe ist es, alle gesellschaftlichen Sphären lebendig zu durchdringen und alle Kräfte des Volkes für das Staatsganze zu gewinnen[81]. Dabei geht es weniger um den einzelnen Bürger, auch nicht so sehr um den einzelnen Rechtsuchenden, als vielmehr um die Gesamtheit. Wenn auch die Justiz nach Smend nicht dem (politischen) Integrationswert dient, sondern dem Rechtswert, so betont er gleichzeitig, daß die Justiz dennoch integrieren solle, aber nicht die Staatsgemeinschaft, sondern die Rechtsgemeinschaft. Smend räumt aber ein, daß die Justiz auf diese Weise praktisch zugleich der staatlichen Integration diene[82]. Dennoch soll die Grenze zwischen beiden Bereichen nicht verwischt werden. Auch wenn die Tätigkeit des Richters wie die aller staatlichen Organe integrierend wirken muß, so ist sie grundsätzlich „normativ bestimmt und unterscheidet sich damit von der Existentialität des Politischen"[83]. Die richterliche Tätigkeit dient daher in erster Linie der Integration der Rechtsgemeinschaft[84].

1. Urteilsgründe als Mittel staatlicher Integration

Da die staatlichen Gewalten Auftrag und Maßstab für die Integration von der Verfassung und ihren Wertvorstellungen empfangen[85], hat die

---

[80] Verfassung und Verfassungsrecht, S. 97 ff.; „Integrationslehre" im HDSW, und „Integration" im Evangelischen Staatslexikon. Ferner Stichwort „Integration" im Staatslexikon; zu *Smends*, Integrationslehre: *Kägi*, Gewaltenteilungsprinzip, S. 174 ff.
[81] *Smend*, Verfassung und Verfassungsrecht, S. 97; *Dahm*, Deutsches Recht, S. 148 f., 307.
[82] Verfassung und Verfassungsrecht, S. 99.
[83] *Carl Schmitt*, Verfassungslehre, S. 274.
[84] Vgl. *Werner Weber*, VVDStRL 14 (1956), 190.
[85] *Kägi*, Verfassung, S. 44; *Bachof*, Huber-F., S. 27, 44, der betont, daß das Grundgesetz selbst seiner Aufgabe staatlicher Integration in hohem Maße gerecht geworden sei.

Rechtsprechung für die Rechtsgemeinschaft „Gesetz und Recht" (Art. 20 Abs. 3 GG) in ihren Entscheidungen zu verwirklichen und die Rechtsgemeinschaft durch die Personen der Rechtsuchenden davon zu überzeugen, daß das, was entschieden worden ist, an „Gesetz und Recht" gemessen wurde und dieses Ergebnis zur Grundlage der Entscheidung gemacht worden ist.

Die vom Prinzip der Gewaltenteilung abgeleitete Integrationsaufgabe rechtfertigt damit zunächst die richterliche Rechtsschöpfung und Rechtsfortbildung, die zur Verwirklichung von „Gesetz und Recht" geboten ist und für eine auch nur teilweise Rechtsverweigerung keinen Raum läßt. Zum anderen aber wirbt der Richter über den einzelnen Prozeß hinaus, aber durch ihn als seinen Vermittler um das Vertrauen der Rechtsgemeinschaft. In beiden Fällen staatlicher Integration, der rechtsschöpferischen Rechtsverwirklichung und der Schaffung und Erhaltung der Vertrauensgrundlage, ist das Urteil das vornehmliche Integrationsmittel. Auf seine Begründung richtet sich das Interesse der Rechtsgemeinschaft. Dabei soll die integrierende oder desintegrierende Wirkung, die von der Art der Durchführung gerichtlicher Verfahren ausgeht, nicht unterschätzt werden. Sie kann verfassungsrechtlich insbesondere unter dem Gesichtspunkt der „Achtung der Personenwürde" und des Anspruchs auf rechtliches Gehör erheblich werden[86].

Dieser Integrationsvorgang ist ein dialektischer Vorgang, der Rechtsnorm und Lebenswirklichkeit in ein lebendiges Austauschverhältnis setzt. *Smend*[87] sieht in zutreffender Weise den Geltungs*grund* einer Norm eben in dieser Beziehung. Damit wird aber mit dem Range des Verfassungsrechts dem allgemeinen hermeneutischen Charakter der Rechtswissenschaft Rechnung getragen. Die Integrationslehre fordert somit den lebendigen und fruchtbaren Dialog mit den die Wirklichkeit konstituierenden Kräften. Das Recht wird daher nicht „gefunden". Es liegt nicht als etwas Fertiges vor, das nur durch ein besonderes Verfahren „erkannt" wird. Es entsteht erst durch das Streiten, durch das „Miteinander-Rechten". Recht ist also im Rechten durch Richten entstanden.

Für die Rechtsprechung bedeutet das u.a. nicht nur die Berücksichtigung anderer gerichtlicher Entscheidungen, sondern auch das Gespräch mit der Rechtswissenschaft, deren systematisch-methodisches Bemühen die „Einheit des Rechts" zum Gegenstand hat, der auch der Richter verpflichtet ist. Damit sind Rechtslehre und Rechtspraxis die in dem Integrationsvorgang vorgegebenen Gesprächspartner; denn Integration bedeutet eben das fortdauernde Einfügen der Einzelerscheinungen in ein Ganzes. Ebenso wie der *Geltungsgrund* einer Norm durch dieses Aus-

---

[86] BVerwGE 24, 264.
[87] „Integrationslehre" im HDSW.

tauschverhältnis in zureichender Weise gerechtfertigt ist, so ist auch der *Erkenntnisgrund* des richterlichen Urteils erst dann zureichend, wenn er diesen dialektischen Vorgang verdeutlicht. Da der Grund aber erst auf diesem Wege zureichend wird, ist dieser Dialog notwendige Bedingung der Richtigkeit der Urteilsaussage[88].

Damit wird das „Gespräch" mit wesentlichen und entscheidungserheblichen (vor allem von einer bisherigen Entscheidungspraxis abweichenden) Auffassungen der Lehre zu den von der Verfassung gebotenen Mindestanforderungen an den Inhalt der Entscheidungsgründe. Für den Begründungsstil verweist die Integrationslehre aber nachhaltig auf das werbende Argument, dessen praktisch-suggestive Wirkung das Sicherheits- und Überzeugungsgefühl hinsichtlich der Richtigkeit der Entscheidung vermitteln soll. Dem genügt die reine Technizität des Rechts, die Konstruktion der Entscheidung nur teilweise.

Da das „Rechtsgespräch" eine erkenntnistheoretisch und rechtswissenschaftlich-methodologisch vorgegebene Bedingung des Rechtsfindungsverfahrens im Sinne eines Rechtserkenntnisverfahrens ist, das verfassungsrechtlich durch das (wohl als „rechtsstaatlich" im technischen Sinne zu qualifizierende) Integrationsgebot konkretisiert wird, beherrscht es den gesamten Rechtsfindungsvorgang. Das Gespräch findet daher nicht nur zwischen dem Gericht und den Verfahrensbeteiligten, zwischen Gericht, Rechtslehre und Rechtspraxis statt, sondern ebenso innerhalb des Gerichts, genauer: der erkennenden Kammer oder des erkennenden Senats bei Kollegialgerichten. Es wäre daher zumindest für die letztinstanzlichen Gerichte, die die Aufgabe der Rechtsfortbildung in letzter Verantwortung erfüllen, geboten, Sondervoten zu veröffentlichen. Sondervoten führen im übrigen das Gespräch nicht nur weiter, sondern ihre Möglichkeit gibt dem innergerichtlichen Gespräch erst den letzten verbindlichen Ernst[89]. Ihre Zulässigkeit und ihre Notwendigkeit ergeben sich folgerichtig aus dem Integrationsgebot[90].

Insoweit würde auch die Zulässigkeit von Sondervoten bereits aus dem Verfassungsrecht folgen und nicht lediglich eine rechtspolitische Forderung darstellen[91].

---

[88] Vgl. auch *Bachof*, Huber-F., S. 43 f., der diese Pflicht des Richters zum „ständigen Gespräch" aus dem staatsrechtlichen Argument der Legitimation auch der richterlichen Gewalt aus der Volkssouveränität herleitet, die sichtbaren Ausdruck in dem dem Urteil vorangestellten Satz „Im Namen des Vollkes" finde.
[89] Ähnlich *Kriele*, Theorie der Rechtsgewinnung, S. 309; neuestens *Zweigert*, Dissenting Opinion, S. 28 ff., 32 ff.
[90] Im Ergebnis ebenso *Arndt*, NJW 1959, 6, 8, der die Zulassung von Sondervoten aus dem Gesichtspunkt des rechtlichen Gehörs fordert.
[91] Der 47. Deutsche Juristentag in Nürnberg (1968) hat dem Gesetzgeber die Einführung eines Minderheitenvotums beim Bundesverfassungsgericht und — beschränkt auf Rechtsfragen — bei allen Revisionsgerichten empfohlen: NJW 1968, 2048 f.; JuS 1968, 536. — Den Vorschlag in Bezug auf das

2. Integration und Veröffentlichung

Mit der Forderung nach Öffentlichkeit staatlicher Wirksamkeit wird seit jeher auf zwei Aspekte dieses Prinzips hingewiesen, die *Herbert Krüger*[92] als faktische und normative Öffentlichkeit bezeichnet, die notwendig zusammengehören, „und zwar in dem Sinne, daß die Herbeiführung der faktischen Öffentlichkeit zugleich die Verwirklichung der normativen Öffentlichkeit gewährleistet". Dabei bezeichnet die faktische Öffentlichkeit ganz allgemein die Zugänglichkeit, die Einsichtbarkeit staatlicher Machtäußerungen, die Möglichkeit, von ihnen Kenntnis zu nehmen. Sie ist das Gegenteil von Geheimhaltung. Diese faktische oder tatsächliche Öffentlichkeit soll, wie Krüger[93] für den Bereich der Rechtsprechung betont, „die Richtigkeit der Maßnahmen und die Gerechtigkeit der Entscheidungen verbürgen"[94]. Unter dem Gesichtspunkt der Veröffentlichung einer „dissenting opinion" weist *Zweigert*[95] nachdrücklich darauf hin, daß die Demokratie (Art. 20 GG) auf Offenlegung staatlicher Vorgänge angelegt sei. Auf diesem Wege werde die Verantwortung der die Staatsgewalt tatsächlich ausübenden Organe und Personen gegenüber dem Volk realisiert. Verantwortung aber bedeute Kontrolle durch das Volk, die durch Publizität ermöglicht werde. Da diese Prinzipien für alle staatlichen Angelegenheiten gelten, würden sie sich auch auf den Bereich der Justiz erstrecken.

Die Forderung nach faktischer Öffentlichkeit kann sich einmal auf die Zugänglichkeit der Entscheidungen für die am konkreten Verfahren Beteiligten beziehen. In diesem Sinne sagt *Scheuerle*[96] zutreffend, daß

Bundesverfassungsgericht hat die Bundesregierung aufgegriffen und mit dem Vierten Gesetz zur Änderung des Gesetzes über das Bundesverfassungsgericht vom 21. Dezember 1970 (BGBl. I S. 1765) verwirklicht. In § 30 heißt es nunmehr: „(2) Ein Richter kann seine in der Beratung vertretene abweichende Meinung zu der Entscheidung oder zu deren Begründung in einem Sondervotum niederlegen; das Sondervotum ist der Entscheidung anzuschließen. Die Senate können in ihren Entscheidungen das Stimmenverhältnis mitteilen. Das Nähere regelt eine Verfahrensordnung, die das Plenum des Bundesverfassungsgerichts beschließt." Die Begründung des Entwurfs zeigt deutlich das gewandelte Verständnis rechtsprechender Tätigkeit: In solches Verfahren führe nämlich zu größerer Offenheit bei der Rechtsfindung und wirke der Vorstellung entgegen, „als ob Findung des wahren Rechts ein schlichter logischer Erkenntnisvorgang sei, der außerhalb jeder Meinungsverschiedenheit stehe" (zit. nach ZRP 1969, 16).

[92] Allgemeine Staatslehre, S. 443.
[93] Allgemeine Staatslehre, S. 444.
[94] Es nimmt daher nicht wunder, daß die Gerichtsöffentlichkeit, zumindest in der Form der Parteiöffentlichkeit, zu den frühliberalen Forderungen zählte. Vgl. Feuerbach, Betrachtungen über die Öffentlichkeit und Mündlichkeit der Rechtspflege, 1821.
[95] Dissenting Opinion, S. 15 f.
[96] AcP 163, 431. Ebenso Ule, DVBl. 1959, 537, 542 f., der in der Offenlegung der Begründung einen besonderen Anwendungsfall der Rechtsstaatsidee sieht, die auf eine weitgehende Öffentlichkeit der Betätigung staatlicher Gewalt dränge.

auf Grund der rechtsstaatlichen Begründungspflicht die Entscheidung nach Tenor und Motiven offen und öffentlich sein muß. Der Betroffene müsse erfahren, welche Rechtsnormen sein Schicksal gestalten und in welchen Denkformen sie angewendet werden. Zum anderen bedeutet Öffentlichkeit „Veröffentlichung" der Entscheidungen. Damit wird erst die tatsächliche Voraussetzung der Integration der Rechtsgemeinschaft geschaffen. Somit wird durch die faktische Öffentlichkeit verfassungsrechtlich zweierlei konkretisiert: das Reddendum des Satzes vom Grund durch die Zustellung des Grundes an den unmittelbar Angesprochenen und die Pflichten gegenüber der Rechtsgemeinschaft, die für die Rechtsprechung in den verschiedenen Aspekten des Prinzips der Gewaltenteilung zuvor entwickelt wurden[97].

Die in den amtlichen Entscheidungssammlungen veröffentlichten Entscheidungen dienen demselben Zweck wie die Promulgation von Gesetzen in amtlichen Publikationsorganen[98], nämlich der Voraussehbarkeit und Meßbarkeit der gerichtlichen Entscheidungspraxis. Soweit ein Gericht auf unveröffentlichte Entscheidungen Bezug nimmt und sie ohne Wiedergabe ihrer tragenden Ausführungen zur Begründung heranzieht, ist eine solche Begründung mangelhaft; denn unveröffentlichten und damit häufig auch unzugänglichen Entscheidungen fehlt der allgemeine Erkenntniswert.

Bereits *Montesquieu*[99] hatte den Gedanken der Voraussehbarkeit und der Rechtssicherheit mit dem der Veröffentlichung gerichtlicher Entscheidungen verknüpft. Er forderte nämlich, daß die gerichtlichen Entscheidungen gesammelt und studiert werden sollen, „damit man heute genau so urteilt wie gestern und das Eigentum und Leben der Bürger so fest und sicher wie die Staats-Verfassungen selbst sind". Diese Erkenntnis Montesquieus ist insofern unvollständig, als der Weg nicht angegeben wird, auf dem der unveränderliche Gang der Praxis zu verwirklichen ist. Folgerichtig ergänzt der Kieler Rechtsgelehrte *Brinkmann* im Jahre 1826 die Ausführungen Montesquieus dahin, daß die Praxis nicht übereinstimmt und der Schutz des Bürgers nicht gewährleistet sei, solange es der Praxis „an der Grundlage des Fortschreitens und Ausbildens, an kundbaren Urteilsgründen mangelt"[100]. Durch die Veröffentlichung sorgfältig abgefaßter Urteilsgründe werde jene „Objektivität, Consequenz und Stetigkeit des Urtheilens" erzielt, die für *Otto Bähr*[101] zur Aufgabe einer rechtsstaatlichen Rechtsprechung gehört.

---
[97] Zum Prinzip der Publizität als Mittel der Selbstzucht: *Krüger*, Allgemeine Staatslehre, S. 525 f.
[98] *Germann*, Probleme und Methoden, S. 296.
[99] EdL VI/1 S. 104.
[100] Über die richterlichen Urtheilsgründe, S. 58.
[101] Der Rechtsstaat, S. 15. Vgl. auch von *Rotteck-Welcker*, Das Staats-Lexikon, Bd. 11, S. 199 ff.

Daher dient die Veröffentlichung der Entscheidungen der Integration der Rechtsgemeinschaft in besonderem Maße.

3. Integration und normative Öffentlichkeit

Die beschriebene richterliche Integration gewinnt eine gesteigerte Bedeutung im Hinblick auf den verfassungsrechtlichen Standort der Rechtsprechung als eines „Mitgesetzgebers". Nimmt die Rechtsprechung aber auch Aufgaben des Gesetzgebers wahr, so werden die Eigentümlichkeiten des Gesetzgebungsvorgangs ebenso für die Rechtsprechung erheblich.

Auch unter dem gegenwärtigen Verständnis bleibt das Gesetz an dem verfassungsrechtlichen Leitbild der Vernünftigkeit und Gerechtigkeit orientiert. Diese Eigenschaft des Gesetzes wird dadurch verkörpert, daß es als generelle Norm — der Idee nach — „in öffentlicher parlamentarischer Diskussion zustande kommt" *(Carl Schmitt)*[102]. Dieser Gedanke ist dem der Integrationslehre *Rudolf Smends*[103] durchaus verwandt. *Herbert Krüger*[104] spricht in diesem Zusammenhang von „normativer Öffentlichkeit". *Carl Schmitt*[105] weist nun eindringlich darauf hin, daß in dem Maße, in dem der „Glaube an Öffentlichkeit und Diskussion" schwand, die rechtsstaatliche Idee selbst Schaden nehmen mußte, die die Herrschaft von Gesetzen und nicht von Gesetzgebern fordert[106]. Die öffentliche Diskussion dient jedoch nicht nur der allgemeinen Kontrollierbarkeit des Rechtssetzungsvorgangs, die ihrerseits wieder einen ausgleichenden Einfluß auf den Vorgang der Willensbildung des Gesetzgebers ausüben und den einzelnen Parlamentarier zu einem ständigen Dialog mit der allgemeinen Meinung zwingen soll[107]. Öffentlichkeit und Diskussion sind vielmehr ein eigentümliches methodisches Verfahren, das die Vernünftigkeit und Gerechtigkeit des Gesetzes durch die Einhaltung eines bestimmten Verfahrens gewährleisten sollen.

---

[102] Hüter der Verfassung, S. 156 und Note 10. Auch *Klaus Vogel*, VVDStRL 24 (1966), 175, sieht — allerdings im Verhältnis zur Verwaltung — in der „relativen Öffentlichkeit", die das Gesetzgebungsverfahren verbürge, d. h. also der „Notwendigkeit, sich einer öffentlichen Kritik auszusetzen, doch noch weit eher eine sachgerechte Entscheidung verbürgt als eine Regelung derartiger Fragen allein im Schoß der Verwaltung".

[103] Vgl. *Carl Schmitt*, Hüter der Verfassung, S. 157 Note 11.
[104] Allgemeine Staatslehre, S. 443.
[105] Hüter der Verfassung, S. 157 Note 11.
[106] Zur unausweichlichen Alternative „Gewalt oder Diskussion": *Kriele*, Kriterien der Gerechtigkeit, S. 64, und kritisch zur praktischen Verwirklichung eines solchen Verfahrens, in: Theorie der Rechtsgewinnung, S. 182.
[107] Die umfangreichen Hearings des US-amerikanischen Kongresses sind unmittelbarer Ausdruck rechtsstaatlicher Prinzipien, nach denen auch die Auffassungen außerparlamentarischer Sachverständiger gewürdigt werden sollen.

§ 10 Funktionale Stellung der rechtsprechenden Gewalt

Erweisen sich somit Öffentlichkeit und Diskussion des Rechtssetzungsvorgangs als ein fundamentales rechtsstaatliches Verfahrensprinzip, so darf für die Rechtsprechung, soweit sie rechtsschöpferisch tätig wird, nichts anderes gelten. Ihr Rechtsfindungsvorgang darf sich daher zunächst nicht im Verborgenen vollziehen und die öffentliche Diskussion scheuen wollen; denn ist der Rechtsfindungsvorgang nicht mehr einsichtig, durchleuchtbar, kontrollierbar und damit nachvollziehbar, könnte durchaus von einer „Herrschaft der Richter" anstelle einer „Herrschaft von Gesetz und Recht"[108] gesprochen werden. Das wäre dann aber eine Verkehrung des Rechtsstaates in sein Gegenteil. Ferner läßt der nunmehr anerkannte hermeneutische Charakter der Rechtswissenschaft und des Vorgangs der richterlichen Rechtsfindung die Notwendigkeit einer verfassungsrechtlichen Sicherung deutlicher hervortreten. Die mit der Erkenntnis der sachlogischen Struktur der Rechtsnorm erfolgte Verweisung des Richters auf außerrechtliche Maßstäbe und nicht kodifizierte Wertprinzipien, auf die gesamte soziale Lebenswirklichkeit, die zum Geltungsgrund und Bedeutungsinhalt der Norm geworden ist, bürdet dem Richter eine dem Gesetzgeber vergleichbare Verantwortung auf, was die öffentliche Diskussion als Bedingung der Vernünftigkeit und Gerechtigkeit seiner Entscheidung betrifft; denn wie bereits gezeigt worden ist[109], können diese Ziele durch das Gesetz allein nicht mehr verwirklicht werden. Der Richter ist daher von Verfassungs wegen gehalten, vor seiner Entscheidung sich um ein umfangreiches Erkenntnismaterial zu bemühen entsprechend der vermutlichen tatsächlichen und rechtlichen Tragweite der Entscheidung. Dieses Erkenntnismaterial schließt, wie beim Integrationsvorgang bereits dargestellt, auch die Entscheidung anderer Gerichte und wesentliche und entscheidungserhebliche Äußerungen des einschlägigen wissenschaftlichen Schrifttums[110] ein.

Das Grundgesetz setzt diesen dialektischen Prozeß des Gedankenaustausches besonders deutlich in Art. 100 Abs. 1 GG voraus. In der mit dieser Vorschrift zum Ausdruck gelangten allgemeinen richterlichen Prüfungspflicht wird gleichzeitig ein Prüfungsmaßstab des Richters gefordert, an dem er die Verfassungswidrigkeit eines Gesetzes messen soll. Dem Sinn und der Bedeutung dieser Vorschrift, die mit einer so umfassenden Prüfungspflicht dem Richter eine hohe Verantwortung für die Schaffung und Bewahrung der Verfassungsmäßigkeit der Rechtsordnung auferlegt, würde der Richter nicht genügen, wenn er den Prüfungsmaßstab lediglich seinem, von jedem ernsthaften Gedankenaustausch isolierten Rechtsbewußtsein entnehmen würde, das

---
[108] *Aristoteles*, Politik, Kap. 10; *Wieczorek*, ÖJZ 1966, 423.
[109] § 4 II.
[110] *Bähr*, Der Rechtsstaat, S. 15.

mit dem allgemeinen Rechtsbewußtsein in keinem lebendigen Austausch steht[111]. Bei ernsthafter Prüfung der Verfassungsmäßigkeit eines Rechtssatzes und überzeugender Begründung des Prüfungsergebnisses[112] würde sowohl die Zahl der Verfassungsbeschwerden wie auch ihre Bedeutung als letzter Rechtsbehelf für den rechtsuchenden Bürger zurückgehen. Auf die Dauer gesehen, könnte eine Erleichterung der Arbeit des Bundesverfassungsgerichtes zu erwarten sein.

Für die Richter der oberen Bundesgerichte und des Bundesverfassungsgerichtes gelten die genannten methodischen Anforderungen der Bedeutung dieser Gerichte für die Rechtsfortentwicklung entsprechend in besonderem Maße. Der Ort, an dem der Richter über die Einhaltung dieses Verfahrens Rechenschaft abzulegen hat, sind die Entscheidungsgründe[113].

Die öffentliche Diskussion in den Entscheidungsgründen ist daher ein wesentliches Element der rechtsstaatlichen Struktur des richterlichen Urteils. Das rechtsstaatliche Gebot der Öffentlichkeit führt gleichzeitig zum Gebot der „Offenheit". Damit ist die Wahrhaftigkeit richterlicher Begründung gemeint. *Scheingründe* sind daher auch unter verfassungsrechtlichen Gesichtspunkten unzulässig[114].

§ 11 Begründungspflicht und rechtliches Gehör

Während bisher der Schutz der allgemeinen Rechtsordnung bei den Überlegungen zur richterlichen Begründungspflicht im Vordergrund der Erörterungen gestanden hat, soll nunmehr das Problem der Begründungspflicht, insbesondere dessen Ausmaß, unter dem Gesichts-

---

[111] BVerfGE 23, 288 für die Frage, was eine allgemeine Regel des Völkerrechts (Art. 25 GG) ist.
[112] Für den Vorlagebeschluß schreibt § 80 Abs. 2 BVerfGG nicht nur eine Begründung schlechthin vor, sondern stellt auch inhaltliche Anforderungen an die Begründung auf, die das Bundesverfassungsgericht mit Rundschreiben vom 7. November 1951 näher konkretisiert hat; abgedruckt bei *Lechner*, Bundesverfassungsgerichtsgesetz, S. 287 f. — In der Rechtsprechung des Verfassungsgerichts wird die zureichende Begründung des Vorlagebeschlusses geradezu zu einer Zulässigkeitsvoraussetzung. Damit wird die allgemeine formallogische Bedeutung des Satzes vom Grund auch im Bereich der Verfassungsrechtsprechung und des verfassungsgerichtlichen Verfahrens nachhaltig unterstrichen. Rechtsprechungsnachweise bei *Maunz-Sigloch-Schmidt-Bleibtreu-Klein*, Bundesverfassungsgerichtsgesetz, Randnummer 275, Note 9 zu § 80.
[113] Die Entscheidungen des Supreme Court z. B. auf dem Gebiet der Anti-Trust-Rechtsprechung werden diesem Ideal in hohem Maße gerecht. Sie sind in der Tat ein Stück echter begründeter Gesetzgebung.
[114] Vgl. auch *Scheuerle*, AcP 163, 431 f.

punkt des in Art. 103 Abs. 1 GG gewährleisteten Grundrechts auf rechtliches Gehör vor Gericht erörtert werden. Würde sich nämlich die Begründungspflicht (auch) aus diesem Grundsatz herleiten lassen, so könnte ein Mangel in der richterlichen Urteilsbegründung nach allen Verfahrensordnungen als Berufungsgrund bzw. absoluter Revisionsgrund geltend gemacht werden und das Verfassungsbeschwerdeverfahren zum Bundesverfassungsgericht eröffnen. Im Hinblick auf die mögliche Eröffnung des Verfassungsbeschwerdeverfahrens ist das Verständnis des Bundesverfassungsgerichts zu diesem Grundrecht von besonderer Bedeutung. Da die Rechtsprechung dieses Gerichts zum Grundrecht auf rechtliches Gehör die Erkenntnisse der anderen Gerichte nachhaltig geprägt hat, erscheint es auch als gerechtfertigt, die Darstellung auf die Wiedergabe dieser Rechtsprechung zu begrenzen. Daneben soll — beispielhaft — auf die Rechtsprechung des Bundesfinanzhofs zu diesem Fragenkreis eingegangen werden, da die Kenntnis des Selbstverständnisses dieses Gerichts für die kritische Würdigung seiner Begründungspraxis nicht unerheblich ist, weil gerade sie weit stärker kritisiert worden ist, als die eines anderen oberen Bundesgerichts.

I. Rechtsprechungs- und Schrifttumsäußerungen

1. Rechtsprechung des Bundesverfassungsgerichts

In der Ausgestaltung des Grundsatzes des rechtlichen Gehörs, den das Bundesverfassungsgericht als ein allgemeines Verfahrensprinzip wertet[1], zum Grundrecht, wird seine Verwandtschaft mit der grundlegenden Aufgabe aller Grundrechte sichtbar, nämlich Abwehrrecht zu sein. Das Bundesverfassungsgericht würdigt daher diesen Grundsatz auch unter dem Gesichtspunkt, daß jeder staatliche Eingriff in die Rechtsstellung eines Verfahrensbeteiligten unter dem Vorbehalt auch seiner verfahrensrechtlichen Rechtfertigung stehe. Seine reichhaltige und ständige Rechtsprechung faßt das Bundesverfassungsgericht im Beschluß vom 1. Februar 1967[2] dahin zusammen, daß der in Art. 103 Abs. 1 GG verbürgte Anspruch jedem zustehe, der durch eine gerichtliche Entscheidung in seinen Rechten unmittelbar beeinträchtigt werde[3]. Allerdings führe nicht jeder Verstoß gegen Art. 103 Abs. 1 GG zur Aufhebung einer gerichtlichen Entscheidung, sondern nur dann, „wenn nicht ausgeschlossen werden kann, daß die Anhörung des Beteiligten zu einer anderen, ihm günstigeren Entscheidung geführt hätte; nur

---

[1] BVerfGE 9, 89, 100.
[2] E 21, 132, 137.
[3] Ferner: BVerfGE 7, 95, 98; 8, 253, 255; 12, 6, 8; 17, 356, 362.

dann beruht die Entscheidung darauf, daß der Beteiligte nicht gehört wurde"[4].

Bei der Bestimmung des Inhalts des Grundsatzes des rechtlichen Gehörs ist zwischen einer *Anhörungspflicht* und einer *Bescheidungspflicht* zu unterscheiden. Von besonderem Interesse ist dabei die Frage, in welchem Verhältnis beide Pflichten zueinanderstehen, d. h. in welchem Maße der Richter in den Urteilsgründen mitteilen muß, daß er den Vortrag der Verfahrensbeteiligten in tatsächlicher und rechtlicher Hinsicht angehört und bei seiner Entscheidung in Erwägung gezogen hat.

Zunächst versteht das Bundesverfassungsgericht das Grundrecht des rechtlichen Gehörs als eine selbständige Grundlage, aus der das Gericht unmittelbar Anhörungspflichten herleitet[5] und die von der Ausgestaltung des jeweiligen Verfahrens durch die verschiedenen Verfahrensordnungen grundsätzlich unabhängig ist[6]. Anhören bedeutet, daß das Gericht seiner Entscheidung nur solche *Tatsachen* und *Beweisergebnisse* zugrunde legen dürfe, zu denen sich die am Verfahren Beteiligten vorher äußern konnten[7]. Den Beteiligten müsse aber grundsätzlich auch Gelegenheit gegeben werden, zu entscheidungserheblichen *Rechts*fragen Stellung zu nehmen[8].

Dieser Anhörungspflicht entspricht nach Auffassung des Bundesverfassungsgerichts die Bescheidungspflicht, d. h. die Pflicht des Gerichts, Anträge und Ausführungen der Verfahrensbeteiligten nicht nur zur Kenntnis zu nehmen und in Erwägung zu ziehen[9], sondern Kenntnisnahme und Erwägungen mitzuteilen. Die Ausführungen der Verfahrensbeteiligten seien zu „bescheiden", wenn auch nicht jedes Vorbringen ausdrücklich beschieden werden müsse[10]. Es könne sich auch aus dem Gesamtzusammenhang der Urteilsausführungen ergeben, daß das Gericht das Vorbringen des Beschwerdeführers gewürdigt habe[11]. Von einer Mitteilungs- und Bescheidungspflicht spricht das Bundesverfassungsgericht jedoch nur im Zusammenhang mit Anträgen und Ausführungen zum Sachverhalt und zum Beweisergebnis. Zur Bescheidung

---
[4] BVerfGE 13, 132, 145; 7, 239, 241; 9, 261, 267; 10, 178, 184; 17, 86, 96; 18, 147, 150; 20, 280, 282.
[5] BVerfGE 7, 95, 98; 8, 253, 255; 9, 89, 96; 17, 356, 361; 20, 281, 282; 21, 132, 137.
[6] BVerfGE 7, 53, 57; 275, 281.
[7] BVerfGE 20, 280, 282; ferner E 1, 418, 429; 5, 22, 24; 6, 12, 14; 7, 53, 57; 239, 240; 275, 278; 8, 184, 185; 208, 209; 9, 256, 267; 303, 304 f.; 10, 177, 182; 274, 281; 13, 132, 145; 16, 283, 285; 17, 86, 95; 139, 143; 194, 196; 18, 147, 150.
[8] BVerfGE 9, 231, 235 f.; 261, 266.
[9] BVerfGE 11, 218, 220; 14, 320, 323; 18, 380, 383; 22, 267, 273. Ferner BayVerfGH JR 1967, 398 mit weiteren Nachweisen.
[10] BVerfGE 5, 22, 24 f.; 13, 132, 149; 22, 267, 274.
[11] BVerfGE 21, 46, 48.

von Rechtsausführungen der Verfahrensbeteiligten hat sich das Bundesverfassungsgericht unmittelbar noch nicht geäußert.

2. Rechtsprechung des Bundesfinanzhofs

Der Bundesfinanzhof scheint das Grundrecht auf rechtliches Gehör weitgehend nur im Sinne einer *Anhörung* der Verfahrensbeteiligten zu verstehen, weniger dagegen in dem Sinne, daß das Gericht den Vortrag zu bescheiden habe. So führt der Bundesfinanzhof[12] zunächst im Anschluß an die Rechtsprechung des Bundesverfassungsgerichts aus, der Grundsatz des rechtlichen Gehörs verlange, daß einer gerichtlichen Entscheidung nur solche Tatsachen und Beweisergebnisse zugrunde gelegt werden, zu denen die am Verfahren Beteiligten haben Stellung nehmen können. Ihnen müsse die Möglichkeit gegeben sein, sich zu dem entscheidungserheblichen Sachverhalt vor Erlaß der Entscheidung zu äußern, Anträge zu stellen und Ausführungen tatsächlicher und rechtlicher Art vorzubringen. Auch müsse ein Verfahrensbeteiligter zu den Äußerungen anderer Verfahrensbeteiligter Gegenerklärungen abgeben können.

Auf der einen Seite wertet der Bundesfinanzhof es bereits als Gewährung rechtlichen Gehörs, wenn der Beschwerdeführer genügend Gelegenheit erhalte, sein Rechtsmittel zu begründen sowie zu Schriftsätzen des Beschwerdegegners Stellung zu nehmen[13]. Dem Beschwerdeführer müsse auch der Eingang der Berufungsschrift bestätigt werden[14]. Es genüge aber, wenn in der mündlichen Verhandlung der Prozeßstoff mit den Beteiligten erörtert werde[15]. Andererseits ist der Bundesfinanzhof der Auffassung, daß ein Gericht nicht verpflichtet sei, mit den Beteiligten ein „Rechtsgespräch" zu führen[16]. Eine solche Pflicht lehnt der Bundesfinanzhof ausdrücklich ab[17]. Die „im Rahmen der Vorbereitung der Entscheidung gegebenen Rechtshinweise beinhalten weder eine Rechtsmeinung des Gerichts noch oft die eigene Auffassung des Berichterstatters, sondern sollen allein den Beteiligten Gelegenheit geben, zu möglichen Rechtsauffassungen Stellung zu nehmen". Diese Auffassung ist nicht bedenkenfrei. Einerseits wird durch „Rechtshinweise" des Gerichts tatsächlich ein Rechtsgespräch eröffnet. Andererseits will der Bundesfinanzhof dem Gericht den Schutz völliger Unver-

---
[12] z. B. Urteil vom 30. Sept. 1966, E 87, 60, 62; Beschluß vom 23. Aug. 1966, E 86, 725, 726.
[13] Beschluß vom 2. Febr. 1967, E 88, 40, 41.
[14] BFH, Urteil vom 30. Sept. 1966, E 87, 60 (LS).
[15] BFH, Urteil vom 5. Juli 1966, E 86, 609, 611.
[16] Auf den Wert eines Rechtsgesprächs mit den am steuergerichtlichen Verfahren Beteiligten weist insbesondere *Tipke*, in: *Felix*, Vom Rechtsschutz im Steuerrecht, S. 155 ff., hin.
[17] Urteil vom 27. Juli 1965, E 84, 69, 75.

bindlichkeit seiner Rechtshinweise erhalten, die nicht einmal die eigene Auffassung des Berichterstatters wiederzugeben brauchen. Zu „möglichen Rechtsauffassungen Stellung zu nehmen", bedeutet aber letztlich ein zielloses, hypothetisches und unverbindliches Gespräch führen. Damit ist den Verfahrensbeteiligten nicht gedient. Vielmehr gleicht alles einem Würfelspiel.

Weiterhin vertritt der Bundesfinanzhof[18] die Meinung, daß das Gericht nicht verpflichtet sei, eine noch nicht beratene Rechtsmeinung bekanntzugeben. Dem kann man entgegenhalten, daß das „Gericht" vor einer Beratung überhaupt noch keine Rechtsmeinung hat. Dagegen scheint der Bundesfinanzhof zutreffend der Auffassung zu sein, daß der zur Entscheidung berufene Richter, der seine Rechtsmeinung den Beteiligten gegenüber zum Ausdruck gebracht habe, ihnen auch seine im Verlauf des Verfahrens gewandelte Rechtsmeinung bekanntgeben müsse[19].

In einem gewissen Unterschied hierzu steht die Entscheidung des Bundesfinanzhofs vom 8. November 1963[20], die ein mangelhaft begründetes Urteil eines Finanzgerichts rügt. In dieser Entscheidung vertritt der Bundesfinanzhof die Auffassung, daß das Finanzgericht in seinem Urteil auf die Ausführungen des Steuerpflichtigen eingehen müsse, der geltend gemacht habe, in seinem Fall seien besondere rechtliche Gesichtspunkte zu beachten, „damit der Rechtsmittelführer nicht den Eindruck gewinnt, daß der Richter einem Bürger in seinem Streit mit dem Steuerfiskus nicht das gebührende rechtliche Gehör gegeben habe, auf das er nach Art. 103 Abs. 1 GG ein unverzichtbares Recht hat".

3. Schrifttumsäußerungen

Im Schrifttum wird überwiegend die Auffassung vertreten, daß sich aus Art. 103 Abs. 1 GG eine Begründungspflicht nicht herleiten lasse.

So ist *Ule*[21] der Meinung, daß sich aus Art. 103 Abs. 1 GG keine Begründungspflicht ergebe, weil diese bereits von Art. 20 Abs. 3 GG vorgeschrieben sei. Art. 103 Abs. 1 GG könne „dann insoweit keine neue Pflicht einführen".

Maunz-Dürig[22] knüpfen zur Begründung ihrer ablehnenden Haltung an die Überlegung an, daß der Grundsatz des rechtlichen Gehörs nicht die Verpflichtung enthalte, „das Vorbringen der Beteiligten ausdrücklich zu bescheiden"[23]. Durch eine solche Begründungspflicht würde der

---

[18] Urteil vom 27. Juli 1965, E 84, 69, 75.
[19] So auch der BayVerfGH, JZ 1963, 63.
[20] BFHE 78, 56.
[21] DVBl. 1959, 542.
[22] 81 zu Art. 103.
[23] Ähnlich *Röhl*, NJW 1958, 1274 ohne eigene Begründung.

Rahmen des Art. 103 Abs. 1 GG, der sich auf eine Pflicht zur Anhörung beschränke, gesprengt werden. Eine solche Pflicht ließe sich auch nicht damit rechtfertigen, daß nur über die Begründung der Entscheidung festgestellt werden könne, ob der Richter tatsächlich das Vorbringen berücksichtigt habe.

Für *Arndt*[24] scheint es dagegen zweifelhaft zu sein, ob Erkenntnisse ohne Begründung dem Grundrecht des Art. 103 Abs. 1 GG genügen. Denn das rechtliche Gehör sei vornehmlich auch in der Weise zu gewähren, daß das Gericht in den Gründen seiner Entscheidung sich darüber ausweise, daß es den Beteiligten — um seiner Menschenwürde willen — gehört habe. Es müsse ihm auch erklären, warum es eine ihm vorgetragene Rechtsmeinung für verfehlt halte oder außer Betracht lasse. Auch die Urteile des Bundesverfassungsgerichts seien nicht „autoritativ", sondern würden zu Rechtserkenntnissen, die das Grundrecht auf rechtliches Gehör wahren, erst durch die Rechtfertigung in den Gründen, die deshalb auch auf das rechtliche Vorbringen der Beteiligten angemessen und zureichend zu antworten haben. Gründe, die sich darauf beschränken würden, Thesen aufzustellen, seien nur Schein und könnten das Erkenntnis zu einer reinen Willenserklärung entwerten.

Hamann[25] wertet die Verfahrensvorschrift des § 551 Nr. 7 ZPO, nach der das Fehlen einer Urteilsbegründung einen absoluten Revisionsgrund bildet, als Ausdruck der Verletzung rechtlichen Gehörs.

II. Kritische Würdigung

Es kann heute als herrschende und vom Bundesverfassungsgericht bestätigte Rechtsauffassung angesehen werden, daß sich der Umfang des rechtlichen Gehörs im Sinne der Bescheidungs-(Begründungs-)Pflicht auf die Anträge und die *tatsächlichen* Ausführungen der Verfahrensbeteiligten zum Sachverhalt und zum Beweisergebnis erstreckt. Damit wird für jeden tatsächlich notwendigen Vortrag der Verfahrensbeteiligten eine Bescheidungspflicht begründet. Für eine Erstreckung der Bescheidungspflicht auch auf die wesentlichen Rechtsausführungen der Verfahrensbeteiligten spricht aber zunächst, daß die Gerichte verpflichtet sind, den Beteiligten Gelegenheit zu geben, zu entscheidungserheblichen *Rechts*fragen Stellung zu nehmen[26]. Das muß insbesondere für Revisionsverfahren gelten, in denen lediglich Rechtsfragen erörtert werden. Würde es hier im Ermessen des Richters liegen, ob er auf die

---

[24] NJW 1959, 7; JZ 1963, 65.
[25] AnwBl. 1958, 148.
[26] BVerfGE 9, 231, 235 f.; 261, 266.

Rechtsausführungen in den Entscheidungsgründen antwortet, so würde das Grundrecht auf rechtliches Gehör im Revisionsverfahren „leerlaufen"; denn es würde unkontrollierbar sein, ob das Gericht die Ausführungen der Beteiligten zur Kenntnis genommen und in Erwägung gezogen hat, d. h. ob die Beteiligten überhaupt ange„hört" worden sind.

Weiterhin wird in der Rechtsprechung des Bundesverfassungsgerichts der enge Zusammenhang sichtbar, der zwischen dem Grundrecht auf rechtliches Gehör und dem Charakter der Grundrechte als Abwehrrechte besteht. Das Grundrecht auf rechtliches Gehör, das belastende Entscheidungen von der vorherigen Anhörung des Betroffenen in tatsächlicher und rechtlicher Hinsicht abhängig macht und den Richter zur Bescheidung über diese Anhörung verpflichtet, ist zugleich Ausdruck des allgemeinen Rechtfertigungsvorbehalts in verfahrensrechtlicher Hinsicht. Diesem Vorbehalt würde es nicht mehr entsprechen, wenn der Richter Rechtsausführungen zu entscheidungserheblichen Rechtsfragen nicht zu bescheiden brauchte; denn eben diese entscheidungserheblichen Rechtsfragen gestalten das Rechtsschicksal des am Verfahren Beteiligten und von ihrer Beantwortung hängt es ab, ob und in welchem Ausmaß das richterliche Erkenntnis in den grundrechtlich geschützten Individualbereich eingreift.

Überdies sind Sachverhalt und Rechtsfragen nicht so sauber voneinander zu trennen, wie die Anhänger der Auffassung anzunehmen scheinen, die eine Bescheidungspflicht auf den Vortrag zum Sachverhalt **begrenzen** möchten. Sachverhalt und Rechtssatz stehen vielmehr, wie bereits ausgeführt wurde, in einer ständigen Wechselbeziehung. Von der Stellungnahme zu zweifelhaften Rechtsfragen ist es abhängig, welcher Sachverhalt erheblich wird. Und der jeweilige Sachverhalt wiederum bedingt das auf den Einzelfall bezogene Verständnis eines Rechtssatzes. Diese Wechselbeziehung läßt es als willkürlich erscheinen, für Äußerungen zum Sachverhalt und zum Beweisergebnis eine Bescheidungspflicht anzunehmen, für Stellungnahmen zum Verständnis der entscheidungserheblichen Rechtssätze dagegen nicht. Die Zurückhaltung, die bei der Frage der Stellungnahme zu den Rechtsausführungen der Verfahrensbeteiligten zu beobachten ist, dürfte sich bewußtunbewußt auf den überkommenen Satz des „iura novit curia" gründen, dessen Geltungsgrund ungeprüft und uneingeschränkt vorausgesetzt wird.

Die grundsätzliche Bescheidungspflicht für Rechtsausführungen in den Schriftsätzen der Verfahrensbeteiligten, wenn auch nicht „Satz für Satz", hatte aber bereits das Reichsgericht im Prinzip bejaht[27].

---

[27] RG JW 1938, 1189.

§ 11 Begründungspflicht und rechtliches Gehör

Die Auffassung von *Ule*[28], aus Art. 103 Abs. 1 GG könne sich keine Begründungspflicht ergeben, weil diese bereits von Art. 20 Abs. 3 GG vorgeschrieben sei, überzeugt nicht. Ein und dieselbe Pflicht kann durchaus aus verschiedenen Verfassungsbestimmungen folgen, wobei jeweils unterschiedliche rechtliche Gesichtspunkte erheblich sind. So betont Art. 20 Abs. 3 GG die Gesetzesgebundenheit richterlichen Handelns, Art. 103 Abs. 1 GG die Anhörungspflicht des Richters. Für die Frage, welche inhaltlichen Anforderungen an die Begründungspflicht zu stellen sind, können verschiedene Verfassungsbestimmungen zwar unterschiedliche, aber sich ergänzende Anforderungen stellen. Aus Art. 20 Abs. 3 GG könnte nicht unmittelbar die Pflicht abgeleitet werden, entscheidungserhebliche Rechtsausführungen der Verfahrensbeteiligten zu bescheiden, wohl aber die Pflicht, das Auslegungsergebnis eines Rechtssatzes zu begründen. Ergänzend folgt dann die Bescheidungspflicht aus Art. 103 Abs. 1 GG, sofern entsprechende Rechtsausführungen der Beteiligten vorliegen.

Maunz-Dürig[29] gehen einerseits davon aus, daß der Grundsatz des rechtlichen Gehörs nicht die Verpflichtung enthalte, das Vorbringen der Beteiligten „ausdrücklich" zu bescheiden. Eine grundsätzliche Bescheidungspflicht scheinen Maunz-Dürig daher nicht ablehnen zu wollen. Darin wird aber andererseits auch nicht die Anerkennung einer allgemeinen Begründungspflicht gesehen. Es handelt sich dann aber weitgehend nur noch um eine rechtstheoretische Qualifizierung der Bescheidungspflicht. Hat man einmal die Bescheidungspflicht als eine von der Anhörungspflicht deutlich unterschiedene Pflicht erkannt, so hindert nichts mehr, sie als Konkretisierung einer allgemeinen Begründungspflicht zu würdigen.

Arndt[30] knüpft zutreffend an den Gedanken an, daß eine Entscheidung erst dann zu einem Erkenntnis werde, wenn sie sich über das „Warum so — und nicht anders" in den Gründen äußere. Diese würden aber erst dann zu Gründen, wenn auch auf das rechtliche Vorbringen der Beteiligten angemessen und zureichend geantwortet worden sei.

Damit wird aber bereits an die Aussagen des Satzes vom Grund erinnert, daß nämlich der Grund als Grund zureichend sein muß, um seine Evidenz zu gewährleisten. Für die Verfahrensbeteiligten ist der Grund aber nicht evident, d. h. er vermittelt nicht die Gewißheit der Richtigkeit, wenn er den Beteiligten auf ihre entscheidungserheblichen Rechtsausführungen nicht antwortet. Das durch Anhörung und Bescheidung auch von Rechtsausführungen gekennzeichnete Verfahren des Art. 103 Abs. 1 GG erweist sich somit zugleich als Teil eines Rechtsfindungsverfahrens im Range des Verfassungsrechts.

---
[28] DVBl. 1959, 542.
[29] 81 zu Art. 103.
[30] NJW 1959, 7.

III. Integration und rechtliches Gehör

Nachdem sich das Verfahren nach Art. 103 Abs. 1 GG zugleich als ein verfassungsrechtlich gebotenes Rechtsfindungsverfahren erwiesen hat, das in der Anhörung und Bescheidung von Rechtsausführungen Verfahrensbeteiligte und Gericht zu einem „Rechtsgespräch" in den Urteilsgründen zusammenführt, bleibt zu untersuchen, wie sich das Grundrecht auf rechtliches Gehör und das Integrationsgebot zueinander verhalten. Dieses aus dem Gewaltenteilungsprinzip abgeleitete verfassungsrechtliche Gebot sehen Rechtslehre und Rechtspraxis unter dem verfassungsrechtlichen Gesichtspunkt richterlicher Integration der Rechtsgemeinschaft als notwendige und vorgegebene „Gesprächspartner" dieses Integrationsvorganges an. Zunächst sind beide Gedanken Konkretisierungen des Rechtsstaatsprinzips. Beide haben, wenn auch in der unmittelbaren Zielsetzung unterschieden, ein Verfahren zum Gegenstand. Während sich jedoch die Integration zunächst mit der Gesamtheit der Rechtsordnung und der Rechtsgemeinschaft befaßt, dient der Grundsatz des rechtlichen Gehörs dem Individualinteresse, d. h. dem Rechtsschutzinteresse der unmittelbar am konkreten Verfahren Beteiligten.

In der Anhörungs- und Bescheidungspflicht, die das Grundrecht des rechtlichen Gehörs begründet, konkretisieren sich aber die aus dem Integrationsgebot resultierenden Pflichten der Rechtsprechungsorgane im Sinne des Individualschutzes. Ein objektives Prinzip der Verfassungsrechtsordnung erzeugt damit unter dem Gedanken eines allgemeinen Rechtfertigungsvorbehalts ein subjektives Recht mit Verfassungsrang, also ein Grundrecht. Die in den Integrationsvorgang einbezogenen „Gesprächspartner" der Rechtslehre und Rechtspraxis sind damit unter dem Gesichtspunkt des rechtlichen Gehörs insoweit „bescheidungsberechtigt", als sie durch den Vortrag der Verfahrensbeteiligten in das konkrete Verfahren eingeführt worden sind. Unterbleibt diese Bescheidung, so verletzt das richterliche Erkenntnis das Grundrecht auf rechtliches Gehör (Art. 103 Abs. 1 GG) mit den prozessualen Folgen, die an diesen Verletzungstatbestand geknüpft sind. Die Bescheidung braucht jedoch auch hier nicht ausdrücklich zu erfolgen. Es genügt, wenn sie sich in erkennbarer Weise aus dem Zusammenhang der Gründe ergibt.

Zu diesem Ergebnis führt auch die weitere Überlegung, daß dieser Integrationsprozeß Geltungsgrund des einzelnen Rechtssatzes und damit Gültigkeitsgrund des auf diesem Rechtssatz beruhenden Urteils ist[31], der als Erkenntnisgrund wiederum notwendig mitgeteilt werden muß.

---

[31] Insoweit hätte der Erkenntnisgrund lediglich die Aufgabe, den Seinsgrund „darzustellen", sofern der Geltungsgrund eines Rechtssatzes den Seinsgründen zuzurechnen ist.

Der Satz „iura novit curia" besagt daher auch nicht mehr, daß das Gericht das Recht „kennt"[32]. Er besagt nur noch, daß das Gericht nach dem vom Integrationsgebot und von Art. 103 Abs. 1 GG geforderten Dialog „entscheidet", was das Recht ist. Der Satz müßte daher richtiger lauten:

„iura iudicat curia".

§ 12 Der Rechtsstaat als rechtfertigender Staat

Die bisherigen Ausführungen haben wiederholt erkennen lassen, daß die Anforderungen, die der Satz vom Grund an das richterliche Erkenntnis stellt, häufig denen entsprechen, die aus dem Rechtsstaatsprinzip hergeleitet werden. Es soll nunmehr abschließend versucht werden, diese Zusammenhänge näher aufzuhellen.

I. Gegenständlich vorgegebene Rationalität

Nachdem erkannt worden ist, daß das richterliche Urteil trotz aller hermeneutischen und topischen Einschränkungen zum Rechtsfindungsverfahren ein grundsätzlich rationales Erkenntnis ist, das verfassungsrechtlich ein Höchstmaß an Meßbarkeit aufweisen muß, erweist sich die erkenntnistheoretisch vorgegebene Rationalität des richterlichen Erkenntnisses auch als ein Gebot des Verfassungsrechts. Damit ist auch für das Verfassungsrecht die Notwendigkeit eines objektiven Urteils impliziert, das auf Wahrheitsfindung ausgerichtet ist; denn nur so wird es berechenbar und kontrollierbar[1]. Daher ergibt sich auch das Gebot der Methodenehrlichkeit aus dem Verfassungsrecht.

Aus diesen Überlegungen erhellt gleichzeitig, daß für ein intuitives Erkenntnis kein Raum ist. Zutreffend sagt *Scheuerle*[2]: „Wehe daher dem Angeklagten, dessen Schuld durch bloßen Rückgriff auf das richterliche Bewußtsein erschaut wird! Arme Bürger, deren Rechtsstaat zwar apriorisch, aber als im Metaphysisch-Irrationalen verhaftetes Objekt durch material-intuitive Wesensanalyse zur Evidenz gebracht wird". Ein intuitives Erkenntnis kann daher nur eine zunächst unbegründete

---

[32] Zweifelnd auch *Arndt*, NJW 1959, 6 f. und — für den Bereich der Vorlagepflicht nach Art. 100 Abs. 2 GG — auch das Bundesverfassungsgericht in E 23, 288, 319.
[1] *Scheuerle*, AcP 163, 454, spricht von einer „hinreichenden Klarheit im rechtsstaatlichen Sinne".
[2] AcP 163, 463.

Antizipation eines Rechtsfindungsergebnisses sein, das nachträglich durch rationale Kriterien überprüft werden muß[3].

Den gleichen rechtsstaatlichen Bedenken sind die „dezisionistischen", „willensmäßigen" oder „autoritativen" Entscheidungen ausgesetzt. Sie werden erst dann zu Erkenntnissen, wenn sie in den Gründen rechtfertigen, warum die Dezision geboten war.

Für die Wahrheit des Urteils auch in rechtsstaatlicher Hinsicht gilt daher, daß das Urteil notwendig den zureichenden Grund seiner Wahrheit ausweisen muß. Diese grundlegende Erkenntnis der Mitteilung des zureichenden Grundes als notwendiger Bedingung der Richtigkeit folgt daher aus dem rechtsstaatlichen Gebot der Rationalität des Urteils, seiner Meßbarkeit und Kontrollierbarkeit. Zureichend ist der Erkenntnisgrund nur, wenn er den Behauptungsgegenstand des Urteils voll zu tragen vermag, wenn er keine wesentlichen Fragen unbeantwortet läßt. Erst wenn diese Forderung eingehalten ist, ist die Sachlichkeit und Objektivität auch des richterlichen Urteils begründet[4]. Die Rede vom sog. „richtigen Ergebnis", das „nur" falsch begründet sei, ist daher *erkenntnistheoretisch* unsinnig. *Rechtsstaatlich* ist ein unzutreffend begründetes Ergebnis wertlos. Zutreffend sagt *Scheuerle*[5]: „Der Richter, der gute Entscheidungsergebnisse mit schlechten Rechtsgründen motiviert, mag ein weiser Mann sein, den Rechtsstaat verkörpert er schlecht oder gar nicht". Diese verfassungsrechtlichen Überlegungen weisen bereits auf die Aussagen des Satzes vom Grund hin. Sie dürften auch in historisch-genetischer Hinsicht einander bedingt haben.

II. Historisch-genetische Bezüge

Der Satz vom Grund, der die fortwirkende Macht der Warum-Frage bezeichnet, hat nämlich auch zu ersten Versuchen einer Verwissenschaftlichung des gesamten Rechtsstoffes insbesondere durch *Christian Wolff* geführt, und zwar schon kurze Zeit, nachdem dieser Satz von *Leibniz* formuliert worden war. Dabei sei für die sog. Monadologie von dem Erscheinungsjahr 1714 ausgegangen. Aber auch ohne seine sprachliche Aktualisierung durch Leibniz bestimmte er das Denken des 17. und 18. Jahrhunderts. Daß die Frage des „Warum so — und nicht anders" auch an die Organisation des Staates und des Rechts seiner Organe herangetragen wurde, beleuchtet deutlich das Werk *Montesquieus*. Es liegt daher die Annahme nicht fern, daß der Satz vom Grund nachhaltig die Vorstellungen und Aussagen bestimmt hat, die in dem Begriff des Rechtsstaates mitgedacht und zusammengefaßt werden.

---

[3] Vgl. auch *Kriele*, Kriterien der Gerechtigkeit, S. 3, 62.
[4] Vgl. *Hans Meyer*, Systematische Philosophie I, S. 271.
[5] AcP 163, 471.

§ 12 Der Rechtsstaat als rechtfertigender Staat

Die Zusammenhänge werden vor allem in dem gemeinsamen geistigen, und zwar rationalistischen Ursprung des allgemeinen wissenschaftlichen Denkens einerseits und des staatsrechtlichen Denkens andererseits sichtbar, wie es das 17. und 18. Jahrhundert kennzeichnet. Danach sind alle Erscheinungen der Welt, einschließlich des Rechts und des Staates, von gesetzmäßiger und berechenbarer Beschaffenheit[6]. Dieses auf Rationalisierung gerichtete Verständnis ist darüber hinaus ein Wesensmerkmal europäischer wissenschaftlicher Haltung schlechthin[7]. Die somit geforderte vernunftmäßige Legitimation aller Erkenntnisse, auch aller Rechtserkenntnisse, und des gesamten Verhaltens staatlicher Machtträger ist ein wesentlicher Aspekt des Satzes vom Grund und zugleich ein grundlegendes Anliegen des Rechtsstaates.

Die verfassungstheoretischen Überlegungen in der ersten Hälfte des 19. Jahrhunderts zeigen, daß nach der Idee des Konstitutionalismus staatliche Funktionsträger ihre den Bürger belastenden Maßnahmen rechtfertigen müssen, weil dem Staat eine grundsätzlich begrenzte Gewalt zusteht, die er nur in vernünftiger, d. h. rational kontrollierbarer Weise ausüben kann. Diesem Nachweis sollen für das gerichtliche Verfahren die Entscheidungsgründe dienen. Das Gebot der Mitteilung des zureichenden Erkenntnisgrundes gewinnt daher bereits zur Zeit des Frühkonstitutionalismus einen entscheidenden verfassungsrechtlichen Aspekt.

Der systematisch-methodischen Forderung nach Rationalität der richterlichen Entscheidung entspricht auch nach gegenwärtigem Verfassungsverständnis das allgemeine rechtsstaatliche Gebot rationaler Herrschaftsausübung[8], die ihrerseits wieder, wie im einzelnen gezeigt worden ist, die richterliche Begründungspflicht mit Notwendigkeit gebietet. Der allgemeine (formelle) Rechtfertigungsvorbehalt, der als ein Satz des Verfassungsrechts erkannt worden ist[9], besagt daher wie der

---

[6] *Krüger*, Allgemeine Staatslehre, S. 58 ff.
[7] *Jaspers*, Vom Ziel und Ursprung der Geschichte, S. 89.
[8] *Max Weber*, Wirtschaft und Gesellschaft I, S. 124 ff. *Reichel*, Gesetz und Richterspruch, S. 64: „Der Rechtsgenosse soll nicht nur der Willkür und Laune des einzelnen, er soll einer festen, voraussehbaren, nach bekannten und kontrollierbaren Grundsätzen verfahrenden Justiz unterworfen sein." *Brusiin*, Objektivität, S. 53, der den Grundsatz der Urteilsbegründung aus aus dem Prinzip der Demokratie herleitet, sieht in der Begründungspflicht eine „Bedingung für die effektive Kontrollierung der Rechtsprechung durch den Staatsbürger". Die öffentliche Kritik der Rechtsprechung könne nämlich mit einer viel größeren Kraft einsetzen, wenn nicht nur die Urteile, sondern auch die Gründe publiziert würden. *Kriele*, Theorie der Rechtsgewinnung, S. 182 ff., sieht zutreffend in der grundsätzlichen Rationalität die Legitimitätsgrundlage der gegenwärtigen Verfassungsordnung. Die Rationalität sieht er in der Argumentation verbürgt (S. 185 f.).
[9] In diesem Sinne schreibt Art. 111 Abs. 1 der italienischen Verfassung vom 22. Dezember 1947 vor, daß alle gerichtlichen Entscheidungen durch Gründe, und zwar schriftlich, hinreichend gerechtfertigt sein müssen.

Satz vom Grund, daß die Rechtserkenntnisse der rechtsprechenden Gewalt nicht nur gegründet sein müssen, sondern daß der Grund als Erkenntnisgrund zureichend sein und vollständig mitgeteilt werden muß. Erst durch die Vollständigkeit und Mitteilung des Grundes kann das Erkenntnis Anspruch auf Richtigkeit erheben. Durch die Rückführung auf den Satz vom Grund wird der *Rechts*staat daher zum *rechtfertigenden* Staat.

Drittes Kapitel

Zusammenfassung und Schlußfolgerungen

§ 13 Zusammenfassung der in den ersten beiden Kapiteln gewonnenen Einsichten

I. Erkenntnistheoretische und methodologische Vorgegebenheiten

1. Das Grundgesetz knüpft für das verfassungsrechtliche Verständnis des Kernbereichs der rechtsprechenden Gewalt im Sinne des Art. 92 GG an zeitliche und gegenständliche Vorgegebenheiten an. Zeitlich vorgegeben ist sie als richterliche Tätigkeit im Sinne der herkömmlichen Zivilrechts- und Strafrechtspflege. Gegenständlich vorgegeben ist das richterliche Erkenntnisverfahren als ein Teilbereich allgemeinen wissenschaftlichen Erkenntnisbemühens in erkenntnistheoretischer und methodologischer Hinsicht auch im Hinblick auf die neueren juristischen hermeneutischen Einsichten.
2. Als dem Grundgesetz vorgegeben begreift das an den Lehren der allgemeinen Hermeneutik geschulte Verständnis die rechtsprechende Tätigkeit als einen Vorgang schöpferischer richterlicher Rechts- und Gerechtigkeitsverwirklichung, die sich in der Einzelfallentscheidung des Urteils vollzieht, da sie vom „allgemeinen Gesetz" nicht mehr gewährleistet ist. Aus der allgemeinen Sprach- und Sachbezogenheit juristischer Normen folgt bereits, daß ihrer Anwendung die Auslegung zur Gewinnung des richtigen Text- und Aktualitätsverständnisses im Hinblick auf den zu entscheidenden Einzelfall notwendig vorausgeht. Diese Auslegung konkretisiert das allgemeine Gesetz. Durch den geistigen Prozeß der Verständnisgewinnung erlangt der Rechtssatz erst seine volle Wirksamkeit, Leben und Existenz.
3. Die verstehende, deutende, interpretierende Auslegung ist echte richterliche Rechtsfortbildung, deren drei Erscheinungsformen nur am Grad der Rechtsfortbildung zu erkennen sind. So lassen sich unterscheiden: die einfache Präzisierung des Rechts, die Konkretisierung ausfüllungsbedürftiger Rechtsbegriffe und die Rechtsfortbildung im engeren Sinn, d. h. die echte Lückenausfüllung und die Schaffung neuer Rechtsregeln und Rechtsinstitute. Das Ausmaß der

Rechtsfortbildung wird dabei notwendig von dem konkreten Fall bestimmt und zugleich durch ihn begrenzt.

4. Obgleich der hermeneutische Charakter der Rechtswissenschaft und das weitgehend topische Vorgehen bei der Rechtsgewinnung Ergebnisse mit logischer und mathematischer Gewißheit ausschließen, bleibt das richterliche Urteil dennoch ein rationales, d. h. einsichtig nachprüfbares Erkenntnis, da es auf Wahrheitsfindung im Wege eines in den Grundzügen systematischen und methodologischen Vorgehens gerichtet ist. Daraus erhellt auch das Gebot der Methodenehrlichkeit. Ein intuitives Erkenntnis ist insoweit nur eine zunächst unbegründete Antizipation eines Rechtsfindungsergebnisses, das nachträglich durch rationale Kriterien überprüft werden muß.

5. Durch die dem Richter aufgetragene Aufgabe der Rechtsverwirklichung und Rechtsfortbildung wird das Urteil zu einem zentralen Akt (richterlicher) Rechtserkenntnis, die, wie das Urteil im allgemeinen philosophischen Sinn, auf das wahre und sichere Wissen von (hier: rechtlichen und tatsächlichen) Sachverhalten und Zuständen gerichtet ist und in der Form eines sprachlichen Satzes ausgedrückt wird. Dieser Satz zielt stets auf die absolute und objektive Geltung des behaupteten Sachverhalts ab und stellt gleichzeitig die Frage nach dem Warum, dem Grund der Verknüpfung von Subjekt und Prädikat der Aussage.

6. Nachdem die neueren hermeneutischen Bemühungen der Rechtswissenschaft den engen Zusammenhang zwischen Rechtsverständnis und allgemeinem Sprachverständnis aufgedeckt haben, ist die allgemeinsprachliche Aufhellung des im Mittelpunkt der Untersuchung stehenden Begriffes des Grundes auch ein Gebot juristischer Hermeneutik. In der gegenständlichen wie übertragenen Bedeutung bezeichnet der Grund dasjenige, was einer Erscheinung die Begrenzung gibt und was ihr den Boden, das Fundament verleiht. Der Grund zielt auf die Erkenntnis des Wesentlichen aller Erscheinungen, d. h. ihrer wahren, wirklichen Beschaffenheit, so daß etwas, was wahr, richtig ist, auch als „begründet" und somit berechtigt angesehen wird.

7. In der Philosophie wird die Frage nach dem Warum, d. h. dem Grund eines Erkenntnisses oder Verhaltens, mit dem „Satz vom Grund" oder dem „Satz vom zureichenden Grund" gekennzeichnet, der den obersten Grundsätzen der formalen Logik bzw. nach *Heidegger* den obersten Grundsätzen der Vernunft zugerechnet wird. Das allgemeine Verständnis dieses Satzes orientiert sich insbesondere an *Leibniz*, der ihn zuerst formuliert hat. Danach kann sich keine Tatsache als wahr oder existierend und keine Aussage als wahrhaftig erweisen, ohne daß es dafür einen zureichenden Grund gibt,

daß es so und nicht anders ist (§ 32 der Monadologie). Bereits *Leibniz* hat die drei Arten des Grundes unterschieden: den Seinsgrund, den Geschehensgrund und den Erkenntnisgrund.

Für *Heidegger* erschließt sich der „Satz vom Grund", anknüpfend an seine lateinische Fassung als „principium reddendae rationis sufficientis", im Reddendum, d. h. der Mitteilung der ratio, die selbst „Grund" und „Rechenschaft" bedeutet, und der Suffizienz der ratio, d. h. der vollständigen Mitteilung dieses Grundes.

8. Für den Bereich der Rechtsprechung gibt der Erkenntnisgrund Antwort auf die Frage nach dem „Warum-so-und-nicht-anders" *(Leibniz)* des richterlichen Urteils als eines rationalen Erkenntnisses, dessen Vollständigkeit (Suffizienz) und Mitteilung (Reddendum) der Satz vom Grund mit Notwendigkeit fordert. Erst eine solche Antwort führt zur Rechtfertigung der richterlichen Aussage. Sie ist notwendige Bedingung der Richtigkeit des richterlichen Erkenntnisses und zugleich dessen konstitutiver Akt. Die (schriftliche) Mitteilung des Grundes führt daher im Unterschied zur (mündlichen) Verkündung der Urteilsaussage zur Urkundlichkeit des Erkenntnisgrundes als einer in ihrem rechtlichen Bestand gesicherten Aussage.

9. Der vollständige und mitgeteilte Erkenntnisgrund soll — wie im Bereich der Philosophie — die Evidenz der Richtigkeit der Urteilsaussage vermitteln; denn wie die Richtigkeit eines Urteils des zureichenden Erkenntnisgrundes bedarf, so bedarf die Gewißheit der Einsicht in diesen Grund. Der objektiven (logischen) Evidenz entspricht die Konstruktion als Form der Begründung, der subjektiven (psychologischen) Evidenz dagegen das Argument.

10. Inhalt und Umfang richterlicher Rechtsausführungen in den Urteilsgründen ergeben sich insbesondere aus dem Ausmaß richterlicher Rechtsfortbildung.

   a) Da auch in der Präzisierung des Rechts ein Stück Interpretation und verstehender Deutung beschlossen liegt, sind bereits hier Rechtsausführungen zur Rechtfertigung des Auslegungsergebnisses erforderlich.

   b) Bei der Konkretisierung unbestimmter Rechtsbegriffe sind die in den dialektischen Vorgang der Rechtsgewinnung notwendig einzubeziehenden Faktoren als die das Rechtsfindungsergebnis überzeugend tragenden Erwägungen mitzuteilen, um auf diesem Wege Rechenschaft abzulegen und die Überprüfung zu ermöglichen. Die wesentlichen Faktoren sind: Verfassungsprinzipien, Erkenntnisse anderer Gerichte und das Schrifttum.

   c) Bei der Rechtsfortbildung im engeren Sinne ist darüber hinaus besonders sorgfältig zu begründen, warum sie geboten ist.

11. Da die rein dezisionistische Entscheidung mangels eines zureichenden Erkenntnisgrundes keinen rechtswissenschaftlichen Erkenntniswert besitzt, sondern sich als bloßes Bekenntnis ausweist, ist sie zugunsten rational überprüfbarer Rechtsfindungskriterien möglichst weit hinauszuschieben. Sie ist zumindest in den Gründen als Dezision zu kennzeichnen.

12. Da Scheingründe „Nicht"gründe sind, weisen sie den Erkenntnisgrund nicht aus. Ihre bewußte Verwendung verstößt gegen das ethische Gebot richterlicher Redlichkeit und Wahrhaftigkeit.

II. Verfassungsrechtliche Konkretisierungen

1. Aus dem grundsätzlich unbeschränkten und unbeschränkbaren Freiheitsanspruch der Grundrechte ergibt sich als rechtsstaatliches Leitbild, daß alle öffentliche Gewalt in ihrer Einwirkungsmöglichkeit auf das freie Individuum grundsätzlich begrenzt ist. Diese Präponderanz der Freiheit, die das Grundgesetz deutlich in Art. 2 Abs. 1 ausspricht, führt dazu, daß alle staatlichen Eingriffe in diesen Freiheitsbereich notwendigerweise als Ausnahmeerscheinungen unter dem allgemeinen Vorbehalt ihrer Rechtfertigung stehen.

2. Jeder staatliche Eingriff muß dem allgemeinen Rechtfertigungsvorbehalt in sachlicher und formeller Hinsicht genügen: Ein Eingriff ist sachlich gerechtfertigt, wenn ein Recht zum Tätigwerden besteht, d. h. wenn der Grund vorhanden ist. Er ist formell gerechtfertigt, wenn das Recht zum Tätigwerden nachgewiesen ist, d. h. wenn der Grund mitgeteilt ist.

3. Auch gerichtliche Entscheidungen sind als staatlich-autoritative und rechtskraftfähige Willensäußerungen Eingriffe im Sinne des Verfassungsrechts, die auch den grundrechtlich geschützten Individualbereich beeinträchtigen können. Wegen des Ausnahmecharakters staatlicher Eingriffe unterliegen sie der Begründungspflicht.

4. Der allgemeine formelle Rechtfertigungsvorbehalt, der die Begründung gerichtlicher Entscheidungen gebietet, gründet sich auf das verfassungsrechtliche Leitbild der Ausgangsvermutung für die persönliche Freiheit. Er hat den Rang eines Satzes des Verfassungsrechts.

5. Die Bestimmung des Art. 20 Abs. 3 GG mit seinem Gebot normativer Gebundenheit staatlichen Handelns ist eine Konkretisierung der Rechtsstaatsidee im Sinne der Präponderanz der Freiheit (Art. 2 Abs. 1 GG) mit ihrem allgemeinen Rechtfertigungsvorbehalt.

6. Die richterliche Begründungspflicht ergibt sich auch aus dem Verfassungsprinzip richterlicher Unabhängigkeit; denn mit der Begrün-

§ 13 Zusammenfassung

dung rechtfertigt der Richter nur *vor* dem Gesetz, wie er seiner Abhängigkeit *vom* Gesetz, der notwendigen Entsprechung seiner sachlichen und persönlichen Unabhängigkeit, entsprochen hat.

7. Mit der Begründungspflicht werden zwei Ziele verfolgt: Einmal dient sie der Gewährleistung und Sicherung der allgemeinen Rechtsordnung. Zum anderen soll sie den Individualschutz vor sachlich nicht gerechtfertigten Eingriffen gewährleisten.

8. Die Teilhabe des Richters an der Rechtsschöpfung verleiht ihm die verfassungsrechtliche Stellung einen „Mitgesetzgebers", allerdings unter dem Primat des Gesetzes.

   a) Diese Stellung ist gerechtfertigt, weil der Richter von der Verfassung zur Rechtsverwirklichung (Art. 20 Abs. 3 GG) berufen ist und bei einer fehlenden oder unzureichenden gesetzlichen Regelung eine Entscheidung nicht verweigern darf.

   b) In der Begründung weist der Richter das Vorliegen der von der Einzelfallentscheidung her gebotenen Voraussetzungen für das jeweilige Ausmaß der Rechtsfortbildung und der Einhaltung ihrer Grenzen nach.

   c) Da sich die Ermächtigung zur Rechtsfortbildung und ihre Grenzen aus dem Verfassungsrecht ergeben, ist das Gebot der formellen Rechtfertigung, wie von der Ermächtigung Gebrauch gemacht worden ist, ebenfalls ein Gebot des Verfassungsrechts.

   d) Die Begründung ist notwendige Bedingung der Gültigkeit der Rechtsfortbildung. Die Mitteilung des zureichenden Erkenntnisgrundes wird damit zur Gültigkeitsvoraussetzung richterlicher Rechtsetzung auch in verfassungsrechtlicher Hinsicht.

   e) Im Sinne des Individualschutzes erfüllt die Begründung auch in diesem Falle den allgemeinen Rechtfertigungsvorbehalt, der dem Schutz des einzelnen vor belastenden, wenn schon nicht vorhersehbaren, so doch kontrollierbaren Rechtserkenntnissen dienen soll.

9. Aufgabe der Gewaltenteilung ist auch die Gewaltenhemmung durch Gewaltenkontrolle, die die Ermächtigung zum Eingriff in den Bereich einer anderen Gewalt einschließt. Mit der Einbeziehung der rechtsprechenden Gewalt in das System der Gewaltenkontrolle durch die Ausübung eines richterlichen Prüfungsrechts vollzieht sich ihr Aufstieg zu einer „echten" Gewalt. Die Ausübung der Kontrolle bedarf aber im Interesse des Gewaltengleichgewichts der Rechtfertigung, die in ihrem Ausmaß abhängig ist von der Intensität der Kontrolle, d. h. ob sie zur Frustration, Kassation oder Substitution der Akte einer anderen staatlichen Gewalt führt. Diese Rechtfertigung ermöglicht die rechtsstaatlich notwendige Kontrolle auch der rechtsprechenden Gewalt und erfüllt auf diese Weise den allgemeinen

Rechtfertigungsvorbehalt in zweifacher Hinsicht: Einmal dient sie der Freiheit des Bürgers unmittelbar vor unkontrollierbaren beeinträchtigenden Erkenntnissen, zum anderen mittelbar durch Gewährleistung des Gewaltengleichgewichts.

10. Die dem Richter von der Verfassung aufgetragene Aufgabe staatlicher Integration der Rechtsgemeinschaft verpflichtet ihn zu rechtsschöpferischer Rechtsverwirklichung und zur Erhaltung des Vertrauens der Rechtsgemeinschaft in die Gerechtigkeit der Rechtsprechungsergebnisse. Die Urteilsbegründung ist das entscheidende Integrationsmittel zur Erfüllung dieser Aufgabe.

11. Darüber hinaus stellt die Integration als ein objektives Prinzip des Verfassungsrechts den Geltungsgrund der Rechtsnorm dar. Verfahrensmäßig wird die Integration in einem dialektischen Vorgang sichtbar, der Rechtsnorm und Lebenswirklichkeit in ein lebendiges Austauschverhältnis setzt. Das „Rechtsgespräch" mit der Lehre und den Erkenntnissen anderer Gerichte ist notwendigerweise Bestandteil dieses dialektischen Vorgangs.

Ebenso wie der Geltungsgrund einer Norm durch dieses Austauschverhältnis in zureichender Weise gerechtfertigt ist, so ist auch der Erkenntnisgrund des richterlichen Urteils erst dann zureichend, wenn er diesen dialektischen Vorgang verdeutlicht.

12. Das formelle Grundrecht des rechtlichen Gehörs (Art. 103 Abs. 1 GG) konkretisiert das verfassungsrechtliche Gebot richterlicher Integration im Sinne des individuellen Rechtsschutzes. Damit werden die in den Integrationsvorgang einbezogenen „Gesprächspartner" der Rechtslehre und Rechtspraxis immer dann „bescheidungsberechtigt", wenn sie durch den Vortrag der Verfahrensbeteiligten in das konkrete Verfahren eingeführt worden sind.

13. Die Anforderungen, die an die Entscheidungsgründe im einzelnen zu stellen sind, um das Urteil zur vollen Evidenz zu bringen, ergeben sich ganz allgemein aus der besonderen Situation und dem Funktionszusammenhang des jeweiligen Verfahrens, d. h. dem Grad der Rechtsfortbildung, dem Ausmaß der Gewaltenkontrolle und seiner individuell-belastenden Auswirkungen.

14. Durch die Rückbeziehung des Rechtsstaates auf den Satz vom Grund, der seinen Aussagegehalt auch in historisch-genetischer Hinsicht geprägt hat, wird der Rechtsstaat zum rechtfertigenden Staat, der die vernunftmäßige Legitimation aller Rechtserkenntnisse gebietet. Der Satz vom Grund verlangt aber die vollständige und zureichende Mitteilung des richterlichen Erkenntnisgrundes. Insoweit verdeutlicht der Satz vom Grund jedoch nur den Aussagegehalt des Rechtsstaates für das richterliche Erkennen.

§ 14 Verfassungsrechtliche Mindestanforderungen an die Entscheidungsgründe und Rechtsfolgen mangelhafter Entscheidungsgründe

I. Revisions- und berufungsfestes Minimum der Urteilsgründe

Nach Auffassung der Rechtsprechung ist ein Urteil immer dann „nicht mit Gründen versehen", wenn der Tatbestand und die Entscheidungsgründe insbesondere folgende Mängel aufweisen:

1. wenn die von den Verfahrensbeteiligten gestellten Anträge nicht erkennbar sind und nicht ersichtlich ist, ob sie zulässig sind;
2. wenn eine Beweiswürdigung fehlt, und zwar insbesondere dann, wenn das erkennende Gericht Zeugenaussagen und Gutachten nicht eigenverantwortlich geprüft hat;
3. bei Verstößen gegen allgemein anerkannte Denkgesetze und Erfahrungstatsachen;
4. wenn die maßgeblichen tatsächlichen Feststellungen und rechtlichen Erwägungen nicht mitgeteilt worden sind;
5. bei unverständlichen und in sich widerspruchsvollen Ausführungen — unverständlich sind auch Ausführungen, die die rechtliche Würdigung eines Sachverhalts in formelhafte Wendungen kleiden —;
6. wenn lediglich der Gesetzestext wiederholt wird;
7. wenn ein Urteil ausschließlich auf die Rechtsausführungen eines anderen Urteils verweist und die wesentlichen Gedanken nicht wiederholt;
8. wenn das Urteil über alle oder einzelne Ansprüche oder über Angriffs- und Verteidigungsmittel keine Ausführungen enthält;
9. wenn aus dem Zusammenhang der Urteilsgründe nicht zu ermitteln ist, ob einem Rechtsbehelf stattgegeben oder ob er verneint worden ist;
10. wenn die schriftsätzlichen Rechtsausführungen der Verfahrensbeteiligten in den Urteilsgründen völlig unberücksichtigt geblieben sind;
11. wenn das Ergebnis einer Gesetzesauslegung nicht begründet worden ist.

Erst wenn ein Urteil diese Mängel vermeidet, ist es in formaler Hinsicht „mit Gründen versehen". Positiv formuliert werden diese Gesichtspunkte daher zum revisionsfesten bzw. berufungsfesten Minimum einer gerichtlichen Entscheidung.

Dieselben Überlegungen gelten auch für die entsprechenden Bestimmungen der Verwaltungsgerichts- und Finanzgerichtsordnung, des Sozialgerichts- und Arbeitsgerichtsgesetzes sowie des Gesetzes gegen

Wettbewerbsbeschränkungen, des Patent-, Gebrauchsmuster- und Warenzeichengesetzes. Revision bzw. Rechtsbeschwerde ist daher auch ohne besondere Zulassung statthaft. Diese Begründungsmängel begründen einen sog. absoluten Revisions- bzw. Rechtsbeschwerdegrund. Sie sind ferner Berufungsgründe.

II. Beschwerdefestes Minimum der Gründe eines Beschlusses

Nach Auffassung der Rechtsprechung muß auch ein Beschluß aus rechtsstaatlichen Erwägungen grundsätzlich begründet werden, auch wenn eine Begründung gesetzlich nicht zwingend vorgeschrieben ist. Der mitgeteilte Erkenntnisgrund ist notwendige Bedingung einer Entscheidung überhaupt.

Eine Begründungspflicht besteht immer dann, wenn der Beschluß einem Rechtsmittel unterliegt oder durch ihn über ein Rechtsmittel entschieden wird und wenn der Beschluß in die Rechte einer Partei unmittelbar eingreift. Unter diesen Voraussetzungen unterliegen auch der Beweisbeschluß und der Beschluß über die Streitwertfestsetzung der Begründungspflicht.

Ist dem Gericht ein Ermessen eingeräumt worden, muß der Richter in den Gründen darlegen, wie er dieses Ermessen ausgeübt hat.

Von einer Begründungspflicht kann nur dann abgesehen werden, wenn die Entscheidung dem übereinstimmenden Antrag aller Beteiligten entspricht oder alle dem Antrag eines Beteiligten zustimmen.

Die Anforderungen, die im einzelnen an die Gründe zu stellen sind, entsprechen den für Urteile („nicht mit Gründen versehen") entwickelten Grundsätzen zum revisionsfesten bzw. berufungsfesten Minimum, die in diesem Zusammenhang als beschwerdefestes Minimum bezeichnet werden können. Eine fehlende oder mangelhafte Begründung führt grundsätzlich zur Aufhebung des Beschlusses und Zurückverweisung der Sache.

III. Verfassungsrechtliches und verfassungsbeschwerdefestes Minimum der Entscheidungsgründe

1. Rechtsprechung des Bundesverfassungsgerichts

Zu den verfassungsrechtlichen Mindestanforderungen an die Begründung gerichtlicher Entscheidungen, deren Nichtbeachtung das Verfassungsbeschwerdeverfahren eröffnet, wertet das Bundesverfassungsgericht auf Grund seiner Rechtsprechung zu den materiellen Grundrechten

1. eine gewisse Würde des Begründungsstils,
2. keine willkürliche oder sonst das Verfassungsrecht verletzende Beweiswürdigung,
3. keinen eindeutig falschen Subsumtionsschluß.

Im Sinne des Art. 103 Abs. 1 GG ist nach Auffassung des Bundesverfassungsgerichts rechtliches Gehör nur dann gewährt worden, wenn den Verfahrensbeteiligten Gelegenheit gegeben worden ist, sich zu entscheidungserheblichen Tatsachen, Beweisergebnissen und Rechtsfragen zu äußern. Die Bescheidungs-(Begründungs)pflicht wird jedoch bisher nur auf Anträge und Ausführungen zum Sachverhalt und zum Beweisergebnis erstreckt, nicht dagegen auf die Rechtsausführungen der Beteiligten.

Von besonderem Interesse ist aber, ob über diese — leitsatzmäßig zusammengefaßten — Erkenntnisse des Bundesverfassungsgerichts hinaus andere Verstöße gegen den verfahrensrechtlich und verfassungsrechtlich gebotenen Inhalt der Urteilsgründe die Verfassungsbeschwerde begründen könnten. Es war daher zu untersuchen, ob und in welchem Ausmaß zugleich das verfassungsbeschwerdefeste Minimum der Entscheidungsgründe unterschritten wird, wenn das Urteil gegen das revisions- und berufungsfeste Minimum der Urteilsgründe bzw. das beschwerdefeste Minimum der Gründe eines Beschlusses sowie gegen objektives Verfassungsrecht verstößt, das den Inhalt der Urteilsgründe bestimmt.

2. Schlußfolgerungen auf Grund des Verfassungszusammenhangs

a) *Grundrecht auf rechtliches Gehör (Art. 103 Abs. 1 GG)*

Rechtliches Gehör ist über die genannten Fälle hinaus auch dann nicht gewährt worden, wenn die Rechtsausführungen der Beteiligten zu entscheidungserheblichen Rechtsfragen in den Urteilsgründen unberücksichtigt geblieben sind. Dafür sprechen folgende Überlegungen:

Zunächst würde bei einer Nichtberücksichtigung von Rechtsausführungen der Verfahrensbeteiligten — wie bereits ausgeführt wurde — das Grundrecht auf rechtliches Gehör im Revisionsverfahren „leerlaufen"; denn es würde für dieses Verfahren unkontrollierbar sein, ob die Beteiligten angehört worden sind.

Für eine Erstreckung der Bescheidungspflicht auf Rechtsausführungen der Beteiligten spricht auch die Untrennbarkeit von Sachverhalt und Rechtssatz, die methodisch in einer ständigen Wechselbeziehung zwischen beiden sichtbar wird und damit auch der Erkenntnis von der allgemeinen Sprach- und Sachbezogenheit juristischer Normen[1] und der „rechtsschöpferischen Kraft des Falles" entspricht[2].

Von der Stellungnahme zu zweifelhaften Rechtsfragen hängt es daher ab, welcher Sachverhalt erheblich wird, der selbst wiederum das Verständnis des anzuwendenden Rechtssatzes bedingt. Diese Wechselbeziehung ist dem Verfahrensrecht vorgegeben und integrierter Bestandteil richterlicher Rechtserkenntnis, die ihrerseits zum Kernbereich der rechtsprechenden Gewalt nach Art. 92 GG gehört. Damit sind auch die notwendigen methodischen Anforderungen an das richterliche Erkenntnisverfahren vom Verfassungsrecht als Bestandteil der „rechtsprechenden Gewalt" durch Art. 92 GG rezipiert worden. Erweist sich aber ein bestimmtes methodisches Verfahren der Rechtsfindung als verfassungsrechtlich relevant, in diesem Zusammenhang also die notwendige Wechselbeziehung von Lebenssachverhalt und Rechtssatz, so kann das rechtliche Gehör nicht auf einen Aspekt eines untrennbaren Sinnzusammenhangs beschränkt werden. Eine solche Beschränkung muß daher als willkürlich erscheinen.

Eine Erstreckung der Bescheidungspflicht auf die wesentlichen und entscheidungserheblichen Rechtsausführungen der Beteiligten folgt auch aus dem Zweck des Art. 103 Abs. 1 GG, nämlich jedem einen Anspruch auf rechtliches Gehör zu gewähren, „der durch eine gerichtliche Entscheidung in seinen Rechten unmittelbar beeinträchtigt wird"[3].

Damit wird dem einzelnen ein verfahrensrechtlicher Abwehranspruch gegen Eingriffe der rechtsprechenden Gewalt gegeben. Dieser Abwehranspruch richtet sich darauf, nicht ungehört, ungeprüft und unkontrollierbar eine unmittelbare Rechtsbeeinträchtigung hinnehmen zu müssen. In die individuelle Rechtssphäre kann aber nicht nur auf Grund eines unüberprüfbaren Sachverhalts in unzulässiger Weise eingegriffen werden, sondern ebenso auf Grund eines unüberprüfbaren Rechtsverständnisses. Insoweit trägt dann auch Art. 103 Abs. 1 GG dem rechtsstaatlichen Grundsatz der Gesetzesgebundenheit richterlichen Erkennens (Art. 20 Abs. 3 GG) Rechnung; denn, anders als Art. 19 Abs. 4 GG, soll Art. 103 Abs. 1 GG auch Schutz vor dem Richter gewähren.

Die Bescheidungspflicht für Rechtsausführungen wird ferner durch das verfassungsrechtliche Integrationsgebot für das Rechtsfindungsverfahren bestätigt, durch das der Integrationsprozeß zum Geltungsgrund des vom Richter gefundenen Rechtssatzes wird; denn hiermit ist der Satz „iura novit curia" widerlegt. Kennt das Gericht aber allein aus eigener Autorität das Recht nicht und sind auch die Verfahrensbeteilig-

---

[1] Siehe oben, S. 39 ff.
[2] Siehe oben, S. 46.
[3] BVerfGE 21, 132, 137.

ten notwendige Teilnehmer am „Rechtsgespräch", denen nach Auffassung des Bundesverfassungsgerichts Gelegenheit zu Rechtsausführungen gegeben werden muß, so ist ihr „Gesprächsbeitrag" auch notwendig bescheidungspflichtig.

Eine Verletzung rechtlichen Gehörs liegt auch in Fällen vor, die bisher nur als Revisionsgründe gewürdigt worden sind, nämlich
1. wenn das Urteil über alle oder einzelne Ansprüche oder über Angriffs- und Verteidigungsmittel keine Ausführungen enthält, da in diesem Falle das Gericht Anträge nicht beschieden hat, die durch die Geltendmachung von Ansprüchen bzw. von Angriffs- und Verteidigungsmitteln substantiiert werden;
2. wenn nicht einmal aus dem Zusammenhang der Urteilsgründe zu ersehen ist, ob einem Rechtsbehelf stattgegeben oder ob er verneint worden ist, da dann ebenfalls Anträge nicht beschieden worden sind;
3. wenn das erkennende Gericht Zeugenaussagen und Gutachten nicht selbständig und eigenverantwortlich in erkennbarer Weise geprüft hat, auch wenn der Beweis von Amts wegen erhoben worden ist, da davon ausgegangen werden muß, daß jeder Verfahrensbeteiligte die ihm günstigen Tatsachen in seinen Vortrag aufnehmen will. Der Tatsachenvortrag ist aber bescheidungspflichtig.

Folgt somit auch aus dem Grundrecht auf rechtliches Gehör die richterliche Begründungspflicht als Gebot des Verfassungsrechts, so wird ihr Umfang zugleich durch den Regelungsbereich dieses Grundrechts begrenzt: Da die Bgründungspflicht in diesem Zusammenhang als Pflicht zur Bescheidung dessen erscheint, was die Verfahrensbeteiligten ausgeführt oder geltend gemacht haben, kann sie nie darüber hinausgehen.

b) *Grundsatz der Gesetzesgebundenheit richterlichen Erkennens (Art. 20 Abs. 3 GG)*

Wie bereits ausgeführt worden ist, liegt eine Verletzung des Grundsatzes der Gesetzesgebundenheit richterlichen Erkennens (Art. 20 Abs. 3 GG) vor,
1. wenn Gründe überhaupt fehlen,
2. wenn lediglich der Gesetzestext der entscheidungserheblichen Norm wiederholt wird,
3. wenn der Richter das Ergebnis der Rechtsfindung nicht entsprechend dem Grad der Rechtsfortbildung vollständig und zureichend begründet. Zureichend ist der Grund nur, wenn entscheidungserhebliche Argumente anderer Gerichte oder des Schrifttums nicht unberücksichtigt geblieben sind.

Den fehlenden Gründen sind die unvollständigen Gründe gleichzustellen. Unvollständig sind die Gründe immer dann, wenn die maßgeblichen tatsächlichen und rechtlichen Erwägungen nicht mitgeteilt worden sind oder wenn ein Urteil ausschließlich auf die Ausführungen eines anderen Urteils verweist. Insoweit wird das revisions- bzw. berufungsfeste Urteilsminimum gleichzeitig zum verfassungsfesten Minimum.

Diese Anforderungen zählen jedoch noch nicht ohne weiteres zum verfassungsbeschwerdefesten Minimum, da eine Verletzung des Art. 20 Abs. 3 GG eine Rechtsverletzung im Sinne des § 90 Abs. 1 BVerfGG unmittelbar nicht darstellt. Wenn allerdings Gründe ganz fehlen, dürfte in aller Regel auch Art. 103 Abs. 1 GG verletzt sein, weil dann weder Sachverhalts- noch Rechtsausführungen beschieden worden sind. Zumindest Ausführungen zum Sachverhalt werden zur Substantiierung des Klagbegehrens immer vorliegen. Unvollständige Gründe nehmen am Schutz des Art. 103 Abs. 1 GG allerdings nur teil, wenn entsprechende Ausführungen zum Sachverhalt oder zu entscheidungserheblichen Rechtsfragen im Verfahren gemacht worden sind. Fehlende oder erheblich unvollständige Gründe können aber auch unter dem Gesichtspunkt des Art. 1 Abs. 1 GG das Verfassungsbeschwerdeverfahren eröffnen, da ein solcher Mangel regelmäßig auch die Verfahrensbeteiligten so wenig achtet, daß ihre Würde als Rechtsgenossen dadurch verletzt wird. Auf den engen Zusammenhang von Art. 1 Abs. 1 und Art. 103 Abs. 1 GG hat das Bundesverfassungsgericht selbst hingewiesen[4].

Um für einen Urteilsmangel, der in der bloßen Wiederholung des Gesetzestextes der entscheidungserheblichen Norm liegt, das Verfassungsbeschwerdeverfahren wegen Verletzung rechtlichen Gehörs zu eröffnen, werden ebenfalls begründete Rechtsausführungen der Verfahrensbeteiligten vorgelegen haben müssen.

Eine unzureichende Begründung des Rechtsfindungsergebnisses kann nur auf demselben Wege der Verfassungsbeschwerde wegen Verletzung der Bescheidungspflicht des Art. 103 Abs. 1 GG unterliegen wie in den eben genannten Fällen. Das erkennende Gericht könnte nur zur Auseinandersetzung unter Drohung der Verletzung rechtlichen Gehörs gezwungen werden, wenn von der Rechtsauffassung des erkennenden Gerichts abweichende entscheidungserhebliche Argumente des Schrifttums oder anderer Gerichte schriftsätzlich vorgetragen werden. Auch dann wird man eine Verletzung des Art. 103 Abs. 1 GG erst bei einer gewissen Erheblichkeit und Offensichtlichkeit des Verstoßes annehmen können.

---

[4] BVerfGE 7, 275, 279 („Würde der Person des Rechtsgenossen"); ebenso *Wintrich*, BayVBl. 1957, 139; *Röhl*, NJW 1958, 1269; *Arndt*, NJW 1959, 7; a. A. *Ule*, DVBl. 1959, 541.

Es fragt sich aber, ob die Verletzung einer solch bedeutenden rechtsstaatlichen Regelung wie die des Art. 20 Abs. 3 nur gleichsam auf dem Umwege über Art. 1 Abs. 1 oder Art. 103 Abs. 1 GG im Verfassungsbeschwerdeverfahren geltend gemacht werden kann; denn der Grundsatz der Gesetzesgebundenheit richterlichen Erkennens als Konkretisierung des Art. 20 Abs. 3 GG gehört gleichzeitig zur verfassungsmäßigen Ordnung im Sinne des Grundgesetzes.

c) *Grundrecht der freien Entfaltung der Persönlichkeit (Art. 2 Abs. 1 GG)*

Da die Bestimmung des Art. 20 Abs. 3 GG unbestritten zur verfassungsmäßigen Ordnung des Grundgesetzes gehört, die eine Schranke für das in Art. 2 Abs. 1 GG gewährleistete Grundrecht der freien Entfaltung der Persönlichkeit darstellt, bleibt zu prüfen, ob Verstöße gegen die verfassungsmäßige Ordnung durch die staatliche, also auch rechtsprechende Gewalt zugleich in unzulässiger Weise in den Freiheitsbereich dieses Grundrechts eingreifen. Müßte das bejaht werden, so würde bei einem formalen Begründungsmangel, sofern er sich zugleich als ein Verstoß gegen den Grundsatz der Gesetzesgebundenheit richterlichen Erkennens (Art. 20 Abs. 3 GG) erweist, nicht nur ein Prinzip des objektiven Verfassungsrechts verletzt sein, sondern zugleich das Grundrecht des Art. 2 Abs. 1 GG, dessen Verletzung das Verfassungsbeschwerdeverfahren nach § 90 BVerfGG eröffnet. Das würde allerdings zweierlei voraussetzen: Einmal müßte das Grundrecht der freien Entfaltung der Persönlichkeit in einem umfassenden Sinne verstanden werden. Zum anderen dürfte die verfassungsmäßige Ordnung nicht nur eine Ausübungsschranke für den Grundrechtsträger darstellen, sondern müßte zugleich eine allgemeine Einwirkungsschranke für die rechtsprechende Gewalt sein.

Wie bereits zur Frage des Eingriffscharakters gerichtlicher Entscheidungen ausgeführt worden ist, mißt das Bundesverfassungsgericht im Urteil vom 14. Dezember 1965[5] der Freiheit der Persönlichkeit eine umfassende Bedeutung zu, die sich nicht in der allgemeinen Handlungsfreiheit erschöpfe, sondern in der grundgesetzlichen Ordnung auch den „grundrechtlichen Anspruch" umfasse, „nicht durch staatlichen Zwang mit einem Nachteil belastet zu werden, der nicht in der verfassungsmäßigen Ordnung begründet" sei. Mit der anschließenden allgemeinen Formulierung: „Das Grundrecht verbietet Eingriffe der Staatsgewalt, die nicht rechtsstaatlich sind", leitet das Gericht bereits zum zweiten Gesichtspunkt über. Nicht rechtsstaatlich sind also Eingriffe, die gegen die verfassungsmäßige Ordnung verstoßen. Da das Gericht aber unter

---
[5] BVerfGE 19, 206, 215 mit weiteren Nachweisen.

der verfassungsmäßigen Ordnung die Gesamtheit der Normen versteht, die formell und materiell der Verfassung gemäß sind[6], gewinnt diese Schranke eine erhebliche Bedeutung zum Schutze des Grundrechtsträgers. Ihre Verletzung kann das Grundrecht der freien Entfaltung der Persönlichkeit in unzulässiger Weise beeinträchtigen. Das Bundesverfassungsgericht wertet also die „verfassungsmäßige Ordnung" nicht nur als Ausübungsschranke für den Grundrechtsträger, sondern in erster Linie als Einwirkungsschranke der öffentlichen Gewalt in den dahinter liegenden Freiheitsraum des Bürgers[7].

Die verfassungsrechtliche Schlußfolgerung aus dem so begriffenen Verständnis des Art. 2 Abs. 1 GG hat das Bundesverfassungsgericht selbst bereits in seiner Entscheidung vom 16. Januar 1957[8] gezogen: „Verfassungsrechtlich bedeutet das: Jedermann kann im Wege der Verfassungsbeschwerde geltend machen, ein seine Handlungsfreiheit beschränkendes Gesetz gehöre nicht zur verfassungsmäßigen Ordnung, weil es (formell oder inhaltlich) gegen einzelne Verfassungsbestimmungen oder allgemeine Verfassungsgrundsätze verstoße, deshalb werde sein Grundrecht aus Art. 2 Abs. 1 GG verletzt."

Diese Schlußfolgerung ist im Hinblick auf die Entscheidung des Bundesverfassungsgerichts vom 14. Dezember 1965[9] in zweifacher Hinsicht zu ergänzen: Da sich einmal die Bedeutung des Art. 2 Abs. 1 GG nicht in der allgemeinen Handlungsfreiheit erschöpft, sondern den allgemeinen Anspruch begründet, nicht durch staatlichen Zwang mit einem Nachteil außerhalb der verfassungsmäßigen Ordnung belastet zu werden, so braucht der Beschwerdeführer nicht mehr geltend zu machen, daß das Gesetz in unzulässiger Weise seine Handlungsfreiheit beschränkt. Es genügt vielmehr die Behauptung, das Gesetz bedeute für ihn eine Belastung, die mit staatlichem Zwang realisiert werden könne. Zum anderen braucht der Beschwerdeführer nicht einmal mehr zu behaupten, daß ein „formell oder inhaltlich der Verfassung nicht gemäßes *Gesetz*" diese Belastung herbeiführe. Das Erfordernis des belastenden Gesetzes ist vielmehr fallengelassen worden. Es genügt nunmehr jeder rechtsstaatswidrige Eingriff der Staatsgewalt, um das Verfassungsbeschwerdeverfahren zu eröffnen. Das verdeutlicht die Formulierung: „Das Grundrecht verbietet Eingriffe der Staatsgewalt, die nicht

---

[6] BVerfGE 19, 206, 216; 17, 306, 313; 6, 32, 38.
[7] BVerfGE 9, 83, 88: „Die Formulierung des Art. 2 Abs. 1 GG akzentuiert zwar besonders die aktive Gestaltung der Lebensführung durch den Grundrechtsträger selbst. Diese setzt aber die Freiheit von unberechtigten — also auch von nicht rechtsstaatlichen — Eingriffen der Staatsgewalt geradezu voraus."
[8] BVerfGE 6, 32, 41.
[9] BVerfGE 19, 206, 215 f.

§ 14 Verfassungsrechtliche Mindestanforderungen

rechtsstaatlich sind[10]." Sofern daher eine gerichtliche Entscheidung die von Art. 20 Abs. 3 GG gebotenen verfassungsrechtlichen Mindestanforderungen an die Begründung unterschreitet, die Entscheidung also gegen einen grundlegenden Verfassungsrechtssatz verstößt, kann die Verfassungsbeschwerde auf eine Verletzung des Art. 2 Abs. 1 GG gestützt werden.

---

[10] Vgl. auch *Wacke*, StbJb 1966/67, S. 111 f. — Damit wird das Bundesverfassungsgericht jedoch nicht zu einer allgemeinen Revisionsinstanz, obgleich der Prüfungsumfang auf diese Weise erweitert wird: Einmal prüft es nur *verfassungswidrige* Maßnahmen der staatlichen Gewalt nach, nicht dagegen solche, die aus einem anderen Grunde rechtswidrig sind. Zum anderen muß es sich bei der Maßnahme um eine mit *staatlichem Zwang* zu realisierende Belastung handeln, was aber in der Regel der Fall sein wird.

Schlußbemerkung

Die Überlegungen dieser Arbeit haben gezeigt, daß die allgemeine erkenntnistheoretische Fragestellung nach dem zureichenden Erkenntnisgrund als notwendiger Bedingung der Richtigkeit eines jeden Erkenntnisses auch nachhaltig den Aussagegehalt des Begriffes „Rechtsstaat" geprägt hat, der als ein Staat begriffen wird, dessen Handlungen notwendig zureichend begründet sein müssen, da sie Anspruch auf Richtigkeit erheben. Der Rechtsstaat wird daher durch das Gebot der Mitteilung des Grundes zum „rechtfertigenden Staat", der auch das Warum des richterlichen Urteilsausspruches zureichend, d. h. vollständig, wahrhaftig und überzeugend, mitteilen muß, um seine Meßbarkeit und Nachprüfbarkeit zu gewährleisten. Zureichend ist der Grund aber nur, wenn er im Sinne eines Begründungsminimums das Rechtsfindungsverfahren auch als einen fortgesetzten Intergrationsvorgang ausweist, in den die Gesamtheit der rechtlichen Erkenntnisse einbezogen ist, um auf diesem Wege die Einheit der Rechtsordnung zu verwirklichen.

Literaturverzeichnis

Achterberg, Norbert: Die Evidenz als Rechtsbegriff, DÖV 1963, 331
Anschütz, Gerhard: Die Verfassung des Deutschen Reiches vom 11. August 1919, 13. Aufl. Berlin 1930
Aristoteles: Nikomachische Ethik, Politik (Ausgabe der Wissenschaftlichen Buchgesellschaft Darmstadt 1956)
Arndt, Adolf: Das rechtliche Gehör, NJW 1959, 6
— Anmerkung zum Beschluß des OLG Celle vom 26. 1. 1966 = NJW 1966, 936, NJW 1966, 2174
Bachmayr, Karl: Mehr Vertrauensschutz im Steuerrecht, DB 1961, 1332
Bachof, Otto: Beamte und Soldaten, DÖV 1954, 225
— Diskussionsbeitrag, VVDStRL 14 (1956), 174
— Urteile von der Stange? DÖV 1957, 564
— Die richterliche Kontrollfunktion im westdeutschen Verfassungsgefüge, in: Verfassungsrecht und Verfassungswirklichkeit — Festschrift für Hans Huber — Bern 1961, S. 26
zit.: **Huber-F.**
— Die Prüfungs- und Verwerfungskompetenz der Verwaltung gegenüber dem verfassungswidrigen und dem bundesrechtswidrigen Gesetz, AöR 87 (1962), 1
— Verfassungsrecht, Verwaltungsrecht in der Rechtsprechung des Bundesverwaltungsgerichts, 3. Aufl. Tübingen 1966
Bähr, Otto: Der Rechtsstaat, Cassel und Göttingen 1864
— Urteile des Reichsgerichts mit Besprechungen, München und Leipzig 1883
Ballerstedt, Kurt: Über wirtschaftliche Maßnahmegesetze, in: Festschrift Walter Schmidt-Rimpler, Karlsruhe 1957, S. 369
zit.: **Schmidt-Rimpler-F.**
Baring, Martin: Urteile nach Maß, DÖV 1959, 161
Bartholomeyczik, Horst: Die Kunst der Gesetzesauslegung, 2. Aufl. Frankfurt a. M. 1959
Baumbach-Lauterbach: Zivilprozeßordnung, 29. Aufl. München und Berlin 1966
Baumgarten, Arthur: Die Wissenschaft vom Recht und ihre Methode — I. Teil: Die theoretische Grundlegung, Tübingen 1920 — II. und III. Teil: Kasuistik und zusammenfassende Darstellung, 1922
zit.: **Wissenschaft vom Recht I bzw. II und III**
Becker, Walter G.: Rechtsvergleichende Notizen zur Auslegung, in: Das deutsche Privatrecht in der Mitte des 20. Jahrhunderts, Festschrift für Heinrich Lehmann zum 80. Geburtstag I. Band, Tübingen, Berlin, Frankfurt 1956, S. 70
zit.: **Lehmann-F.**

Bettermann, Karl August: Verwaltungsakt und Richterspruch, in: Forschungen und Berichte aus dem öffentlichen Recht. Gedächtnisschrift für Walter Jellinek, München 1955, S. 361
zit.: Jellinek-G.

— Die Freiwillige Gerichtsbarkeit im Spannungsfeld zwischen Verwaltung und Rechtsprechung, in: Festschrift für Friedrich Lent, München und Berlin 1957, S. 17
zit.: Lent-F.

— Die Unabhängigkeit der Gerichte und der gesetzliche Richter, in: Bettermann-Nipperdey-Scheuner, Die Grundrechte, Dritter Band 2. Halbband, Berlin 1959, S. 523
zit.: GR III/2

— Der Schutz der Grundrechte in der ordentlichen Gerichtsbarkeit, GR III/2 S. 779

Betti, Emilio: Ergänzende Rechtsfortbildung als Aufgabe der richterlichen Gesetzesauslegung, in: Festschrift für Leo Raape, Hamburg 1948, S. 379

— Allgemeine Auslegungslehre als Methodik der Geisteswissenschaft, Tübingen 1967

Bockelmann, Paul: Richter und Gesetz, in: Rechtsprobleme in Staat und Kirche. Festschrift für Rudolf Smend, Göttingen 1952, S. 23
zit.: Smend-F.

Böckenförde, Ernst-Wolfgang: Gesetz und gesetzgebende Gewalt, Berlin 1958

Böckenförde, Werner: Der allgemeine Gleichheitssatz und die Aufgabe des Richters, Berlin 1957
zit.: Gleichheitssatz

Boehmer, Gustav: Grundlagen der Bürgerlichen Rechtsordnung, Zweites Buch, Zweite Abteilung, Praxis der richterlichen Rechtsschöpfung, Tübingen 1952
zit.: Grundlagen II 2

Böttcher, Conrad: Zum Steuer- und Wirtschaftsrecht der Familienunternehmen, StbJb 1964/65, S. 81

Bötticher, Eduard: Zur Ausrichtung der Sanktion nach dem Schutzzweck der verletzten Privatrechtsnorm, AcP 158, 385

— Die Einschränkung des Ersatzes immateriellen Schadens und der Genugtuungsanspruch wegen Persönlichkeitsminderung, MDR 1963, 353

Bonner Kommentar: Kommentar zum Bonner Grundgesetz, Hamburg 1950 ff. Zweitbearbeitung 1964 ff.)

Brecher, Fritz: Scheinbegründungen und Methodenehrlichkeit im Zivilrecht, in: Festschrift für Arthur Nikisch, Tübingen 1958, S. 227
zit.: Nikisch-F.

Brecht, Arnold: Politische Theorie, Tübingen 1961

Brinkmann, Rudolf: Über die richterlichen Urteilsgründe nach ihrer Nützlichkeit und Notwendigkeit sowie über ihre Auffindung, Entwicklung und Anordnung nebst Bemerkungen über den richterlichen Stil und Ton, Kiel 1826
zit.: Über die richterlichen Urteilsgründe

Brinz, Alois: Geist des römischen Rechts, auf den verschiedenen Stufen seiner Entwicklung. Von Rudolf Ihering. Zweiter Theil. Zweite Abteilung, in: Kritische Vierteljahresschrift für Gesetzgebung und Rechtswissenschaft 2 (1860), 1 ff.
zit.: Kritische Vierteljahresschrift

Brügger, Walter: Philosophisches Wörterbuch, 12. Aufl. Freiburg 1965

Brusiin, Otto: Über die Objektivität der Rechtsprechung, Helsinki 1949
zit.: Objektivität

Bühler, Ottmar: Die subjektiven öffentlichen Rechte und ihr Schutz in der deutschen Verwaltungsrechtsprechung, Berlin, Stuttgart, Leipzig 1914

Bülow, Oskar: Gesetz und Richteramt, Leipzig 1885

Bußmann, Kurt: Anmerkung zum „Herrenreiter-Urteil", GRUR 1958, 411

Canaris, Claus-Wilhelm: Die Feststellung von Lücken im Gesetz, Berlin 1964

Clauß, Karl: Zur Anwendung unklarer Steuervorschriften, StuW 1960, Sp. 215

Clauss, Helmut u. Karl: Zum Begriff „eindeutig", JZ 1961, 660

Coing, Helmut: Die obersten Grundsätze des Rechts. Ein Versuch zur Neugründung des Naturrechts, Heidelberg 1947
zit.: Oberste Grundsätze
— System, Geschichte und Interesse in der Privatrechtswissenschaft, JZ 1951, 481
— Zur Entwicklung des zivilrechtlichen Persönlichkeitsschutzes, JZ 1958, 558
— Die juristischen Auslegungsmethoden und die Lehren der allgemeinen Hermeneutik, Köln 1959
zit.: Auslegungsmethoden

Dahm, Georg: Deutsches Recht, 2. Aufl. Stuttgart 1963

Diederichsen, Uwe: Topisches und systematisches Denken in der Jurisprudenz, NJW 1966, 697

Dölle, Hans: Bemerkungen zur Blankozession, in: Festschrift für Martin Wolff, Tübingen 1952, S. 23
zit.: Martin Wolff-F.

Drath, Martin: Grund und Grenzen der Verbindlichkeit des Rechts. Prolegomena zur Untersuchung des Verhältnisses von Recht und Gerechtigkeit, Tübingen 1963

Drews-Wacke: Allgemeines Polizeirecht der Länder und des Bundes, 7. Aufl. Berlin, Köln, München, Bonn 1961

Dürig, Günter: Art. 2 des Grundgesetzes und die Generalermächtigung zu allgemein-polizeilichen Maßnahmen, AöR 79 (1953/1954), 57

Echterhölter, Rudolf: Die neuere Rechtsprechung des Bundesverfassungsgerichts zum Steuerrecht, BB 1966, 45

Eck, Ernst: Zur Feier des Gedächtnisses von B. Windscheid und R. v. Ihering. Vortrag gehalten am 17. Dezember 1892, Berlin 1893
zit.: Gedächtnisrede

Ehmke, Horst: Verfassungsänderung und Verfassungsdurchbrechung, AöR 79 (1953/1954), 385
— Prinzipien der Verfassungsinterpretation, VVDStRL 20 (1963), 53

Ehrlich, Eugen: Grundlegung der Soziologie des Rechts, München und Leipzig 1913
— Die juristische Logik, 2. Aufl. Tübingen 1925 (Sonderdruck aus AcP 115, 125)
Eichenberger, Kurt: Die richterliche Unabhängigkeit als staatsrechtliches Problem, Bern 1960
  zit.: Richterliche Unabhängigkeit
Eisler, Rudolf: Handwörterbuch der Philosophie, 2. Aufl. Berlin 1922
Engisch, Karl: Die Einheit der Rechtsordnung, Heidelberg 1935
— Der Begriff der Rechtslücke, in: Festschrift für Wilhelm Sauer, Berlin 1949, S. 85
  zit.: Sauer-F.
— Die Idee der Konkretisierung in Recht und Rechtswissenschaft unserer Zeit, Heidelberg 1953
  zit.: Konkretisierung
— Sinn und Tragweite juristischer Systematik, Studium Generale 1957, 173
— Aufgaben einer Logik und Methodik des juristischen Denkens, Studium Generale 1959, 76
— Vom Sinn des hypothetischen juristischen Urteils, in: Existenz und Ordnung — Festschrift für Erik Wolf, Frankfurt a. M. 1962, S. 398
  zit.: Erik Wolf-F.
— Logische Studien zur Gesetzesanwendung, 3. Aufl. Heidelberg 1963
  zit.: Logische Studien
— Wahrheit und Richtigkeit im juristischen Denken, München 1963
  zit.: Wahrheit und Richtigkeit
— Einführung in das juristische Denken, 3. Aufl. Stuttgart 1964
  zit.: Einführung
Enneccerus-Nipperdey: Allgemeiner Teil des Bürgerlichen Rechts, 15. Aufl. Tübingen 1959
  zit.: Allgemeiner Teil
Esser, Josef: Interpretation und Rechtsneubildung im Familienrecht, JZ 1953, 521
— Die Interpretation im Recht, Studium Generale 1954, 372
— Zur Methodenlehre des Zivilrechts, Studium Generale 1959, 97
— Grundsatz und Norm in der richterlichen Fortbildung des Privatrechts, 2. Aufl. Tübingen 1964
  zit.: Grundsatz und Norm
— Wertung, Konstruktion und Argument im Zivilrecht, Karlsruhe 1965
  zit.: Wertung
Eyermann-Fröhler: Verwaltungsgerichtsordnung, 4. Aufl. München und Berlin 1965
Felix, Günther: Praktikabilitätserwägungen als Auslegungsgrundsatz im Steuerrecht, in: Von der Auslegung und Anwendung der Steuergesetze, Festschrift für Armin Spitaler, Stuttgart 1958, S. 124
  zit.: Spitaler-F.
Feuerbach, Anselm, Ritter von: Betrachtungen über die Öffentlichkeit und Mündlichkeit der Gerechtigkeitspflege, Band I, Giessen 1821 — Band II (Über die Gerichtsverfassung und das gerichtliche Verfahren Frankreichs) 1825

Fichtmüller, Carl Peter: Zulässigkeit ministerialfreien Raums in der Bundesverwaltung, AöR 91 (1966), 297

Fleiner, Fritz: Institutionen des Deutschen Verwaltungsrechts, 8. Aufl. Tübingen 1928

Fleiner/Giacometti: Schweizerisches Bundesstaatsrecht, Zürich 1949

Flume, Werner: Stellungnahme zum Gutachten des Bundesfinanzhofs zur Besteuerung der Dividendengarantie bei Organschaftsverhältnissen (Gutachten v. 27. November 1956, BFHE 64, 368), DB 1957, 439

— Richterrecht im Steuerrecht, StbJb 1964/65, S. 55

Forsthoff, Ernst: Recht und Sprache — Prolegomena zu einer richterlichen Hermeneutik, Halle (Saale) 1940, Neudruck Darmstadt 1964

— Über Maßnahme-Gesetze, in: Forschungen und Berichte aus dem öffentlichen Recht. Gedächtnisschrift für Walter Jellinek, München 1955, S. 221
zit.: Jellinek-G.

— Die Bindung an Gesetz und Recht (Art. 20 Abs. 3 GG), DÖV 1959, 41

— Die Umbildung des Verfassungsgesetzes, in: Festschrift für Carl Schmitt, Berlin 1959, S. 35
zit.: Carl Schmitt-F.

— Der Jurist in der industriellen Gesellschaft, NJW 1960, 1273

— Zur Problematik der Verfassungsauslegung, Stuttgart 1961

— Lehrbuch des Verwaltungsrechts. Erster Band. Allgemeiner Teil, 9. Aufl. München und Berlin 1966
zit.: Lehrbuch

Franzen, Hans: Gesetz und Richter, Hamburg 1935

Friedrich, Carl Johann: Der Verfassungsstaat der Neuzeit, Berlin, Göttingen, Heidelberg 1953

Friedrich, Werner: Aus der Rechtsprechung des Bundesfinanzhofs im Jahre 1956, NJW 1957, 852

— Aus der Rechtsprechung des Bundesfinanzhofs im Jahre 1957, NJW 1958, 1897

— Zehn Jahre Bundesfinanzhof, DB 1960, 913

— Der Bundesfinanzhof und das Gesetz, BB 1960, 1177

Friesenhahn, Ernst: Über Begriff und Arten der Rechtsprechung unter besonderer Berücksichtigung der Staatsgerichtsbarkeit nach dem Grundgesetz und den westdeutschen Landesverfassungen, in: Festschrift Richard Thoma, Tübingen 1950, S. 21
zit.: Thoma-F.

Fritsch, Robert: Zweckmäßigkeits- oder Rechts-Entscheidung, FR 1957, 25

— Die Gefahr fiskalischer Einseitigkeiten im steuerrechtlichen Urteilsdenken, StbJb 1957/58, S. 387

Fuchs, Ernst: Juristischer Kulturkampf, Karlsruhe 1912

Fürnrohr, August: Lange oder kurze Urteile?, StuW 1952, Sp. 663

Fuetscher, Lorenz: Die ersten Seins- und Denkprinzipien, Innsbruck 1930
zit.: Prinzipien

— Der Satz vom hinreichenden Grund und die Begreifbarkeit des Seins, in: Philosophia perennis, Band II, S. 759, Innsbruck 1930
zit.: Grund

Fuß, Ernst-Werner: Zur richterlichen Prüfung von Gesetz und Gesetzesanwendung, in: Hamburger Festschrift für Friedrich Schack, Berlin und Frankfurt a. M. 1966, S. 11
zit.: Schack-F.

Gadamer, Hans-Georg: Wahrheit und Methode, 2. Aufl., Tübingen 1965

Garcia Máynez, Eduardo: Die höchsten Prinzipien der formalen Rechtsontologie und der juristischen Logik, ARSP 1959, 193

Gerber, C. F.: Über öffentliche Rechte, Tübingen 1852

Germann, O. A.: Probleme und Methoden der Rechtsfindung, 2. Aufl. Bern 1967
zit.: Probleme und Methoden

Geyser, Joseph: Das Prinzip vom zureichenden Grunde, Regensburg 1929

— Das philosophische System von Joseph Geyser. Eigene Gesamtdarstellung, Berlin 1934

Giacometti, Zaccaria: Die Auslegung der schweizerischen Bundesverfassung, Zürich 1925

— Die Verfassungsgerichtsbarkeit des schweizerischen Bundesgerichts (Die staatsrechtliche Beschwerde), Zürich 1933
zit.: Verfassungsgerichtsbarkeit

— Die Freiheitsrechtskataloge als Kodifikation der Freiheit, Zeitschrift für Schweizerisches Recht NF 74 (1955), 149

Giese-Schunck: Grundgesetz für die Bundesrepublik Deutschland, 7. Aufl. Frankfurt a. M. 1965
zit.: Grundgesetz

Gillner, Karl: Stellungnahme zum Aufsatz Külz in DÖV 1956, 741; DÖV 1957, 563 „Wider die Vielschreiberei", DÖV 1959, 130

Goldschmidt, James: Gesetzesdämmerung, JZ 1924, 245

Grimm, Jacob und Wilhelm: Deutsches Wörterbuch, 4. Band, I. Abteilung 6. Teil, Leipzig 1935

Häberle, Peter: Die Wesensgarantie des Art. 19 Abs. 2 Grundgesetz — Zugleich ein Beitrag zum institutionellen Verständnis der Grundrechte und zur Lehre vom Gesetzesvorbehalt, Karlsruhe 1962

Hahn, Hugo J.: Über die Gewaltenteilung in der Wertwelt des Grundgesetzes, JöR NF 14 (1965), 15

Hamann, Andreas: Die verfassungsmäßige Ordnung, BB 1957, 343

— Rechtliches Gehör, AnwBl 1958, 141

— Das Grundgesetz für die Bundesrepublik Deutschland vom 23. Mai 1949, 2. Aufl. Neuwied und Berlin 1960
zit.: Grundgesetz

Hamed, Abdul Samad: Das Prinzip der Gewaltenteilung und die Beaufsichtigung der Regierung durch das Parlament, Bern 1957
zit.: Gewaltenteilung

Hardwig, Werner: Die methodologische Bedeutung von Rechtsfällen für die Behandlung rechtswissenschaftlicher Probleme, JuS 1967, 60

Hartmann, Nicolai: Diesseits von Idealismus und Realismus, Kant-Studien 29 (1924), 160

— Ethik, 3. Aufl. Berlin 1949

— Grundzüge einer Metaphysik der Erkenntnis, 4. Aufl. Berlin 1949

Hartung, Fritz: Die Entwicklung der Menschen- und Bürgerrechte von 1776 bis zur Gegenwart, 3. Aufl. Göttingen, Frankfurt a. M., Berlin 1964

Hartz, Wilhelm: Steuerrecht und allgemeines Verwaltungsrecht, in: Staatsbürger und Staatsgewalt. Verwaltungsrecht und Verwaltungsgerichtsbarkeit in Geschichte und Gegenwart. Jubiläumsschrift zum hundertjährigen Bestehen der deutschen Verwaltungsgerichtsbarkeit und zum zehnjährigen Bestehen des Bundesverwaltungsgerichts, Karlsruhe 1963, Band I, S. 239

— Veröffentlichungspraxis und Großer Senat des Bundesfinanzhofs, FR 1964, 47

— Anmerkung zum Urteil des BFH vom 12. 12. 1963 — IV 171/62 S — DB 1964, 430

Hauriou, Mauice: Principes de Droit public, 2. Aufl. Paris 1916

Heck, Philipp: Gesetzesauslegung und Interessenjurisprudenz, Tübingen 1914
zit.: Gesetzesauslegung

— Begriffsbildung und Interessenjurisprudenz, Tübingen 1932
zit.: Begriffsbildung

— Das Problem der Rechtsgewinnung, 2. Aufl. Tübingen 1932
zit.: Rechtsgewinnung

Hedemann, Justus Wilhelm: Die Flucht in die Generalklauseln — Eine Gefahr für Recht und Staat, Tübingen 1933

Heffter, August Wilhelm: System des römischen und deutschen Civil-Proceßrechts, 1. Aufl. Bonn 1825; 2. Aufl. 1843

Heidegger, Martin: Indentität und Differenz, Tübingen 1957
— Der Satz vom Grund, 2. Aufl. Pfullingen 1958

Heimbach, Karl Wilhelm: Lehrbuch des sächsischen bürgerlichen Prozesses mit besonderer Rücksicht auf die Gesetzgebung der zu dem Ober Appellations Gericht zu Jena vereinten Länder, 1. Band, Jena 1852

Heins, Valentin: Richterliches Schachtelprivileg, NJW 1967, 2148

Heller, Theodor: Logik und Axiologie der analogen Rechtsanwendung, Berlin 1961
zit.: Logik und Axiologie

Hellwig, Konrad: System des Deutschen Zivilprozeßrechts. Erster Teil, Leipzig 1912

Henkel, Heinrich: Einführung in die Rechtsphilosophie, München und Berlin 1964
zit.: Rechtsphilosophie

Hennis, Wilhelm: Politik und praktische Philosophie, Neuwied 1963

Herzog, Roman: Der Mensch des technischen Zeitalters in Recht und Theologie, Evangelisches Staatslexikon, Berlin 1966, S. XXI

Hessdörfer, Ludwig: Bulletin der Bundesregierung v. 19. 11. 1960, Nr. 266 S. 2089, 2092

Hesse, Konrad: Grundzüge des Verfassungsrechts der Bundesrepublik Deutschland, 4. Aufl. Karlsruhe 1970
zit.: Grundzüge des Verfassungsrechts

Hessen, Johannes: Lehrbuch der Philosophie, 1. Band: Wissenschaftslehre, 2. Aufl. München und Basel 1950

— Das Kausalprinzip, 2. Aufl. München und Basel 1958

Heyde, Wolfgang: Das Minderheitsvotum des überstimmten Richters, Bielefeld 1966
  zit.: Minderheitsvotum

Hippel, Eike von: Grenzen und Wesensgehalt der Grundrechte, Berlin 1965
— Die Konkretisierung von Grundrechtsnormen, NJW 1967, 539

Hippel, Fritz von: Richtlinie und Kasuistik im Aufbau von Rechtsordnungen, Marburg 1942

Hirsch, Hans Joachim: Richterrecht und Gesetzesrecht, JR 1966, 334

Hoffmann, Wolfgang: Beweislast und Rechtfertigung bei ehrverletzenden Behauptungen im politischen Bereich, NJW 1966, 1200

Hoffmeister, Johannes: Wörterbuch der philosophischen Begriffe, 2. Aufl. Hamburg 1955

Horn, Joachim Christian: G. W. Leibniz — Grundwahrheiten der Philosophie Monadologie, Frankfurt a. M. 1962
  zit.: Leibniz' Monadologie

Horn, Norbert: Zur Bedeutung der Topiklehre Theodor Viehwegs für eine einheitliche Theorie des juristischen Denkens, NJW 1967, 601

Huber, Eugen: Recht und Rechtsverwirklichung, 2. Aufl. Basel 1925

Huber, Hans: Diskussionsbeitrag VVDStRL 20 (1963), 116

Hubmann, Heinrich: Anmerkungen „Ginsengwurzel-Urteil" des BGH, JZ 1962, 121

Hurwicz, Elias: Rudolf von Ihering und die deutsche Rechtswissenschaft, Berlin 1911

Husserl, Gerhart: Recht und Zeit, Frankfurt a. M. 1955
— Recht und Welt, in: Recht und Welt, rechtsphilosophische Abhandlungen, Frankfurt a. M. 1964, S. 67

Ihering, Rudolf von: Scherz und Ernst in der Jurisprudenz, 3. Aufl. Leipzig 1885
— Geist des römischen Rechts auf den verschiedenen Stufen seiner Entwicklung Erster Theil. Zweiter Theil, zweite Abtheilung, 6. und 7. Aufl. Leipzig 1923
  zit.: Geist des römischen Rechts I bzw. II 2

Imboden, Max: Das Gesetz als Garantie rechtsstaatlicher Verwaltung, Basel und Stuttgart 1954
— Die Staatsformen, Basel und Stuttgart 1959
— Montesquieu und die Lehre der Gewaltentrennung, Berlin 1959
  zit.: Gewaltentrennung

Isay, Hermann: Rechtsnorm und Entscheidung, Berlin 1929

Jansen, Paul: FGG, Berlin 1959

Jaspers, Karl: Vom Ziel und Ursprung der Geschichte, München 1950
— Die großen Philosophen. Erster Band München 1957

Jellinek, Georg: Allgemeine Staatslehre, 3. Aufl., 6. Neudruck Darmstadt 1959
— System der subjektiven öffentlichen Rechte, 2. Aufl. 1905, 2. Nachdruck Tübingen 1963

Jesch, Dietrich: Die Bindung des Zivilrichters an Verwaltungsakte, Erlangen 1956
zit.: Bindung
— Unbestimmter Rechtsbegriff und Ermessen in rechtstheoretischer und verfassungsrechtlicher Sicht, AöR 82 (1957), 163
Gesetz und Verwaltung, Tübingen 1961
Jüsgen, Werner: Zur letzten Richterwahl für den Bundesfinanzhof, DStZ A 1961, 256
Jung, Erich: „Positives" Recht, Giessen 1907
Kägi, Werner: Zur Entstehung, Wandlung und Problematik des Gewaltenteilungsprinzips, Zürich 1937
zit.: Gewaltenteilungsprinzip
— Die Verfassung als rechtliche Grundordnung des Staates, Zürich 1945
zit.: Verfassung
— Zur Entwicklung des schweizerischen Rechtsstaates seit 1848, in: Hundert Jahre Schweizerisches Recht, Basel 1952, S. 173
zit.: Schweizerischer Rechtsstaat
— Von der klassischen Dreiteilung zur umfassenden Gewaltenteilung. Festschrift für Hans Huber, Bern 1961, S. 151
zit.: Huber-F.
Kant, Immanuel: Critik der reinen Vernunft. Zweyte hin und wieder verbesserte Auflage, 1787
zit.: Kritik der reinen Vernunft (Edition Weischedel, Darmstadt, 1956)
— Die Metaphysik der Sitten, Erster Theil, metaphysische Anfangsgründe der Rechtslehre, Königsberg 1797
zit.: Rechtslehre
Kantorowicz, Hermann: Der Kampf um die Rechtswissenschaft (veröffentlicht unter dem Pseudonym Gnaeus Flavius), Heidelberg 1906
Kaufmann, Arthur: Das Schuldprinzip, Heidelberg 1961
— Gesetz und Recht, in: Existenz und Ordnung — Festschrift für Erik Wolf, Frankfurt a. M. 1962, S. 357
zit.: Erik Wolf-F.
— Freirechtsbewegung — lebendig oder tot?, JuS 1965, 1 und Einleitung zu Ernst Fuchs, Gerechtigkeitswissenschaft. Ausgewählte Schriften der Freiheitslehre. Karlsruhe 1965
— Analogie und „Natur der Sache", Karlsruhe 1965
Kaufmann, Erich: Auswärtige Gewalt und Kolonialgewalt in den Vereinigten Staaten von Amerika, Leipzig 1908
Keidel, Theodor: Freiwillige Gerichtsbarkeit, 9. Aufl. München und Berlin 1967
zit.: FGG
Keller, Adolf: Die Kritik, Korrektur und Interpretation des Gesetzeswortlauts, Winterthur 1960
zit.: Gesetzeswortlaut
Kelsen, Hans: Reine Rechtslehre, 2. Aufl. Wien 1960
Kirchmann, Julius Hermann von: Die Werthlosigkeit der Jurisprudenz als Wissenschaft, 3. Aufl. Berlin 1848 (Sonderdruck der Wissenschaftlichen Buchgesellschaft Darmstadt 1956)
Klein, Franz: Gleichheitssatz und Steuerrecht, Köln - Marienburg 1966

Klinger, Hans: Verwaltungsgerichtsordnung, 2. Aufl. Göttingen 1964

Klug, Ulrich: Juristische Logik, 3. Aufl. Berlin, Heidelberg, New York 1966

Kohler, Josef: Über die Interpretation von Gesetzen, Zeitschrift für das Privat- und öffentliche Recht der Gegenwart 13 (1886), 1

Koschaker, Paul: Europa und das Römische Recht, München und Berlin 1947

Krauss, Günther: Die Gewaltengliederung bei Montesquieu, in: Festschrift für Carl Schmitt, Berlin 1959, S. 103
  zit.: Carl Schmitt-F.

Kretschmar, Paul: Über die Methode der Privatrechtswissenschaft, Leipzig 1914

— Grundfragen zur Privatrechtsmethodik, Iherings Jahrbücher für die Dogmatik des bürgerlichen Rechts 67, 233
  zit.: IhJb.

Kriele, Martin: Kriterien der Gerechtigkeit, zum Problem des rechtsphilosophischen und politischen Relativismus, Berlin 1963

— Theorie der Rechtsgewinnung entwickelt am Problem der Verfassungsinterpretation, Berlin 1967

Krüger, Herbert: Allgemeine Staatslehre, 2. Aufl. Stuttgart 1966

Küchenhoff, Günther u. Erich: Allgemeine Staatslehre, 6. Aufl. Stuttgart und Köln 1967

Külz, Helmut: Verwaltungsgerichtsbarkeit in Zahlen, DÖV 1956, 741

Küster, Otto: Das Gewaltenproblem im modernen Staat, AöR 75 (1949), 397

Kuhnke, Hans-Helmut: Die Pflicht zur Begründung richterlicher Entscheidungen, DR 1941, 513

Kyriacopoulos, Elias: Merkmale der Staatsform Griechenlands, in: Die moderne Demokratie und ihr Recht. Festschrift für Gerhard Leibholz, Zweiter Band, Tübingen 1966
  zit.: Leibholz-F. II

Landsberg, Ernst: Geschichte der Deutschen Rechtswissenschaft. Dritte Abteilung, zweiter Halbband, Text (zit.: III, 2), München und Leipzig 1910

Larenz, Karl: Wegweiser zu richterlicher Rechtsschöpfung, in: Festschrift für Arthur Nikisch, Tübingen 1958, S. 275

— Anmerkung zum Urteil des BGH v. 14. 2. 1958 — I ZR 151/56 (Herrenreiter-Urteil), NJW 1958, 827

— Methodenlehre der Rechtswissenschaft, Berlin, Göttingen, Heidelberg 1960
  zit.: Methodenlehre

— Entwicklungstendenzen der heutigen Zivilrechtsdogmatik, JZ 1962, 105

— Richterliche Rechtsfortbildung als methodisches Problem, NJW 1965, 1

— Kennzeichen geglückter richterlicher Rechtsfortbildung, Karlsruhe 1965
  zit.: Rechtsfortbildung

— Über die Unentbehrlichkeit der Jurisprudenz als Wissenschaft, Berlin 1966
  zit.: Jurisprudenz als Wissenschaft

— Lehrbuch des Schuldrechts, Zweiter Band, Besonderer Teil, 8. Aufl. München und Berlin 1967
  zit.: Schuldrecht II

— Allgemeiner Teil des Deutschen Bürgerlichen Rechts, München und Berlin 1967
  zit.: Allgemeiner Teil

Lask, Emil: Rechtsphilosophie, in: Gesammelte Schriften, 1. Band, Tübingen 1923

Laun, Rudolf: Der Satz vom Grund, 2. Aufl. Tübingen 1956

Lechner, Hans: Bundesverfassungsgerichtsgesetz, 2. Aufl. München 1967

Leibniz, Gottfried Wilhelm: Nouveaux essais sur l'entendement, Akademie-Ausgabe Darmstadt 1962, Band VI S. 39 — Essais de Théodicèe, ed. Gerhardt, Leipzig 1885, Band VI S. 25 — die sog. „Monadologie", ed. Gerhardt, 1885, Band VI S. 607 — Specimen inventorum, ed. Gerhardt, 1890, Band VII S. 309 — 5. Schreiben an Clarke, ed. Gerhardt, 1890, Band VII S. 389

Leibholz/Rupprecht: Bundesverfassungsgerichtsgesetz, Köln 1968

Lent-Habscheid: Freiwillige Gerichtsbarkeit, 4. Aufl. München und Berlin 1962

Lerche, Peter: Übermaß und Verfassungsrecht, Köln, Berlin, München, Bonn 1961

Less, Günter: Von Wesen und Wert des Richterrechts, Erlangen 1954
zit.: Richterrecht

Le Tallec und *Ehlermann*: Die Begründungspflicht für Rechtsakte der Europäischen Gemeinschaften, AWD 1966, 149

Loppuch: Der verwaltungsbehördliche Beschwerdebescheid und seine Abgrenzung vom Rechtsprechungsakt, NJW 1953, 1126

Maihofer, Werner: Vom Sinn menschlicher Ordnung, Frankfurt a. M. 1956

von Mangoldt-Klein: Das Bonner Grundgesetz, Band I, 2. Aufl. Berlin und Frankfurt a. M. 1957
zit.: vMK

Maric, René: Vom Gesetzesstaat zum Richterstaat, Wien 1957
zit.: Richterstaat

Marschall von Bieberstein: Vom Kampf des Rechts gegen die Gesetze, Leipzig und Berlin 1927

Mattern, Gerhard: Steuergerichtsbarkeit und Steuergerichtsverwaltung, BB 1966, 545

Maunz-Dürig-Herzog: Grundgesetz, 3. Aufl. München 1970
zit.: MD

Maunz-Sigloch-Schmidt-Bleibtreu-Klein: Bundesverfassungsgerichtsgesetz, München und Berlin 1967

Mayer, Max Ernst: Rechtsphilosophie, Berlin 1922

Meier-Hayoz, Arthur: Der Richter als Gesetzgeber, Zürich 1951

Menger, Christian-Friedrich: System des verwaltungsgerichtlichen Rechtsschutzes, Tübingen 1954

Merkel, Adolf: Ihering, IhJb 32, 6

Meyer, Hans: Systematische Philosophie Band I. Allgemeine Wissenschaftstheorie und Erkenntnislehre, Paderborn 1955
zit.: Systematische Philosophie I

Montesquieu: Vom Geist der Gesetze. In neuer Übertragung eingeleitet und herausgegeben von Ernst Forsthoff, 2 Bände, Tübingen 1951

Müller, Gebhard: Naturrecht und Grundgesetz, Würzburg 1967

Noack, Erich: Rationalisierungsmöglichkeiten im verwaltungsgerichtlichen Verfahren, DÖV 1959, 210

Obermayer, Klaus: Gedanken zur Methode der Rechtserkenntnis, NJW 1966, 1885

Ohlmer, Henning: Richterfreiheit und Begründungspflicht (Diss. iur. Mainz 1953)

Paul, Hermann: Deutsches Wörterbuch, 5. Aufl. Tübingen 1966

Paulick, Heinz: Bindungsprobleme im Steuerrecht, StbJb 1964/65, S. 351

Paulus, Gotthard: Die Beschränkungen der Revisionszulässigkeit, ZZP 71, 188

Perelman, Chaim: Über die Gerechtigkeit, München 1967

Pestalozza, Christian Graf von: Kritische Bemerkungen zu Methoden und Prinzipien der Grundrechtsauslegung in der Bundesrepublik Deutschland, Der Staat 2 (1963), 425

Peters, Hans: Die Gewaltentrennung in moderner Sicht, Köln/Opladen 1954
zit.: Gewaltentrennung

Pfänder, Alexander: Logik, 3. Aufl. Tübingen 1963

Pikart-Henn: Lehrbuch der Freiwilligen Gerichtsbarkeit, Köln, Berlin, Bonn, München 1963
zit.: FGG

Polland, Wolfgang: Steuerrecht und Privatrecht unter besonderer Berücksichtigung der Rechtsprechung des Bundesfinanzhofs und der Finanzgerichte, Düsseldorf 1960

Popper, Karl R.: Was ist Dialektik?, in: Topitsch, Logik der Sozialwissenschaften, Köln und Berlin 1965, S. 262

— Logik der Forschung, 2. Aufl. Tübingen 1966

Radbruch, Gustav: Rechtswissenschaft als Rechtsschöpfung, Archiv für Sozialwissenschaft und Sozialpolitik 22 (1906), 355

— Rechtsphilosophie, 3. Aufl. Leipzig 1932

— Vorschule der Rechtsphilosophie. Nachschrift einer Vorlesung, herausgegeben von Harald Schubert, Joachim Stoltzenburg, Willsbach und Heidelberg 1947
zit.: Vorschule

— Neue Probleme in der Rechtswissenschaft, in: Eine Feuerbach-Gedenkrede, Tübingen 1952, S. 31

— Einführung in die Rechtswissenschaft, 11. Aufl. (besorgt von Konrad Zweigert), Stuttgart 1964
zit.: Einführung

Reichel, Hans: Gesetz und Richterspruch, Zürich 1915

Reinhardt, Rudolf: Anmerkung zum „Herrenreiter-Urteil", in: Schulze, Rechtsprechung zum Urheberrecht, BGHZ Nr. 43, S. 19

Riezler, Erwin: Das Rechtsgefühl, 2. Aufl. München 1946

Röhl, Hellmut: Die Nennung des eingeschränkten Grundrechts nach Art. 19 Abs. I Satz 2 des Grundgesetzes, AöR 8 (1956), 195

— Das rechtliche Gehör, NJW 1958, 1268

Rösgen, Hans: Die Handhabung gesetzlicher Generalklauseln in der Revisionsinstanz, DÖV 1966, 528

Roos, Gottfried: Der Grundsatz der gesetzmäßigen Verwaltung und seine Bedeutung für die Anwendung des Verwaltungsrechts, in: Rechtsquellenprobleme im schweizerischen Recht (Festgabe der Rechts- und wirtschaftswissenschaftlichen Fakultät der Universität Bern), Bern 1955, S. 117
zit.: Der Grundsatz der gesetzmäßigen Verwaltung

Rosenberg, Leo: Lehrbuch des deutschen Zivilprozeßrechts, 9 Aufl. München Berlin 1961
zit.: ZPO

Rotteck-Welcker, von: Das Staats-Lexikon, Bd. 11 Altona 1848

Rümelin, Gustav: Miscellanea, in: Reden und Aufsätze, Neue Folge, Freiburg und Tübingen 1881, S. 507

Rümelin, Max von: Rudolf von Ihering, Rede gehalten bei der akademischen Preisverteilung am 6. November 1922, Tübingen 1922

— Zur Lehre von der juristischen Konstruktion, in: Festgabe des Archivs für Rechts- und Wirtschaftsphilosophie für Ernst Zitelmann, 1923
zit.: ArchRWiPhil 16, 343

Rumpf, Helmut: Verwaltung und Verwaltungsrechtsprechung, VVDStRL 14 (1956) 136

Rumpf, Max: Gesetz und Richter. Versuch einer Methodik der Rechtsanwendung, Berlin 1906

Sauer, Wilhelm: Juristische Methodenlehre, Stuttgart 1940

Sauvel, Tony: Histoire du jugement motivé, Revue du droit public et de la science politique en France et à l'etranger, 71 (1955), 1

Savigny, Friedrich Carl von: System des heutigen Römischen Rechts. Erster Band Berlin 1840
zit.: System I

Scheuerle, Wilhelm: Rechtsanwendung, Nürnberg und Düsseldorf 1952
— Das Wesen des Wesens, AcP 163, 429

Scheuner, Ulrich: Die Selbständigkeit und Einheit der Rechtspflege, DÖV 1953, 517
— Diskussionsbeitrag VVDStRL 14 (1956), 181
— Pressefreiheit VVDStRL 22 (1965), 1

Schlick, Moritz: Allgemeine Erkenntnislehre, 2. Aufl. Berlin 1925

Schloßmann, Siegesmund: Der Vertrag, Leipzig 1876

Schmidt, Eberhard: Gesetz und Richter, Wert und Unwert des Positivismus, Karlsruhe 1952
zit.: Gesetz und Richter
— Einführung in die Geschichte der deutschen Strafrechtspflege, 3. Aufl. Göttingen 1965

Schmidt-Schischkoff: Philosophisches Wörterbuch, 17. Aufl. Stuttgart 1965

Schmitt, Carl: Gesetz und Urteil, Berlin 1912
— Verfassungslehre 1928, unveränderter Neudruck Berlin 1954
— Das Reichsgericht als Hüter der Verfassung, in: Die Reichsgerichtspraxis im deutschen Rechtsleben. Erster Band Berlin und Leipzig 1929
zit.: Hüter der Verfassung
— Legalität und Legitimität, München und Leipzig 1932

Schmitt, Carl: Inhalt und Bedeutung des zweiten Hauptteils der Reichsverfassung, Hdb-DStR II, S. 572
— Die Diktatur, 3. Aufl. Berlin 1963

Schneider, Egon: Anmerkung zum Beschluß des OLG Celle vom 26.1.1966 = NJW 1966, 936, NJW 1966, 1367

Schneider, Peter: In dubio pro libertate, in: Hundert Jahre Deutsches Rechtsleben, Band II, Karlsruhe 1960, S. 263
— Prinzipien der Verfassungsinterpretation, VVDStRL 20 (1963), 1

Schnorr, Gerhard: Die Rechtsidee im Grundgesetz — Zur rechtstheoretischen Präzisierung des Art. 20 Abs. 3 GG, AöR 85 (1960), 121

Schönfeld, Walther: Grundlegung der Rechtswissenschaft, Stuttgart und Köln 1951

Schröder, Jochen: Der tragende Rechtsgrund einer Entscheidung. Zur Abgrenzung von ratio decidendi und obiter dictum, MDR 1960, 809

Schulze, Walter: Zur Begründungspraxis des Bundesfinanzhofs, DStR 1965, 3

Schwarz, Fritz: Begriffsanwendung und Interessenwertung im klassischen römischen Recht, AcP 152, 193

Schwinge, Erich: Irrationalismus und Ganzheitsbetrachtung in der deutschen Rechtswissenschaft, Bonn 1938
zit.: Irrationalismus
— Grundlagen des Revisionsrechts, 2. Aufl. Bonn 1960

Siebert, Wolfgang: Die Methode der Gesetzesauslegung, Heidelberg 1958
zit.: Gesetzesauslegung

Smend, Rudolf: Verfassung und Verfassungsrecht, München und Leipzig 1928
— „Integrationslehre", HDSW V

Spanner, Hans: Rezension zu Kaarle Makkonen, Zur Problematik der juristischen Entscheidung. Eine strukturanalytische Studie, 1965, in: oeZöR NF 16 (1966), 435

Spitaler, Armin: Der Mietzins für gesellschaftseigene Einfamilienhäuser, die an Anteilseigner der Kapitalgesellschaft vermietet werden — Bemerkungen zum Urteil des BFH vom 16. 8. 1955 — I 160/54 U, DB 1956, 28
— Beiträge zur steuerrechtlichen Auslegungslehre, StbJb 1956/57, S. 105

Staatslexikon: Staatslexikon — Recht Wirtschaft Gesellschaft. Herausgegeben von der Görres-Gesellschaft. 8 Bände. 6. Aufl., 1957—1963

Stammler, Rudolf: Die Lehre von dem richtigen Rechte, Berlin 1902
— Theorie der Rechtswissenschaft, Halle (Saale) 1911
— Lehrbuch der Rechtsphilosophie, Berlin und Leipzig 1922, Nachdruck Berlin 1970

Stein, Erwin: Die verfassungsrechtlichen Grenzen der Rechtsfortbildung durch die Rechtsprechung, NJW 1964, 1745

Stein-Jonas: Kommentar zur Zivilprozeßordnung, 18. Aufl., 1953 ff.
zit.: ZPO

Stoll, Hans: Empfiehlt sich eine Neuregelung der Verpflichtung zum Geldersatz für immateriellen Schaden?, Verhandlungen des fünfundvierzigsten Deutschen Juristentages (Karlsruhe 1964). Band I Teil 1
zit.: Geldersatz für immateriellen Schaden

Stoll, Heinrich: Begriff und Konstruktion in der Lehre der Interessenjurisprudenz, in: Festgabe für Philipp Heck, Max Rümelin, Arthur Benno Schmidt, 1931, AcP Beilageheft, S. 60
zit.: Heck-F.

Sydow-Busch: Zivilprozeßordnung und Gerichtsverfassungsgesetz, 22. Aufl. Berlin und Leipzig 1941
zit.: ZPO

Thoma, Richard: Die juristische Bedeutung der grundrechtlichen Sätze der deutschen Reichsverfassung im allgemeinen, in: Nipperdey, Die Grundrechte und Grundpflichten der Reichsverfassung, Berlin 1929, 1. Band, S. 1
zit.: Die juristische Bedeutung der grundrechtlichen Sätze

— Grundbegriffe und Grundsätze, HdbDStR II, S. 108

Tipke, Klaus: Aktuelle Rechtsschutzfragen in der Praxis der Finanzgerichte, in: Felix, Vom Rechtsschutz im Steuerrecht, 1960, S. 131

— Mehr Achtung vor dem Gesetzeswortlaut, FR 1962, 194

Topitsch, Ernst: Sprachlogische Probleme der sozialwissenschaftlichen Theoriebildung, in: Topitsch, Logik der Sozialwissenschaften, 1965, S. 17

Triepel, Heinrich: Staatsrecht und Politik, Berlin und Leipzig 1927

Troller, Alois: Der Einfluß der phänomenologischen Methode auf das zivilprozessuale Denken, ZfRV 1966, 3

Trübners: ... Deutsches Wörterbuch, herausgegeben von Alfred Götze, 3. Band, Berlin 1939

Uber, Giesbert: Freiheit des Berufs, Hamburg 1952

— Arbeitszwang, Zwangsarbeit, Dienstpflichten, in: Hamburger Festschrift für Friedrich Schack, Berlin und Frankfurt a. M. 1966, S. 167
zit.: Schack-F.

Ule, Carl Hermann: Anmerkung zum Urteil des BVerwG vom 19. 12. 1957, JZ 1958, 625; JZ 1958, 628

— Verfassungsrecht und Verwaltungsprozeßrecht, DVBl 1959, 537

— Verwaltungsprozeßrecht. Ein Studienbuch, 4. Aufl. München und Berlin 1966

— Verwaltungsgerichtsbarkeit, 2. Aufl. Köln, Berlin, München, Bonn 1962

Vangerow, Friedrich: Zum Urteil des BFH vom 29. 5. 1956 — I 39/56 S = BFHE 63, 76; StuW 1956, Sp. 843

Vezanis, Demetrius: Kritik der Gewaltenteilungslehre, oeZöR 14 NF (1964), 282

Viehweg, Theodor: Zur Geisteswissenschaftlichkeit der Rechtsdisziplin, Studium Generale, 1958, 334

— Topik und Jurisprudenz, 3. Aufl. München und Berlin 1965

Vogel, Klaus: Anmerkung zum Urteil des BFH vom 28. 2. 1958, BFHE 66, 512: BB 1958, 797

— Der räumliche Anwendungsbereich der Verwaltungsrechtsnorm. Eine Untersuchung über die Grundfragen des sog. Internationalen Verwaltungs- und Steuerrechts (Abhandlungen der Forschungsstelle für Völkerrecht und ausländisches öffentliches Recht der Universität Hamburg, Band 12) Frankfurt a. M. und Berlin 1965

Vogel, Klaus: Die Rechtswirkungen der Unternehmereinheit. Zur Haftung der Gliedgesellschaften für Steuerschulden „der Unternehmereinheit". (Steuerrecht im Rechtsstaat, Heft 2) München und Berlin 1966

— Gesetzgeber und Verwaltung, VVDStRL 24 (1966) 125

— Zur Verantwortlichkeit leitender Organwalter — Über einen ungeschriebenen Rechtsgedanken des öffentlichen Rechts, in: Hamburger Festschrift für Friedrich Schack, Berlin und Frankfurt a. M. 1966, S. 183
zit.: Schack-F.

— Empfiehlt sich eine Anpassung der Vorschriften über Berichtigung und Änderung von Steuerbescheiden an das Allgemeine Verwaltungsrecht, und welche sonstigen Reformen sind auf diesem Gebiet in Betracht zu ziehen?, in: Verhandlungen des sechsundvierzigsten Deutschen Juristentages (Essen 1966), Band I, Teil 5

— L'influsso della giurisprudenza della corte constituzionale sul diritto tributario vigente nella Republica Federale Tedesca, XXVII Rivista di diritto finanziario e scienza delle finanze (1968) 3

Wacke, Gerhard: Veröffentlichungspraxis und Großer Senat des Bundesfinanzhofs, FR 1964, 4

— Die Beweislast der Familienunternehmen in Steuersachen. Verdachtsvermutungen gegen Familien-Verträge? (Steuerrecht im Rechtsstaat, Heft 1) München und Berlin 1966

— Verfassungsrecht und Steuerrecht, StbJb 1966/67, S. 75

Weber, Max: Rechtssoziologie. Aus dem Manuskript herausgegeben und eingeleitet von Johannes Winckelmann, Neuwied 1960

— Wirtschaft und Gesellschaft. 2 Bände. 4. Aufl. Tübingen 1956

Weber, Werner: Das Richtertum in der deutschen Verfassungsordnung, in: Festschrift für Hans Niedermeyer, Göttingen 1953, S. 261
zit.: Niedermeyer-F.

— Diskussionsbeitrag, VVDStRL 14 (1956), 188

— Spannungen und Kräfte im westdeutschen Verfassungssystem, 2. Aufl. Stuttgart 1958

— Die Teilung der Gewalten als Gegenwartsproblem, in: Festschrift für Carl Schmitt, Berlin 1959, S. 253

Weinkauff, Hermann: Richtertum und Rechtsfindung in Deutschland, in: Berliner Kundgebung 1952 des Deutschen Juristentages, Tübingen 1952, S. 13
zit.: Richtertum

Weinsheimer, Willi: Auslegung von Ausnahmevorschriften und Vorschriften mit „eindeutigem"Wortlaut, NJW 1959, 566

Weiske, Julius: Rechtslexikon für Juristen aller teutschen Staaten enthaltend die gesamte Rechtswissenschaft, 11. Bd., Leipzig 1857

Wengler, Wilhelm: Über die Unbeliebtheit des Juristen, NJW 1959, 1705

Wenzel, Gerhard: Das Fehlen der Beweisgründe im Strafurteil als Revisionsgrund, NJW 1966, 577

Werner, Fritz: Wandelt sich die Funktion des Rechts im sozialen Rechtsstaat?, in: Die moderne Demokratie und ihr Recht — Festschrift für Gerhard Leibholz, Zweiter Band, 1966, S. 153
zit.: Leibholz-F. II

Westermann, Harry: Wesen und Grenzen der richterlichen Streitentscheidung im Zivilrecht, Münster 1955
zit.: Wesen und Grenzen

Wieacker, Franz: Zur rechtstheoretischen Präzisierung des § 242 BGB, Tübingen 1956
zit.: Präzisierung

— Gesetzesrecht und richterliche Kunstregel, JZ 1957, 701

— Gesetz und Richterkunst, Karlsruhe 1958

— Die juristische Sekunde — Zur Legitimation der Konstruktionsjurisprudenz, in: Existenz und Ordnung, Festschrift für Erik Wolf, Frankfurt a. M. 1962, S. 421
zit.: Erik Wolf-F.

— Privatrechtsgeschichte der Neuzeit unter besonderer Berücksichtigung der deutschen Entwicklung, 2. Aufl. Göttingen 1967
zit.: Privatrechtsgeschichte

Wieczorek, Bernhard: Zur Frage des Richterrechts im Massenstaat, ÖJZ 1966, 423

Windelband-Heimsoeth: Lehrbuch der Geschichte der Philosophie, 15. Aufl. Tübingen 1957

Windscheid, Bernhard: Lehrbuch des Pandektenrechts, 1. Band 9. Aufl. Frankfurt a. M. 1906
zit.: Pandektenrecht I

Wintrich, Josef: Zur Problematik der Grundrechte, Köln und Opladen 1957

— Die Bedeutung der „Menschenwürde" für die Anwendung des Rechts, BayVBl. 1957, 137

Wolf, Erik: Fragwürdigkeit und Notwendigkeit der Rechtswissenschaft, Freiburg 1953

Wolff, Christian: Gesammelte Werke. Herausgegeben und bearbeitet von J. Ecole. J. E. Hofmann. M. Thomann. H. W. Arndt — I. Abteilung: Deutsche Schriften, Band I: Vernünftige Gedanken von den Kräften des menschlichen Verstandes und ihrem richtigen Gebrauche in Erkenntnis der Wahrheit, Hildesheim 1965
zit.: Vernünftige Gedanken

— II. Abteilung: Lateinische Schriften, Band 3: Philosophia prima sive Ontologica, 1962

Wolff, Hans Julius: Verwaltungsrecht I, 7. Aufl. München und Berlin 1968

Wüstendörfer, Hans: Die deutsche Rechtsprechung am Wendepunkt, AcP 110, 219

Wundt, Wilhelm: Völkerpsychologie. Eine Untersuchung der Entwicklungsgesetze von Sprache, Mythos und Sitte, 9. Band: Das Recht, Leipzig 1918
zit.: Völkerpsychologie

— Logik. I. Band: Allgemeine Logik und Erkenntnistheorie, 4. Aufl. Stuttgart 1919

Wurzel, Karl Georg: Das juristische Denken, Wien 1904

Zippelius, Reinhold: Wertungsprobleme im System der Grundrechte, Berlin und München 1962
zit.: Wertungsprobleme

— Zum Problem der Rechtsfortbildung, NJW 1964, 1981

— Problemjurisprudenz und Topik, NJW 1967, 2229

Zitelmann, Ernst: Lücken im Recht, Leipzig 1903

Zitzlaff, Franz: Die Besprechung der Urteile des BFH und die Art der Veröffentlichung der Urteile, StuW 1951, Sp. 737

Zöller, Richard: Zivilprozeßordnung mit Gerichtsverfassungsgesetz und Nebengesetzen, 9. Aufl. München 1958
zit.: ZPO

Zweigert, Konrad: Juristische Interpretation, Studium Generale 1954, 380

— Empfiehlt es sich, die Bekanntgabe der abweichenden Meinung des überstimmten Richters (Dissenting Opinion) in den deutschen Verfassungsordnungen zuzulassen?, in: Verhandlungen des siebenundvierzigsten Deutschen Juristentages (Nürnberg 1968), Band I, Teil D
zit,: Dissenting Opinion

Register

(Die Zahlen verweisen auf die Seitenzahlen. Autorennamen sind in dem Register nur insoweit enthalten, als sie im Text der Abhandlung wiederholt vorkommen.)

Alternativbegründung 83
Argument 71 ff.
Aristoteles 23, 26, 50

Bedeutungswandel
— von Rechtsnormen 40
Begründung von Auslegungsergebnissen 129, 159, 175 f.
Begründung von Bußgeldentscheidungen 93 Note 5
Begründung einer Freiheitsstrafe 93 Note 5
Begründung von Schiedssprüchen 92 Note 4
Begründungspflicht
— für Urteile 92 ff.
— für Beschlüsse im allgemeinen 94 ff.
— für Beweisbeschlüsse 97 Note 30
— für Beschlüsse im Kostenfestsetzungsverfahren 97 Note 31
— bei Streitwertfestsetzungen 98 Note 37
— geschichtliche Entwicklung 121 ff.
Begründungsstil 106
Bescheidung von Rechtsausführungen der Beteiligten 102 f., 105, 108
Bestimmtheit 121
Beweiswürdigung in den Gründen 106
Bezugnahme auf eine andere Entscheidung 100, 102

Dezision 82 ff., 135, 157, 162

Eingriff 139, 141 ff.
Erkenntnis
— Begriff im philosophischen und juristischen Sinn 46 ff.
— intuitives Erkenntnis 56 ff., 161

Erkenntnisgrund
— Begriff 22 f., 26, 30
— als Entscheidungsgrund 61
— notwendige Elemente: Konstruktion und Argument 64 ff.
— als Gültigkeitsvoraussetzung richterlicher Rechtsetzung 57, 136
Ermessensbegriff 97 f., 144
Evidenz
— Arten und Aufgabe 62 ff.
Freiheitsvermutung 112, 114 f., 116, 125
Freirechtsschule 35

Generalklausel 33 f., 44, 76, 134
Geschehensgründe 26, 61
Gerichtsgebrauch 34 Note 23
Gesetz
— Aufgabe im 19. Jh. 31 ff., 130 f.
Gesetzesanwendung 38 f.
Gesetzesauslegung
— im allgemeinen 38 f.
— Merkmal des „Verstehens" 38
— „eindeutiger Wortlaut" 38 und Note 49, 41 und Note 71
— „Textverständnis" und „Aktualitätsverständnis" 39
Gesetzesgebundenheit (Art. 20 Abs. 3 GG) 108, 127, 175
Gesetzeslücken 32 f., 42, 44, 52, 81
Gewaltenteilungsprinzip 126, 136 ff.
Gewohnheitsrecht 34 Note 23
Grund
— allgemeines Sprachverständnis 20 ff.
— als Bedingung der Richtigkeit des Urteils 27 f., 58 ff., 147

— Geltungsgrund einer Norm 146, 160
Grundrechte
— ihre grundlegende Bedeutung 110 ff.
Grundsatz der Verhältnismäßigkeit 135
Gutachten 37 Note 44

Heidegger 23, 26 ff., 50, 59, 64
Hermeneutik 19 ff., 47 f., 68, 110, 146

in dubio pro libertate 115
Integration 135, 145 ff., 149, 150, 160 f.
intuitives Erkenntnis 56 ff., 161
iura novit curia 104, 158, 161

judicial selfrestraint 135, 144
Judiz 56

Kant 23, 34, 54
Kassationseffekt 139
Konstruktion 64 ff.
Laun, Rudolf 23
Leibniz 21, 23, 47, 48, 50, 58, 60, 162

Methodenehrlichkeit 72, 161
Methodik 51, 55 f.
Mindestanforderungen an die Urteilsgründe 171 ff.
Mitteilung 60, 63, 136, 163
Montesquieu
— Verständnis richterlicher Tätigkeit 31, 136
— Ausgangsvermutung zugunsten der Freiheit 112, 131 Note 24

Naturrechtsdenken 33, 51, 66

Öffentlichkeit der Betätigung staatlicher Gewalt 108, 123, 124 Note 62, 128, 148 ff.

Positivismus 53, 65, 66 f.
Präjudiz 131, 139
Problemdenken 52, 53
Prüfungsrecht des Richters 137, 138

ratio
— als Rechtfertigung 23, 28, 59, 118
Rationalität
— Intentionen 49 ff.

— Rechtsstaat 49
— Kennzeichen 51 ff.
Rechtfertigung
— als „ratio" 23, 28
— als allgemeiner Vorbehalt 117 ff., 142 ff., 158
— Wesen des Rechtsstaates 161 ff.
Rechtliches Gehör 108, 146, 152, 173 f.
Rechtsfortbildung
— Verhältnis zur Gesetzesanwendung 41 ff.
— Grenzen 43, 134
— Formen 44 f.
— Begründung 75 ff.
— verfassungsrechtliche Rechtfertigung 133 ff., 146
Rechtsnotstand 134
Rechtsprechung
— Begriff der Rechtsprechung im Sinne des Grundgesetzes 14 ff., 126
— Verständnis der Rechtsprechung im 19. Jh. 31 ff., 130 ff.
— als Rechtsverwirklichung 35 ff.
— ihr Aufstieg zur „dritten Gewalt" 137 ff.
Rechtsstaat als rechtfertigender Staat 161 ff.
Rechtsverweigerungsverbot 33, 36, 66, 134, 146
revisionsfestes Minimum der Entscheidungsgründe 92 f.
Richter
— Begriff des Richters im Sinne des Grundgesetzes 16 f.

Satz der Identität 24, 27
Satz des ausgeschlossenen Dritten 27, 51
Satz des Unterschiedes 27
Satz des Widerspruchs
— bei Leibniz 24, 25
— bei Heidegger 27
Satz vom zureichenden Grund
— im allgemeinen 22 ff., 162
— bei Leibniz 23 ff.
— bei Heidegger 26 ff.
— Geltungsanspruch im Bereich des Rechts 29 ff.
— Öffentlichkeit staatlicher Tätigkeit 149

— Vorlagebeschlüsse nach § 80 Abs. 2 BVerfGG 152
— rechtliches Gehör 159
Savigny, Friedrich Carl von 34, 49, 50, 73
Scheingründe 69, 85 ff.,117, 152
Schrifttumsmeinungen 80, 129, 146, 151
Sollensurteile 48, 51 Note 41, 61
Sondervoten 147
Sprachverständnis 19 ff., 39, 41
ständige Rechtsprechung 34 Note 23, 80
Subsumtion 32, 35, 38, 40, 44, 56, 67, 106
Systembegriff 33, 51 ff., 67

Topik
— und Problemdenken 52, 53
— und argumentieren 71

Unabhängigkeit des Richters 125 ff.
Urkundlichkeit 60, 123
Urteil
— im allgemeinen Sinne 27 f., 30
— im modernen juristischen Sinne 35
— als Mittel der Rechtsverwirklichung 14, 37

— als Mittel der Rechtsgestaltung 38
— als Rechtserkenntnis 45 ff.
— notwendige Voraussetzungen als Bedingungen der Richtigkeit 58 ff.
Urteilsmotive 61

Verfassung
— ihre grundlegende Aufgabe 110 f.
Verkündung 60
Veröffentlichung der Entscheidungsgründe 128, 148 ff.
Verstehen
— als hermeneutisches Kennzeichen 38 Note 46, 47 f., 110
— Voraussetzungen 39
Verteilungsprinzip 112
Voraussehbarkeit 136, 149

Wahrheit
— Begriff in der Rechtswissenschaft 50 f., 59
— Grund der Wahrheit 27 f.
Weisungsunabhängigkeit 141
Willkür 55
Wissenschaftlichkeit des Rechts 50, 54
Wolff, Christian 23, 26, 27, 51, 162

Printed by Libri Plureos GmbH
in Hamburg, Germany